sobinfluenciaedições

Radical Records

Uma enciclopédia da música independente e lutas por libertação

Josh MacPhee

"Chamando todos os hecatônquiros" 8

André Maleronka

Introdução 12

Enciclopédia 28

Glossário de estilos musicais 292

*A música não é uma ameaça: a ação que
a música inspira pode ser uma ameaça.*
— Chumbawamba, 1985

*O termo "canção de protesto" não é mais válido
porque é ambíguo e tem sido mal utilizado.
Eu prefiro o termo "canção revolucionária."*
— Victor Jara, 1969

Quem não sabe, vai saber.
— Fela Kuti, 1975

"Chamando todos os hecatônquiros, chamando todos os hecatônquiros!"

André Maleronka

Até o final do século xx, vaguear por enciclopédias, bibliotecas ou pontos de exibições e vendas – bancas de jornal, livrarias, lojas de discos ou sebos, salas de projeção e teatros, bares, bailes – podia te garantir encontros impossíveis. Experiências constitutivas em que a linha tênue entre a banalidade do consumo e uma epifania que moldaria seu caráter pelo resto da vida é mais difícil de enxergar do que a de pesca prum peixe. Ainda mais por nos acostumarmos a associar aprendizado com alguma espécie de périplo. Ou com algum inevitável Caronte. Ao contrário, tô falando de enxergar os protagonistas do curta *Documentário*, feito pelo Rogério Sganzerla, em 1966, como argonautas e se entender assim – em alguma medida.

Formas de fruição em torno de objetos culturais foram usadas no cinzelar de gerações pros seus gostos e interesses e, em última instância, suas identidades, se possível em aparente oposição com (pelo menos) as imediatamente anteriores. Porra, todo mundo que curte som, literatura, HQs e qualquer tipo de figurinha com ou sem álbum tem pelo menos uma história dessas, de achar uma obra ou um espaço que é fundamental pra própria vida, de encontrar caminhos pras suas existências e dos seus por conta de encontros fortuitos, de buscas que começaram pelos objetivos dos mais mundanos – notadamente transar alguma espécie de diversão. Importante frisar que, por mais que essas experiências descritas sejam absolutamente mediadas pela grana, o que foi feito a partir daí, quer dizer, as formas com as quais as experiências se tornaram algo, não necessariamente o é, e provavelmente, muito pelo contrário.

E no mundo da ultraviolência (você está aqui!) esses objetos e suas experiências-objetos se desdobram em funções-bússola. Quer dizer, nessa busca por sei lá o que logo cedo, criamos picadilhas, todos nós sabemos de altas histórias de gente se reorganizando. Das experiências de se chegar adolescente do interior às capitais, do DJ que encontra uma repetição musical perfeita num disco improvável, do livro que você nunca saberia que foi publicado. Das revistas de quadrinhos vendidas em feiras do rolo em outro continente porque foram usadas de lastro de navios e, descarregadas nas baías, chegavam às orlas, para despertar o gosto pela linguagem em novos autores. Do exemplar do primeiro livro do LeRoi Jones (Amiri Baraka) doado pelo Consulado dos EUA a uma biblioteca universitária que leva um jovem punk a embarcar em experiências em aparente desacordo com o que tinha vivido até então. Ou dos CDs doados por serem supérfluos aos ladrões de carros, "já que cê gosta de rap", pro vizinho que anos mais tarde se torna um dos maiores expoentes do gênero no país. Topar com uma pedra e formar uma banda, aprender a atirar ou a dançar.

Óbvio que isso também acontecia com TV e rádio e sei lá, museus, só que uma gavagem duma mídia de massa não tem lá muito paralelo com menu degustação e nem com escolher um salgado da estufa pela cara que essas possibilidades mais remotas trazem. E nem com ter fome. Mas com o advento da rede mundial de computadores pra geral – em algum momento, vai mesmo de cada um –, de repente toda a produção artística e cultural dos séculos anteriores estava ou estaria acessível a distância de um clique. Com a derrocada daquela internet de expectativas para a realidade corporativa atual e seus exércitos ciborgues descendo as colinas enfeiando o horizonte, nenhuma noção de curadoria deve parar em pé, por exemplo, que não a do Complexo Industrial-Musical. E daí, haja Caronte.

Este é um livro feito com outra cabeça, em cima de obsessões pessoais e generosidade, é a mentalidade do colecionador de discos do século 20, só que ao contrário. Porque o importante está em apresentar existências e possibilidades e não produtos. É um compêndio de sonhos e esforços e possibilidades certamente maiores que muitas vidas, e é algo para que você faça algo com, seja como for. O maluco compilar essa montanha de arte esperançosa na mudança e nas pessoas e nos encontros é violentamente pacífico, verídico. Como isso vai abalar seus sistemas nervoso e sanguíneo é problema seu, mas pode ser nosso. O fundamental é: não tem pós-venda, nem de reputação. Ao mesmo tempo, a curtição deste livro que tá na sua mão só não é cruel e, agora, possível. Ainda. Hoje, mesmo com o ataque da infantaria das plataformas online, quer dizer, a varredura dos algoritmos de proteção de direitos autorais, você ainda pode achar as pistas sonoras, os vestígios desses sonhos espalhados por aí. E só é interessante pra folhear como um jogo de I Ching em versão física – apesar de seu começo como site e talvez justamente por isso, era então a internet de possibilidades – um artefato de outros tempos perfeito antitrabalho e antifuncionalidades para o agora.

Boa escavação, porque, como cantou o Helião RZO, "a folha voa, e a música soa".

Introdução

Este projeto nasceu a partir da minha necessidade quase obsessiva de organizar e catalogar coisas, misturada com um profundo amor pelo design de logotipos e gráficos políticos. Cresci mergulhado na cena da música punk "faça-você-mesmo", do final dos anos 1980 e início dos 1990. Algumas das primeiras artes que produzi em série foram capas de discos para bandas de amigos, e senti uma conexão profunda entre o fazer artístico e o aparato em torno da música e da produção de discos de vinil – fosse criando flyers para shows ou imprimindo às pressas capas de discos para uma banda em sua van antes de chegarmos à próxima parada da turnê. No início dos anos 2000, meu amor pela música havia sido castigado, sobretudo por uma desilusão com o potencial do punk político, mas em parte também por causa do aparente fim do disco de vinil. Eu adorava fitas cassete e tolerava CDs, mas o MP3 é a forma mais sem alma de arquivo de áudio; para mim, ouvir um disco rígido com músicas tocando por algoritmos em minúsculos alto-falantes de computador foi algo que sugou toda a vida da música.

Em 2014, enquanto ajudava Silvia Federici a classificar e limpar seus arquivos, ela me passou vários discos de 7 polegadas lançados por grupos políticos na Itália, nos anos 1960 e 1970. Isso reacendeu meu interesse musical e iniciou um novo fascínio pela música folk/popular de todo o mundo, algo que era considerado um crime na minha época de punk anarquista. Percebi que não sabia nada sobre o gênero – na minha cabeça, era tudo a mesma coisa. Mais do que isso: não tinha compreendido sua importância política, ainda mais em outras partes do mundo. Isso me levou a organizar a exposição *If a Song Could Be Freedom...* na Interference Archive, no Brooklyn, no verão de 2015. Trabalhar nessa expo abriu um mundo incrivelmente amplo na música para mim: não apenas folk político da Itália, mas também cânticos anti-imperialistas da Eritreia, *dub* afrocêntrico revolucionário da Jamaica, fado comunista de Portugal e *jive* de libertação negra da África do Sul.

Em vez de saciar a fome, a exposição abriu ainda mais o meu apetite (nem sempre de modo saudável) para buscar por álbuns e *singles* políticos lançados em todo o mundo. Hoje, muitas vezes para desgosto da minha parceira, pouco escuto pop ocidental, e tenho tocado todos os tipos de coisas para meu filho, no intuito de ver o que ele gosta e acha mais divertido de dançar. Esse interesse em música socialmente engajada modificou toda a minha coleção mental de discos, e reativou todos os macetes de vasculhar encartes em busca de pistas para outros discos, mapeando as conexões entre músicos e rastreando novos grupos empolgantes porque compartilham um selo com um artista do qual gosto.

ENCICLOPÉDIA

No título deste livro, o nome "enciclopédia" pode ser um pouco inadequado. Em vez de fazer uma declaração formal de precisão histórica, o que apresento é minha pesquisa, ainda em andamento. Muito desse material foi extraído dos discos (incluindo 95% dos logotipos), com grande ajuda dos sites Discogs, Wikipédia e Google Translate. Embora eu tenha expandido os verbetes de 142 (primeira edição) para 230 (segunda edição) e, agora, para 981 (a terceira edição, que você tem em mãos), esta lista ainda não está completa, talvez, nem 100% correta. Ela tomou corpo a partir de pistas nas contracapas de discos e nas notas de rodapé de sites, das dicas de amigos, dos anúncios na *Sing Out!* (uma revista trimestral de música folk), dos *flyers* encartados nas capas de discos e da minha própria obstinação de fuçar nos verbetes da Wikipédia relacionados à música, em uma dúzia de idiomas diferentes.

Isso posto, o livro está organizado como uma obra de referência. Não foi feito para ser lido numa sentada, mas para ir aos poucos; cada vez que você abrir este livro, espero que ele forneça uma nova pílula de informação útil ou fascinante. Este volume poderia ter sido organizado de infinitas maneiras, mas acabei decidindo pela ordem alfabética, por ser a mais simples e direta. Coloquei em ordem alfabética com base em como o selo é escrito em seu próprio idioma. E se uma gravadora não costumava usar o modificador, segui o mesmo caminho. Um exemplo: *Discos Pentagrama* era um pequeno selo folk mexicano ativo nos anos 1980, mas seu nome quase sempre é escrito apenas como "Pentagrama", então coloquei na letra P. Usei a mesma lógica para acrônimos. Se um selo é conhecido por seu acrônimo – como a EGREM, de Cuba –, eu o deixei dessa maneira. Caso contrário, utilizei o nome completo. Por fim, assim como em inglês os artigos "the" e "a" são ignorados ao colocar as coisas em ordem alfabética, fiz o mesmo com artigos em língua estrangeira (por exemplo, "el/la" e "un/una" em espanhol).

Embora não seja obrigatória a leitura na ordem exata dos verbetes, este livro pode ser interessante de ler em blocos, de maneira que você possa de verdade começar a observar padrões e informações correlacionadas. Se você o usar como referência, talvez não consiga ver quantos partidos comunistas europeus lançaram discos para apoiar campanhas eleitorais ou quantas gravadoras, de diferentes partes do mundo, lançaram música chilena como um ato de solidariedade, após o golpe fascista no país, em 1973. É através dessa lente macro que algumas ideias políticas cativantes tomam forma. Dê uma espiada para ver quantas pessoas, movimentos e conceitos se relacionam e estão conectados a vários selos.

POLÍTICA

Tenho particular interesse nos papéis que a cultura desempenha nos movimentos sociais e nas ações das pessoas que se organizam para transformar suas vidas e realidades. Até pouco tempo atrás, a maior parte desse interesse era canalizada para o campo visual, estudando cartazes e gráficos políticos. (Para saber mais sobre isso, veja *Signs of Change: Social Movement Cultures 1960s to Now*, AK Press, 2010.) Ao pesquisar os movimentos contra a ditadura no Chile e contra o apartheid na África do Sul, desenvolvi forte consideração pelos papéis que a música pode desempenhar nas lutas sociais. Mas não sou um etnomusicólogo e, na verdade, sei muito pouco sobre música em termos sonoros. Então, a minha abordagem neste projeto tem muito mais relação com um olhar para coisas que estão ao redor da música, sua produção e distribuição, talvez até mais do que aspectos da sua qualidade sônica. E como este é, em última análise, um estudo sobre política e movimentos sociais, você vai descobrir que muito aqui não se concentra na música em si, mas em gravações de campo, discursos políticos e outros tipos de registros sonoros. Não estou interessado apenas na música, mas também em perguntas sobre quem tocou o som, como ele foi gravado, como foi distribuído, como foi "embalado" e quem criou a arte. É por isso que este livro é um levantamento de "selos", e não de artistas ou músicos de estúdio.

Trata-se de um compêndio de selos que poderiam ser acomodados em algum lugar do espectro da "esquerda". Tomei a decisão consciente de excluir registros altamente politizados e ideológicos do centro e da direita. Acredite: eles existem e muitos são tão interessantes quanto os aqui incluídos, levando em consideração uma perspectiva musical, gráfica e histórica (por exemplo, veja os lançamentos da *Key Records*, braço da *John Birch Society*, ou dos supremacistas brancos de Detroit da *Resistance Records* – não confundir com os dois selos de mesmo nome incluídos neste livro). Mas este projeto precisava de limites, e estou mais familiarizado com os movimentos de esquerda e como eles funcionam, portanto, fazia mais sentido manter as coisas dentro desse recorte político. Além disso, embora eu tenha excluído a direita, não há uma coesão ideológica nesta coleção. Ela é bastante diversa: anarquistas europeus lado a lado com nacionalistas africanos; comunistas latino-americanos dividindo espaço com militantes defensores de línguas minoritárias e nacionalidades suprimidas. Eu também não apoio grande parte das bandeiras aqui reunidas e não me alegro com a homofobia de alguns dos registros iniciais dos nacionalistas negros ou com o stalinismo de alguns dos novos partidos comunistas que surgiram nos anos 1970. Porém, com exceção desses casos extremos (por exemplo, excluí o *Rassemblement du Peuple Togolais* – um partido político que governou o Togo por mais de quarenta anos, que lançou vários discos legais com a palavra "revolucionário" no título – porque, embora declarada anti-imperialista, também era antidemocrático e anticomunista), incluí muitos selos e grupos porque eles se autodenominam como parte de um projeto político progressista, seja socialista, comunista ou nacionalista.

Foquei mais em selos pequenos e independentes, com alguma dedicação à música engajada ou às lutas sociais. Deixei de fora as grandes gravadoras, mesmo que elas tivessem lançado discos políticos, porque isso é algo muito distante da missão dessas empresas. Posso afirmar sem medo: um pequeno selo dinamarquês, que lançou um pacote de seis discos de música politizada chilena após o golpe de 1973, tem algum senso de solidariedade ou conexão com essa luta, enquanto a *Epic Records*, que lançou o *Sandinista!* do The Clash, certamente sempre "cagou e andou" para a Revolução Nicaraguense. Ao mesmo tempo, incluí vários selos patrocinados pelo Estado, porque a política de Estado indicava uma linha declarada comunista e anti-imperialista (por exemplo, a *Melodiya*, da União Soviética, que é o equivalente a uma *major* para o Bloco do Leste).

Deixar de fora a música corporativa fez muito sentido numa perspectiva de olhar para a música política do ponto de vista da produção, mas acarretou alguns efeitos colaterais indesejados. O hip-hop, um estilo musical que se tornou bastante popular desde os seus momentos iniciais, viveu quase inteiramente sob o guarda-chuva corporativo, até a explosão de uma cena underground no final dos anos 1990. Portanto, fica fora do alcance deste projeto. Isso significa que selos como o *Raptivism* – fundado em 1998 – não estão incluídos, e o rap e o hip-hop ficaram bem ausentes no livro. Da mesma forma, existem políticas interessantes embutidas nas cenas de *club* e *house music*, mas não encontrei uma maneira de capturar esse engajamento social pelas lentes das gravadoras.

No início, gravitei mais em torno dos materiais lançados por grupos anarquistas, socialistas e comunistas, mas esta enciclopédia também apresenta muitas coisas relacionadas à interseção de música, gravações e nacionalismo, ainda que eu não tenha começado com essa intenção. Embora grande parte dos estudos sobre o desenvolvimento dos movimentos nacionalistas modernos se concentre na cultura impressa (como no trabalho de Benedict Anderson, por exemplo), é possível concluir, a partir dos verbetes aqui incluídos, que a gravação de áudio e o disco de vinil também foram componentes importantes para preservar e articular o nacionalismo. Dezenas de selos incluídos aqui se concentram em específico nos grupos linguísticos e culturais minoritários, que lutam pela soberania dentro de Estados nacionais maiores. Armênio, basco, bretão, catalão, corso, gaélico e galês estão presentes neste livro, isso sem mencionar os dialetos únicos de grupos linguísticos maiores. Além disso, alguns selos representam grupos indenitários que transcendem as fronteiras atuais (por exemplo, os berberes), bem como aqueles que lutam por seus territórios e suas pátrias tradicionais, como os católicos na Irlanda do Norte, os quebequenses, os palestinos e vários grupos no Saara Ocidental.

As lacunas na narrativa nacionalista nestas páginas são tão interessantes quanto aquilo que, de fato, entrou. Existem lutas organizadas, populares e militantes que não são visíveis nesse cenário de música e gravadoras. Por exemplo, alguns dos movimentos políticos mais ativos e de massa nos últimos cinquenta anos foram a luta curda e os naxalitas e outras lutas camponesas maoístas na Índia – mas nenhuma dessas lutas aparece muito em discos. Todas as gravações curdas disponíveis são apresentadas como etnográficas ou antropológicas. Mesmo quando a política está presente na música e nas letras, ela tende a ser disfarçada ou ignorada pelas notas do encarte e pela apresentação que a gravadora oferece. Na Índia, um cenário parecido: há uma robusta infraestrutura musical no país, onde grandes empresas britânicas (como *His Master's Voice)* tinham fábricas, mas não há cultura musical dissidente capturada em disco – ao menos não de modo perceptível. Consultei muitos especialistas, mas acabei de mãos vazias. Embora exista uma cultura vigorosa de trilhas sonoras politizadas de Bollywood, todas elas são lançadas por grandes gravadoras. Situações semelhantes parecem valer para o Tibete, bem como para a luta tâmil no Sri Lanka. A música foi e é importante para essas resistências, o que fica evidente com o desenvolvimento de gravadoras de cassetes e CD-R em lugares como Sri Lanka e Saara Ocidental – os Tigres Tâmeis e a Frente Polisário começaram a produzir e distribuir uma enxurrada de fitas cassete e CD-Rs em meados dos anos 1990. Todavia, não consegui encontrar nada desses grupos editado em vinil.

Assim, este projeto documenta o resultado do acesso desigual às fábricas de prensagem, ou até mesmo aos toca-discos, em diferentes regiões do globo. A maior parte da América do Sul foi descolonizada no século XIX e desenvolveu uma robusta classe média no período após a Segunda Guerra Mundial; como resultado, durante o apogeu do vinil, as pessoas tinham acesso tanto à produção de vinil quanto aos meios para distribuir, comprar e ouvir os discos. Em comparação, a maior parte da África não foi descolonizada até o final dos anos 1950 e início dos anos 1960 (e grande parte da África Meridional e Lusófona nos anos 1970). Após a independência, poucos desses países tinham fábricas de prensagem de vinil, e, quando tinham, eram pautadas pelos caprichos do poder colonial de outrora. Por exemplo, Portugal construiu fábricas em Angola e Moçambique, mas não em Cabo Verde ou Guiné-Bissau, levando ativistas culturais destes dois últimos países a prensar discos na Europa e importá-los de volta para a África. Os britânicos, por sua vez, tinham fábricas na Nigéria e no Quênia; até onde pude pesquisar, os franceses não construíram nenhuma fora da Argélia, de modo que a África Francófona teve que produzir seus discos na França. A África do Sul concentrava a maior infraestrutura de produção, distribuição e consumo musical do continente, mas, por conta do regime do apartheid, essa estrutura com certeza não era muito usada para promover um conteúdo político explícito de esquerda. Na verdade, as organizações sul-africanas antiapartheid, como o Congresso Nacional Africano, foram proibidas no país, forçando-as a lançar discos por meio de organizações de solidariedade em toda a Europa e contrabandeá-los de volta para a África do Sul.

Enquanto isso, na América do Sul, músicos dissidentes e organizações políticas na Argentina, Chile, Peru, Uruguai e Venezuela tiveram acesso a fábricas de discos com relativa facilidade e, em alguns casos, estabeleceram selos musicais de grande relevância (até serem reprimidos pelas ditaduras militares da década de 1970 – mas essa é outra história). No início dos anos 1970, a região estava repleta de gravadoras da *nueva canción*, que divulgavam uma forma de fato popular de música política. O disco de vinil não apenas era acessível para a maioria das comunidades de classe média e da classe trabalhadora, bem como as pessoas também tinham toca-discos em suas casas. Na América Latina, quase na sua totalidade, o disco de vinil – tanto como arquivo de som quanto como mercadoria – era visto como uma forma viável de distribuir ideias políticas das camadas populares. Os artistas desenvolveram suas próprias versões regionais da *nueva canción*; e muitos também ajudaram a construir a infraestrutura que permitiu a músicos de todo o continente fazer turnês e ter seus discos prensados. Para citar apenas dois, dos muitos selos capitaneados por músicos: DICAP (Chile) e *Ayuí* (Uruguai).

O Caribe apresenta outro contexto: a maioria dos aficionados por música – fosse reggae, *soca*, calipso ou *steel bands* – era muito pobre e não tinha toca-discos. Mas as pessoas tinham rádios transistorizados e ouviam bastante. Portanto, qualquer artista que quisesse levar sua música para o povo tinha que lançar discos e colocá-los nas mãos de DJs de rádios populares. O cenário ideal seria o seguinte: que os discos também chegassem nas coleções das pessoas que comandavam os *sound systems* locais – coletivos móveis de DJs, técnicos de som e *toasters* (MCs), que vagam pelos guetos em caminhões carregados com pilhas enormes de alto-falantes. Essas duas formas coletivas de consumir música significavam que havia pouca necessidade da propriedade individual dos discos.

No Leste Asiático, por sua vez, a forma dominante de desenvolvimento de música politizada vinha "de cima": gravadoras estatais centralizadas produzindo música e gravações em apoio direto aos seus respectivos regimes. O Partido Comunista Chinês fundou a China Records (*Zhongguo Changpian*) em 1954, apenas cinco anos após assumir o poder, e, em meados dos anos 1960, já havia lançado centenas de discos, tanto para o mercado interno quanto para exportação. O Partido Comunista do Vietnã e o Partido Popular Revolucionário do Laos (que criaram os selos *Dihavina* e *Dislaohaksat*, respectivamente) herdaram países sem indústrias de discos (a fábrica de prensagem no Vietnã ficava no sul, então os comunistas só puderam usá-la depois de ganhar a guerra); desse modo, tiveram que recorrer ao bloco soviético para produzir discos. Além disso, uma fatia muito menor de suas populações tinha acesso a toca-discos.

Como muitos movimentos no Sul Global tinham acesso limitado a fábricas de prensagem, os apoiadores do Norte encontraram na produção de discos para essas lutas uma espécie de ato de solidariedade. Era impossível produzir um compacto na Guiné-Bissau controlada pelos portugueses, mas era bem tranquilo na Holanda; na verdade, quinhentas ou mil cópias podiam ser encomendadas por um valor unitário na casa dos centavos, e a impressão de uma capa simples não aumentava muito esse custo. Desse modo, o selo *Angola Comité*, com sede em Amsterdã, lançou vários discos nos anos 1970 em apoio a grupos políticos da África Meridional e das colônias portuguesas na região, conseguiu vendê-los a baixo custo e ainda levantou uma boa quantia em dinheiro, que foi revertido para essas causas. Além disso, os próprios discos se tornaram ferramentas para a educação – recheados com informações sobre o anticolonialismo – e veículos para que os músicos africanos fizessem sua música ser ouvida em todo o mundo.

As ações de grupos identitários também turbinaram a produção de discos. Em particular, os movimentos feministas e lésbicos adotaram com vigor a forma do disco de vinil. As principais gravadoras de esquerda de todo o mundo (como *Demos*, *Expression Spontanée* e *Plateselskapet Mai*) lançaram discos dedicados ao folk e à música pop feminista e/ou lésbica, além disso, muitos músicos e pequenas comunidades de artistas criaram seus próprios selos (*Carolsdatter*, *Hexensaite*, *Index*). Nos Estados Unidos, as lésbicas inclusive criaram seu próprio sistema de distribuição, com a *Olivia Records* atuando como um motor auxiliar para diversos selos menores focados nessa temática. Curiosamente, não encontrei paralelo para isso na comunidade gay masculina e, embora o ativismo contra a AIDS tenha criado um dos movimentos sociais mais impactantes do século XX, ele está ausente na cosmologia do disco de vinil.

Ao longo do arco histórico da ascensão e queda do disco de vinil, também acompanhamos a transformação da compreensão popular da política: de um processo de ação coletiva empreendido por grupos políticos, partidos e sindicatos, para um processo focado no indivíduo como o ator social dominante. Do final dos anos 1950 até os anos 1960, o mundo testemunhou a prensagem em vinil de milhares de versões de canções populares da classe trabalhadora, como "A Internacional" e "Bella Ciao". Cada versão pode ter variado um pouco, mas todas se aproximaram o suficiente da versão tradicional para funcionar como gritos de guerra para a classe operária. No final dos anos 1960, isso começa a mudar. Em vez disso, vemos uma competição entre as diferentes concepções do que constitui "a música do povo". Por um lado, uma renovada música folk redefine "popular" para indicar não muita viabilidade comercial, mas sim literalmente "do povo"; por outro lado, vemos o desenvolvimento de prósperas culturas jovens em todo o mundo, a maioria se identificando em oposição direta ao *status quo* (e, por conseguinte, às gerações anteriores). Isso conduz ao entendimento da "música do povo" como música dissidente, como uma rejeição da música folclórica do passado em favor de algo visto como revigorado, novo e potencialmente libertador. Esse processo assume diferentes formas em distintos lugares, mas os exemplos mais intensos e difundidos são: o free jazz, o som experimental, o rock progressivo e, por fim, o punk e o hip-hop. Embora ainda enraizado em comunidades específicas, cada um desses gêneros parece se afastar da busca pela grande audiência; em vez disso, tenta se comunicar com indivíduos inseridos em subculturas autogeridas. Essa migração da música política – das massas para a subcultura – merece muito mais atenção, mas, infelizmente, não há espaço para isso aqui.

DISCO

Para este projeto, "disco" deve ser entendido como disco de vinil. Durante a segunda metade do século XX, esse objeto desempenhou um papel descomunal na vida dos registros sonoros: foi a sua principal forma de distribuição e comercialização. Embora a goma-laca e os primeiros discos de vinil nos formatos de 16 e 78 rpm existissem desde a década de 1880, foi apenas no final da década de 1950 e início dos anos 1960 que os álbuns de longa duração (12 polegadas) e os *singles* (7 polegadas) que conhecemos hoje passaram a dominar o mercado da música. No início dos anos 1930, tanto a RCA *Victor* quanto a *Columbia Records* lançaram discos de vinil de 33 1/3 rpm; a versão da RCA tinha 12 polegadas de diâmetro (ou, para ser mais exato, 30 cm), enquanto a versão da Columbia tinha 10 polegadas de diâmetro. Mas esses experimentos afundaram com a economia durante a Grande Depressão. Então, em 1948, a Columbia lançou o disco contemporâneo de 33 1/3 rpm 12 polegadas. No ano seguinte, para competir, a RCA *Victor* lançou o 45 rpm 7 polegadas; esse formato girava mais rápido e, portanto, continha menos músicas do que o modelo da *Columbia*, mas a RCA apostou que o eventual desenvolvimento de tecnologia para permitir a reprodução automática de vários discos consecutivos evitaria a necessidade de os consumidores se levantarem para trocar os próprios discos. Em 1956, esses dois formatos dominariam quase completamente o mercado fonográfico, com as 12 polegadas para os álbuns e as 7 polegadas para os *singles*.

O importante cruzamento entre os registros sonoros e os movimentos políticos começa com o Movimento dos Direitos Civis nos Estados Unidos. O movimento foi bastante esperto ao usar as tecnologias de comunicação emergentes, proporcionando algumas das primeiras ações captadas por equipes de reportagem e transmitidas ao vivo pela televisão. O movimento também aproveitou ao máximo o disco de vinil. O Congresso para Igualdade Racial (CORE) lançou *Sit-In Songs: Songs of the Freedom Riders*, em 1962. Os *Freedom Singers*, atrelados ao Comitê Coordenador Estudantil Não Violento (SNCC), vieram na sequência e, em 1963, lançaram um *single* e um álbum – ambos intitulados *We Shall Overcome*. Mais de duas dúzias de gravações de Martin Luther King Jr. foram editadas em vinil nos anos 1960. Até as *majors* aproveitaram o embalo: *Mercury*, *Motown*, *Atlantic* e *Buddah* produziram LPs do Movimento dos Direitos Civis. A *Folkways Records* lançou gravações de campo de pessoas marchando, cantando e fazendo discursos em manifestações. É certo que as gravações de Alan Lomax têm um valor inestimável; discos de vinil de canções religiosas, cantos de trabalho e *prison songs* afro-americanas, mas parecem mais documentos antropológicos de uma cultura sendo engolida por modos de vida modernos. Por outro lado, os registros do Movimento dos Direitos Civis pareciam... *Em movimento*! Eram documentos vivos de pessoas em luta e faziam os ouvintes sentirem que estavam lá. A compra dos discos era uma maneira de apoiar o movimento e divulgar sua mensagem.

Enquanto a ascensão do disco de vinil acompanha a explosão do Movimento dos Direitos Civis, a sua derrocada, numa estranha reviravolta na história, é em meados de 1990 – o ano em que Nelson Mandela é libertado da prisão na África do Sul, marcando o ponto de virada na última das grandes lutas políticas do século XX. Assim como o vinil é eclipsado pelo CD, vemos o fim de um fluxo de mais de vinte anos de gravações focadas em acabar com o apartheid, esmagar o colonialismo no Sul da África e garantir a libertação de Mandela.

Essa coincidência da era do vinil com a ascensão do movimento social moderno me forneceu um recorte de tempo confortável para investigar. Concentrei-me nas gravadoras mais ativas entre 1970 e 1990. Ao encerrar minha pesquisa em meados dos anos 1990, acabei evitando a maioria dos selos especializados em CDs (embora muitos fossem engajados). Além disso, também exclui um número significativo de selos políticos que surgiram do punk e de outras cenas contraculturais do final dos anos 1990 e início dos anos 2000. Ainda que boa parte da música produzida por essas gravadoras fosse política, é possível argumentar que era muito mais na teoria do que na prática: músicos expressando opiniões políticas mais do que participando de forma ativa ou apoiando lutas sociais de massa.

Como os vinis são relativamente complicados e caros de produzir, carregam um nível de intencionalidade. A elaboração de um disco é uma forma de distribuir não apenas música, mas também design, arte e ideias, com a inclusão de letras, análises políticas e históricas, informações sobre ações de solidariedade, e muito mais. O vinil foi desafiado pela fita cassete nos anos 1970 e 1980 e, por fim, substituído pelo *compact disc* nos anos 1990. O CD, por sua vez, foi substituído por formatos apenas digitais: arquivos MP3, MP4, WAV e FLAC. Mas o vinil ressurgiu, não apenas por nostalgia, mas porque é uma forma confiável – embora analógica – de armazenamento de dados. As pessoas também demonstram uma apreciação renovada pela abundância de sua forma – as capas coloridas, os encartes com as letras, os pôsteres. Assim, a palavra "disco" neste livro também diz respeito à capa e ao encarte: são meios de informação política tão valiosos quanto a própria música.

É evidente que os orçamentos das bandas e das gravadoras políticas não podiam competir com, por exemplo, o extremo luxo do auge do rock progressivo (com suas capas explodindo com um arco-íris de pinturas obsessivamente detalhadas de maquinário orgânico, os encartes também coloridos e pôsteres gigantes), mas os selos aqui mencionados apresentam material gráfico com uma quantidade incrível de informações – e, muitas vezes, de boas soluções. A gravadora folk italiana *I Dischi del Sole* embalava seus singles de 7 polegadas em capas desdobráveis modernistas, e a gravadora francesa *Le Chant du Monde* em geral lançava LPS em capas gigantes de três partes, que se transformavam em pôsteres de um metro de comprimento, repletos de letras, ilustrações e informações. Nos Estados Unidos, a *Paredon Records* quase sempre incluía um livreto de 12 a 24 páginas, recheado de informações sobre a música e seu contexto político – o que era muito importante, já que 90% da produção da gravadora era de música ligada a lutas políticas ao redor do mundo.

A capa de um disco também tem o potencial de nos dizer mais do que foi impresso nela. Quase todos os discos que tenho da África – além de vários do sul da Europa, em especial de Portugal – trazem o nome do antigo dono escrito na capa e, muitas vezes, até nos rótulos do vinil. Isso não significa que os africanos são mais possessivos com seus pertences do que os alemães; a lição é que, no período coberto por este livro, os discos eram mais caros e difíceis de encontrar nesses lugares. Quando você conseguia um, cuidava bem dele. Essa preciosidade do disco como objeto se somava ao seu valor político, pois o proprietário tendia a absorver todos os seus aspectos. Flyers ou panfletos políticos podiam ser descartados, mas isso raramente acontecia com um vinil. Como os discos eram raros, você os escutava com os seus amigos e eles se tornavam objetos sociais. Desse modo, a comunidade construída ao redor da música poderia ser um local para discussão política.

SELOS

Como todos os outros termos, a palavra "selos" também deve ser entendida de uma maneira menos rígida. Sim, muitos dos verbetes dizem respeito a entidades profissionais organizadas com o objetivo de produzir discos de vinil, mas isso não é uma regra. De modo proposital, alarguei o termo para incluir iniciativas de cidadãos, sindicatos, teatros, igrejas e partidos políticos que lançaram discos (bem como bandas que bancaram seu próprio material). Acho fascinante esse aspecto amplo da produção e distribuição de discos.

Em geral, os colecionadores de discos chamam esses lançamentos que não são feitos por selos tradicionais de *private press*.[1] Não considero um termo muito adequado, pois grande parte dessa produção foi criada com uma ampla distribuição em mente e com a intenção de tornar os problemas abordados pelos lançamentos muito mais públicos e sociais, em vez de privados (*private*) e pessoais. Neste livro, adotei o termo *ad hoc* para esses casos, deixando claro que alguns desses discos podem ter sido pontuais, mas não restritos. São inúmeros os casos de músicos ativistas que lançaram quinhentas cópias de umas 7 polegadas em apoio a uma causa, e viram os discos esgotando em poucas semanas, provocando repetidas tiragens.

Prensar um disco de vinil não é algo difícil, mas com certeza é mais complexo do que imprimir um boletim informativo ou pôster. E a questão é que não é apenas mais caro; você também precisa trabalhar com pessoas que saibam mixar gravações e criar fitas *master* a partir das quais o vinil será prensado. Hoje, você pode fazer isso em casa com um laptop, mas, em 1972, você precisava de um estúdio de gravação, ou pelo menos de uma série de equipamentos para gravar e mixar em fita. Eu até imaginei que isso pudesse ter sido uma barreira bastante significativa, mas, considerando que existem mais de trezentos exemplos de grupos políticos e entidades comunitárias incluídos aqui, e todos lançaram discos como parte de seu trabalho ativista, é seguro dizer que essa era uma tática comum no arsenal de ferramentas políticas, e talvez considerada eficaz o suficiente para superar as complicações técnicas.

Quando comecei este projeto, também tinha interesse na conexão entre música, política e design. No início, uma das coisas que despertou minha imaginação foi olhar para a variedade de logotipos e ícones que diferentes selos usavam, alguns copiando referências musicais ou políticas comuns (formatos de discos de vinil, punhos, pombas da paz, etc.); alguns genéricos, como se seus criadores

---

1 Nota do tradutor: Em tradução livre, uma aproximação possível seria "tiragem exclusiva".

ainda estivessem encontrando suas tendências ideológicas; e outros estranhamente excitantes (veja o mascote do selo *Agitat*, da Bélgica).

Conforme o trabalho neste livro progredia, me concentrei cada vez menos nos gráficos e mais em coletar e destilar as informações e a história. Mas os logos ainda são uma parte muito importante deste projeto, e tomara que para você, leitor, uma parte agradável. Com exceção de um número muito reduzido de discos impossíveis de encontrar, todos os logotipos aqui foram fotografados ou digitalizados dos discos e de suas capas (por mim ou por amigos). Em alguns casos, tive que usar a criatividade – apenas naqueles em que os próprios selos não pareciam ter um logo definido, apenas o nome em uma fonte padrão, ainda que suas capas fossem ricas em imagens. Em outras palavras, alguns deles podem não ser os logos "oficiais", mas todos foram extraídos dos discos, de uma forma ou de outra.

CONCLUSÃO

No final dos anos 1980, quando o *compact disc* sobrepujou o disco de vinil, as gravadoras de imediato começaram a reduzir a produção de vinil e promover os CDs. A razão não era só porque estavam seguindo as tendências de mercado. Um CD é muito mais barato de produzir do que um vinil (menos de 50 centavos de dólar por unidade, incluindo a embalagem, enquanto o vinil oscila entre 2 a 5 dólares, dependendo da quantidade). E as gravadoras vendiam os CDs pelo mesmo preço de varejo do vinil, aumentando os lucros de maneira vertiginosa. No final da década de 1990, a ascensão do software de compartilhamento de arquivos (*peer-to-peer*) foi o golpe de misericórdia para o vinil: as grandes gravadoras estavam convencidas de que seu futuro residia na música distribuída digitalmente, não em objetos físicos. Naquela época, a maioria das fábricas de vinil nos Estados Unidos havia sido fechada, pois seus principais clientes – as grandes gravadoras – pararam de produzir vinil. E essa tendência se espalhou pelo global: em 2005, restavam poucas fábricas de vinil de tamanho significativo no mundo.

Talvez por nostalgia, talvez pela necessidade de consumir algo material ou pelo desejo real de ouvir a fisicalidade da música estalando de uma agulha e através de alto-falantes, o fato é que o vinil voltou. As vendas de discos de vinil continuam aumentando. Como as grandes gravadoras fecharam à força tantas fábricas de vinil nos anos 1990, agora há uma certa demora para prensagem nas fábricas remanescentes e nas novas empresas que começaram na última década. Não é incomum para uma pequena banda ou gravadora ter que esperar seis meses para ter um disco prensado.

Os vinis também voltaram às livrarias – agora você pode comprar uma cópia do *Master of Reality*, do Black Sabbath, na Barnes and Noble. Tem vinil até na Whole Foods. Mas a novidade mais curiosa é o retorno do "clube de assinatura de discos". Mais de uma dúzia de clubes de assinatura foram lançados – um dos mais populares é o *Vinyl Me, Please*. Uma evolução dos antigos clubes de discos e fitas: você se inscreve e recebe um novo vinil todo mês. Os serviços oferecem uma mistura de coisas antigas e novidades; a maioria é luxuosamente embalada em capas dobráveis, com vinil colorido e outras vantagens "exclusivas para o clube". Porém, a coisa mais estranha em quase todos esses clubes é que você não tem controle sobre o conteúdo dos discos: num mês você recebe uma reedição de um álbum clássico de rock progressivo e no próximo pode ser o novo LP da Taylor Swift.

Tudo isso para dizer o seguinte: embora o vinil tenha retornado, ele parece incompleto sem uma conexão com movimentos, sindicatos, grupos comunitários e artistas que privilegiam o conteúdo ao invés da fama. Espero que esta pequena carta de amor ao potencial do disco de vinil possa ajudar a reconectá-lo às suas raízes, como uma ferramenta-chave no Movimento dos Direitos Civis – um meio para melhorar as comunidades e o mundo, não apenas nosso consumo pessoal e experiências sonoras.

Rojo pájaro agresivo
Que me muerde la garganta
Y cuando lo llamo al canto
Me sale sólo alarido.

Canción para armar, Daniel Viglietti

Enciclopédia

1 IN 12 RECORDS
Reino Unido

O *1 in 12* Club é uma casa de shows e um centro social na pequena cidade de Bradford, no norte da Inglaterra. Fundado em 1981, o espaço é organizado coletivamente num esquema anarquista; e, além de realizar eventos musicais, como o festival anual Mayday, o coletivo também publicou livros e discos. Desde a sua criação em 1984, a gravadora do clube lançou cerca de uma dúzia de discos, em geral compilações de bandas punk e indie locais.

3RD STREET RECORDS
EUA

Batizada com o nome de seu escritório na Filadélfia, essa gravadora lançou apenas um LP: *Rebirth Cycle* (1977), de Mtume. Ele foi baterista de Miles Davis nos anos 1970 e gravou esse disco de improvisação de jazz afrocêntrico pouco antes de formalizar o Mtume como um projeto politizado de jazz/funk, que assinaria com a Epic Records, em 1978. James Mtume também gravou *Alkebu-Lan: Land of the Blacks* (Strata-East, 1972), outro clássico do jazz nacionalista negro, lançado com seu grupo, *Mtume Umoja Ensemble*.

7:84 THEATRE COMPANY
Reino Unido

O *7:84* era uma trupe de teatro de esquerda, que produzia shows itinerantes focados em questões políticas do Reino Unido. A trupe foi fundada em 1971, na Escócia, por David MacLennan, Elizabeth MacLennan e John McGrath. O nome foi tirado de uma estatística econômica de 1966, que indicava que 7% da população do Reino Unido possuía 84% de sua riqueza. Em 1973, a trupe se dividiu em grupos ingleses e escoceses e, ao longo dos anos 1970 e 1980, ambos lançaram gravações de suas produções. A seção inglesa soltou um 7 polegadas com Robert Wyatt, em 1985 (lançado pela TUC), e o produto musical mais notável do teatro foi o grupo vocal *The Flying Pickets* (todos os integrantes fizeram parte do *7:84*, e muitos deles participaram das greves dos mineiros nos anos 1970).

A&B RECORDS
Antígua

Abreviação para *Antígua e Barbuda*, *A&B Records* é a casa do cantor de *calipso* King Short Shirt e sua banda *The Ghetto Vibes*. *Short Shirt* (também conhecido como McLean Emanuel) é um cantor prolífico, cujas canções gerais apresentam temas sociais, como a questão da libertação do Caribe (apoio à revolução de Granada e à independência de Belize), poder negro e antirrepressão. A *A&B* lançou cerca de cinquenta discos entre o início da década de 1970 e final dos anos 1980.

ABOVEGROUND RECORDS
EUA

Aboveground era o selo de Tom Wilson Weinberg, um cantor folk declaradamente gay, que começou a se apresentar na década de 1970 em eventos e noites *queer* em cafés. Usou o selo para lançar seu primeiro LP, *Gay Name Game*, em 1979, e o seu sucessor, *All-American Boy*, em 1982. Nos anos 1980, se dedicou aos shows performáticos com seu grupo *Ten Percent Revue*, e lançou vários títulos pelo *Aboveground*, mas esse material saiu apenas em fita cassete ou CD.

ABR PRODUCTIONS
França

O selo da cantora de música política Rosalie Dubois (também conhecida como Jeanine Rolleau) e seu marido Bernard Berger. Ao longo da década de 1970, Dubois lançou uma série de cinco LPs de canções revolucionárias francesas por esse selo, cada volume focado em um período histórico diferente do país. O LP que tenho é intitulado *Chants Révolutionnaires de notre Histoire: De la Victoire au Front Populaire (1920–1938)*. O disco traz uma dezena de canções do período do governo da Frente Popular na França, entre o fim da Primeira Guerra Mundial e a invasão dos nazistas em 1940. Depois, Dubois também lançou um LP pelo selo DOM/*Expression Spontanée*, reunindo músicas de vários volumes.

ABSTRACT DANCE
Inglaterra

Em 1985, o grupo de punk/*soul* trotskista *Redskins* queria doar os royalties de seu *single* antiapartheid "Kick Over the Statues" para o ANC e sindicatos na África do Sul. A *Decca*, gravadora da banda na época, recusou a ideia, enquanto eles pegaram as *masters* e as entregaram ao selo *Abstract Dance*, que concordou em lançar o disco e repassar os royalties para o movimento antiapartheid. O selo pertence à *Abstract Sounds*, pioneira na cena punk/pós-punk, que fez trabalhos com a CNT *Productions*, onde a banda deu seus primeiros passos. Um detalhe: o nome *Redskins* não é uma referência ao termo pejorativo para os povos indígenas dos EUA, mas uma combinação de "Red" (comunista) e "Skins" (skinheads), especialmente no que diz respeito à origem do estilo, na fusão entre a cultura e a música britânica negra e grupos de jovens brancos da classe trabalhadora.

ACOUSTI – YURI KOROLKOFF
França

Yuri Korolkoff era um engenheiro de som que trabalhava no *Acousti Studio*, em Paris. O nome *Acousti* foi usado para lançar um 7 polegadas de gravações de campo feitas por Korolkoff durante os protestos de maio de 1968, originalmente capturadas para um filme coordenado por Guy Chalon.

ACTION RECORDS
Escócia

Gravadora com sede em Glasgow que lançou meia dúzia de discos nos anos 1960. O foco estava no folk escocês, especialmente nas canções da classe trabalhadora. Além disso, a *Action* lançou um LP de músicas da *Iona Community*, uma seita cristã ecumênica (semelhante aos *Quakers*) comprometida com a paz e a justiça social.

AD RECORDS
Reino Unido

AD é o selo do *The African Dawn*, uma banda londrina formada por músicos da África, Caribe e América Latina. Os quatro LPs lançados pela gravadora e pela banda, entre 1983 e 1989, cobriram muitos territórios políticos, com músicas como "Africa Must Be Free", "El Salvador", "Intifaada", "Lewisham", "Questions – To Brecht With Love" e "Sharpeville Aftermath".

A DISC
Suécia

A Disc – também conhecida como *Arbetarrörelsens Skivbolag* – foi a gravadora do movimento trabalhista sueco. Funcionou por quase uma década, aproximadamente de 1975 a 1984, antes de ser fechada devido a dificuldades financeiras. Seus cerca de cinquenta lançamentos abrangem toda a gama de música política do final dos anos 1970: folk, *nueva canción*, os primórdios do punk, música cubana e bandas que expressavam solidariedade com o movimento antiapartheid.

AD LIBITUM
Portugal

Um pequeno selo que lançou alguns compactos em meados dos anos 1970, com metade deles apresentando folk português do pós-revolução ou música africana anticolonial.

AFRICAN-AMERICAN INSTITUTE
EUA

Essa pequena organização sem fins lucrativos lançou um único LP, *Folk Music of Africa: Songs from the New Nations*, em algum momento do início dos anos 1960. O disco foi organizado pelo Comitê Feminino da África (da própria ONG) como uma maneira de arrecadar fundos para os esforços educacionais desse instituto na África. Com a ajuda da *Folkways Records*, o Comitê reuniu algumas canções de Pete Seeger, Steve Addiss & Bill Crofut, Ibn el Badya e uma grande variedade de gravações de campo de músicos africanos não identificados. Só para deixar claro: a organização não foi fundada por afro-americanos (um termo que ainda não era usado na época), mas por ricos filantropos brancos, em sua maioria. Não há muita documentação do *African-American Institute* acessível na internet, mas, dada a participação de Seeger, estou inclinado a dar o benefício da dúvida. Além disso, em 1964, provavelmente logo após esse LP, o grupo organizou uma noite de música africana em Nova York, com uma apresentação especial do cantor de esquerda Harry Belafonte.

AFRICAN BAG PRODUCTIONS
EUA

A empresa de produção de James Edward Davis (*aka* Jimmie Davis), o tecladista da banda de *soul*/disco *L.T.D.* Em paralelo, Davis também lançou discos (incluindo um LP de jazz do baterista de conga Big Black, de 1968); para o nosso caso, o mais importante foi um LP educacional chamado *Harriet Tubman: Leader of the Underground Railroad* (1970), narrando a vida de Tubman. *Afrikan Bag* às vezes é escrito com um K, e Davis também foi uma das pessoas por trás da *Im-Hotep Records*.

AFRICAN METHODIST EPISCOPAL CHURCH
EUA

A Igreja Metodista Episcopal Africana (*African Methodist Episcopal Church*, AME) é uma das igrejas negras que desempenhou um papel importante de ativismo nas lutas pelos direitos civis nos EUA, bem como na luta contra a opressão de maneira geral. Em meados dos anos 1960, a AME lançou um disco-documentário intitulado *Pioneers of Protest*, contendo trechos da fala de Martin Luther King Jr. na conferência da AME de 1964, bem como comentários de Roy Wilkins (NAACP), de A. Philip Randolph (*Brotherhood of Sleeping Car Porters*) e de Daisy Bates, uma proeminente ativista na luta pela integração escolar em Little Rock, Arkansas.

AFRICAN NATIONAL CONGRESS
África do Sul/Reino Unido

O Congresso Nacional Africano (*African National Congress*, ANC) foi uma das principais organizações antiapartheid na África do Sul, durante a maior parte do século XX. Depois de ser banido e exilado pelo governo sul-africano nos anos 1960, o ANC começou a se autodenominar um "governo no exílio" (com escritórios em vários países, mas principalmente no Reino Unido), incluindo um braço armado, *Umkhonto We Sizwe* (ou MK), mas também múltiplos tentáculos culturais, como os grupos musicais *Amandla* e *Mayibuye*. Estes grupos lançaram álbuns por diversas gravadoras e organizações de solidariedade (*A Disc*, *Afrogram*, *Angola Comité*, *Melodiya*, *Plane*, *VARAgram*) ao longo dos anos 1980. Muitos desses discos foram listados como co-lançamentos, distribuídos ou produzidos pelo ANC, mesmo que não tenham sido prensados pela organização.

AFRIKAN POETRY THEATRE RECORDS
EUA

Em 1985, este selo lançou um 12 polegadas antiapartheid, *Kuulula y Azania*. O *Afrikan Poetry Theatre* é um centro cultural afrocentrado com sede no bairro Jamaica, no Queens (Nova York), desde a sua fundação em 1976. O teatro é, e sempre foi, o lar de uma ampla gama de atividades culturais, incluindo noites de poesia com microfone aberto, festivais de cinema, aulas de história africana, oficinas de atuação e viagens educativas à África Ocidental. *Kuulula y Azania* é o único vinil do selo, lançado com a alcunha de APT *Records*.

AFRIKINGS RECORDS
AFRIKINGS
EUA

Afrikings é o nome do selo que lançou um único LP do popular grupo *African Brothers Band*, de Gana. O álbum *Oh! No! Apartheid* é um dos mais engajados entre os mais de cinquenta LPs da banda. O nome "Afrikings" é, talvez, uma versão politizada de um dos selos da banda, chamado *Afribros*; o endereço (da cidade de Nova York) encontrado na contracapa do álbum da *Afrikings* é o mesmo que aparece nos lançamentos da *Afribros*.

AFRO RECORDS
EUA

Afro Records foi o selo que lançou a primeira prensagem de *Message to the Grass Roots* (1965), de Malcolm X. Em algumas versões, o selo *Grass Roots L.P. Co.* também aparece na capa do álbum. Trata-se da gravação do discurso de Malcolm X na *Northern Negro Grass Roots Leadership Conference*, em 1963, então é possível que as pessoas envolvidas na conferência estivessem conectadas à gravadora. As tiragens posteriores foram produzidas pelos selos *Charisma* e *Paul Winley Records*: a primeira, de propriedade da *All Platinum Records* (uma das empresas de Sylvia Robinson, que também era dona da *Sugar Hill Records*), e a última conhecida por seu extenso catálogo de lançamentos do *Afrika Bambaataa*, um dos pioneiros do hip-hop.

AFRO-AMERICAN MUSEUM, INC.
EUA

O Museu Internacional Afro-Americano (*International Afro-American Museum*) foi fundado por Charles H. Wright, em 1965, em Detroit. Nos anos 1970, o museu lançou um vinil com uma gravação ao vivo de Paul Robeson, *At the Peace Arch Park - 1953*. O show não havia sido lançado e o museu usou o LP para arrecadar fundos. Em 1978, a administração de Detroit cedeu um terreno no centro da cidade para o museu e, em 1985, ele foi rebatizado de Museu de História Afro-Americana (*Museum of African American History*).

AFRO SOM
Moçambique

Um pequeno selo que lançou meia dúzia de compactos entre 1973 e 1975, alguns com viés pró-FRELIMO (Frente de Libertação de Moçambique).

AFROGRAM
Suécia

A contracapa do disco ao vivo do *Amandla* afirma: "Afrogram é a gravadora da *Africa Groups of Sweden* (AGS)". A AGS foi formada em 1974, como uma organização nacional de coordenação de grupos locais dedicados à luta contra o colonialismo na África Austral. À medida que os anos 1970 se transformavam nos anos 1980, a AGS se concentrou na luta contra o apartheid na África do Sul. Além de lançar pelo menos dois discos (ambos da trupe cultural *Amandla*, vinculada ao ANC), a AGS também publicou boletins, revistas e livros. De certo modo, era o equivalente sueco do norte-americano *Liberation Support Movement* (LSM).

AFRO SOUL
Rodésia/Zimbábue

Um selo ativo no período anterior à independência do Zimbábue. O *Afro Soul* pertencia à *Teal Records*, da África do Sul. De 1974 até a década de 1980, o selo promoveu a fusão rock/reggae/folk que, por fim, evoluiria para a *chimurenga*. Eles lançaram o hino guerrilheiro "Watch Out", da banda de afro-rock *Wells Fargo*, e vários dos primeiros discos de Thomas Mapfumo.

AFSCME
EUA

AFSCME é a sigla para *American Federation of State, County and Municipal Employees* (Federação Americana de Empregados Estaduais, do Condado e Municipais), o maior sindicato de funcionários públicos dos Estados Unidos. A associação lançou dois discos com o cantor folk trabalhista Joe Glazer: AFSCME *Sings with Joe Glazer* (1967); e um LP do início dos anos 1980, *Singing About Our Union: An Evening with Joe Glazer*. Ambos apresentam clássicos operários de Pete Seeger, Joe Hill e outros, bem como algumas canções específicas da história e das lutas do sindicato (como "On Our Way with AFSCME"). Em 1971, Glazer remasterizou e relançou AFSCME *Sings with Joe Glazer* sob o título *Joe Glazer Sings Labor Songs*, em seu próprio selo, *Collector Records*.

AGITAT
Bélgica

A *Agitat* foi uma gravadora belga de esquerda radical, que lançou discos em língua holandesa nos anos 1970. Encontrei pouquíssima informação sobre o selo, mas os lançamentos que localizei são uma mistura eclética de punk, pop político e um excelente 7 beneficente da SWAPO, com canções de liberdade da Namíbia (então Sudoeste da África).

AGITPOP
Dinamarca

Agitpop foi uma banda política de folk-rock de Copenhagen, ligada ao coletivo *Røde Mor* e à cena do selo *Demos*. Eles lançaram meia dúzia de discos pelo selo *Agitpop*, todos distribuídos pelo *Demos*. A banda era liderada por Benny Holst, que também teve uma extensa carreira solo e gravou vários álbuns com Povl Dissing (outro músico folk dinamarquês politicamente engajado).

AGIT-PROP
Reino Unido

O selo da banda britânica anarquista *Chumbawamba*. O grupo "punk que virou pop" tocou o selo entre 1985 e 1992, lançando cerca de vinte discos. Na sua maioria, álbuns do *Chumbawamba*, mas também fizeram algumas compilações. Outros destaques são o ótimo LP *Frank*, do *Thatcher on Acid*, e um 12" do grupo de hip-hop político *Credit to the Nation*. Ver também *Sky & Trees* (outro selo capitaneado pelo *Chumbawamba*).

AIDS ACTION COMMITTEE
EUA

O AIDS *Action Committee* é uma organização de saúde sem fins lucrativos, fundada em Boston, em meados dos anos 1980, durante a epidemia de AIDS. Como parte de seu trabalho no final dos anos oitenta e início dos noventa, lançou um disco de hip-hop da *Positive Force Posse*, para conscientização sobre a AIDS. O 12 polegadas tem "It's Not Who You Are, It's What You Do" no lado A, e "Can We Do This" no lado B. O nome do selo usado para esse lançamento foi *Foxtron*, e parece ter sido uma escolha apenas para este vinil.

AKPAN RECORDS
Nigéria

Este parece ser o selo *O.E. Akpan*, que lançou em 1977 um LP de *highlife/afrobeat* antiapartheid intitulado *South Africa*, do grupo *The Black Liberators of Africa* (que presumo ser o próprio *Akpan*). Não consegui encontrar outros registros de *Akpan* ou de seu selo (todavia, um certo *E.E. Akpan* foi um popular artista nigeriano de *highlife* na década de 1970; e Sonny Akpan foi um percussionista que tocou com os *Funkees*, Eddy Grant e Sonny Okosun).

AKTIEGROEP: "NEEN AAN DE 30 MILJARD"
Bélgica

Um grupo de ação política que lançou um compacto (em 1975) da banda belga *Het Cirkus Van Vuile Mong & Zijn Vieze Gasten*, que tocava um folk politizado. A tradução para o nome do grupo/selo é "Não aos 30 bilhões": uma referência aos protestos contra a compra de aeronaves de combate pelo governo belga, no valor de 30 bilhões de francos, em meados dos anos 1970.

"AKTIONSKOMMITEE CHILE" KÖLN
Alemanha Ocidental

Essa organização de solidariedade lançou um LP germano-chileno com: Salvador Allende, Wolf Biermann, Heinrich Böll, Victor Jara, Pablo Neruda e *Quilapayún*. Os lucros foram revertidos para o trabalho da Anistia Internacional no Chile. O disco foi fabricado pela clássica gravadora AULOS-*Schallplatten*.

ALACRAN PRODUCTIONS
EUA

Alacran Productions foi o nome escolhido pela banda *Los Alacranes Mojados*, de San Diego, para lançar seu LP, *Rolas de*

Aztlan (1979), uma coleção de canções focadas no poder chicano. A banda é bem popular localmente e entre os ativistas do movimento chicano, com músicas distribuídas em massa por meio de CDs e compartilhamento de arquivos, mas seus discos de vinil são raros.

ALBATROS
Itália

Este é um dos muitos selos políticos que pertenciam à *Vedette Records*, que tinha sede em Milão (junto com *I Dischi dello Zodiaco*, *Way Out*, dentre outras). Cada um desses selos tinha uma identidade específica de gênero musical, mas existiam pontos de conexão. O *Albatros* foi concebido para dar vazão à produção de música folk global, semelhante, em muitos aspectos, ao *Monitor* nos EUA. No catálogo: uma lista pesada de *nueva canción* chilena (Victor Jara, Violeta Parra, Juan Capra); folk político americano (Woody Guthrie, Pete Seeger); diversos álbuns de música regional italiana; muitos discos de blues dos EUA (incluindo pelo menos três LPs de *prison songs*); e uma série chamada *Ritmi e Strumenti Africani – African Rhythms and Instruments*. O nome *Albatros* foi usado do final dos anos 1960 até 1992, quando a *Vedette* encerrou atividades. O selo lançou cerca de 200 títulos, embora seja difícil de descobrir as datas e os números exatos, pois nunca usaram um sistema próprio de numeração de catálogo; em vez disso, os discos carregam os números de catálogo da *Vedette* (por exemplo, VPA 8133).

ALCATRAZ
Alemanha Ocidental

Alcatraz é uma banda de krautrock de Hamburgo, que está na ativa há 45 anos. Seu primeiro LP saiu pela *Philips*, mas desde então lançaram um fluxo constante de discos por meio de seu próprio selo, também chamado *Alcatraz*. O destaque aqui é um dos primeiros, um álbum conceitual de 1978, intitulado *Energie Programm In Rock*, uma extensa crítica de 40 minutos à energia nuclear.

ALERCE
Chile

Originalmente, deixei esse selo de fora do livro porque pensei que a *Alerce* trabalhava apenas com cassete e CD, mas descobri que o selo lançou uma penca de vinis no final dos anos 1970, antes de se converter quase que exclusivamente às fitas, muito mais baratas de produzir na década de 1980. A gravadora foi fundada em 1976, pelo radialista e escritor Ricardo Garcia, como uma plataforma para difundir o *canto nuevo*, que ele considerava o sucessor das tradições folclóricas da *nueva canción*. No começo, para evitar a repressão, a música tinha características menos políticas do que sua antecessora, mas também acabou sob sério escrutínio e censura do regime de Pinochet.

ALLIANCE
Reino Unido

Alliance foi o nome usado para lançar o LP duplo *An Evening of International Poetry* (1982), com áudios de dezenove autores do Terceiro Mundo, incluindo Okot p'Bitek e Edward Kamau Brathwaite. A gravação foi feita no dia 30 de março, inaugurando a primeira *International Book Fair of Radical Black and Third World Books* (Feira Internacional de Livros Radicais Negros e do Terceiro Mundo, em tradução livre), e foi compilada e editada por Linton Kwesi Johnson e John La Rose. La Rose era um pan-africanista residente em Londres, que emigrou de Trinidad e fundou a editora e livraria afro-caribenha New Beacon.

L'ALLIANCE DES JEUNES POUR LE SOCIALISME

L'ALLIANCE DES JEUNES POUR LE SOCIALISME
França

A AJS foi um grupo de estudantes trotskistas, com suas raízes no levante de maio de 68. Formado em 1971 a partir de uma ruptura entre os militantes da Federação dos Estudantes Revolucionários/FER (uma dissidência trotskista do mais antiautoritário Comitê de Ligação dos Estudantes Revolucionários/CLER). A AJS lançou pelo menos um disco na década de 1970, um compacto de folk/*nueva canción* em homenagem a dois sindicalistas assassinados na Argentina, em 1974, como parte da "guerra suja" entre a esquerda e paramilitares patrocinados pelo Estado.

ALTERNATIVE ENERGY RECORDS

ALTERNATIVE ENERGY
Irlanda

Um selo criado para lançar um único disco, *Anti-Nuclear* (1979). Esse *single* de 12 polegadas conta com participação e produção do cantor folk irlandês Christy Moore (do *Moving Hearts*), e de seu irmão mais novo, Barry Moore (também conhecido como Luka Bloom).

ALTERNATIVE LISTE
Alemanha Ocidental

O partido *Alternative Liste für Demokratie und Umweltschutz* (Lista Alternativa para Democracia e Proteção Ambiental) foi fundado em Berlim Ocidental, em 1978. Dois anos depois, fundiu-se com outros partidos locais de esquerda, ambientalistas e pacifistas para formar o Partido Verde (Die Grünen). Em 1981, um compacto foi lançado sob o nome *Alternative*

Liste – um *single* muito peculiar e eleitoral da banda *Perplex*, apresentando um som new wave/electro pop. Embora o agrupamento já estivesse integrado ao *Die Grünen* naquela época, eles provavelmente usaram o nome original porque era mais reconhecível em Berlim. O ouriço era um logotipo utilizado por vários projetos relacionados ao Partido Verde.

ALTERNATIVE TENTACLES
EUA

A longeva gravadora punk de San Francisco, fundada por Jello Biafra, do *Dead Kennedys*, em 1979. Nos seus primeiros anos, dedicou-se ao punk politizado, em especial, da Califórnia (*Dead Kennedys*, *Black Flag*, *7 Seconds*, MDC, TSOL), mas também nomes como *D.O.A.*, de Vancouver, e *The Crucifucks*, do Michigan. Em meados dos anos 1980, a *Alternative Tentacles* ampliou o seu espectro no punk, embora continuasse a lançar discos bastante políticos de bandas como DK, *The Dicks*, *Amebix* e *The Beatnigs*. A gravadora segue na ativa e já lançou cerca de 500 títulos

ALUTA RECORDS
Inglaterra

Um selo ligado a Sister Netifa, uma artista feminista do reggae e poetisa dub. Netifa, por sua vez, tinha conexões com o grupo *Network Riddum Band*, com o selo *Riddum Distribution Network*, e com o revolucionário artista de *rapso Brother Resistance*, de Trinidad e Tobago.

AMALTHEA
Suécia

Uma gravadora da cidade de Malmö, cujo catálogo inicial tinha mais folk politizado e *progg*, mas depois acabou se tornando um selo de rock padrão. No final dos anos 1970, a *Amalthea* lançou discos das trupes de teatro político *Musikteatergruppen Oktober* e *Tidningsteatern*, e um álbum dos *Amerindios*, uma dupla chilena de protesto. Na década de 1980, produziu um LP duplo de músicos de rock suecos tocando contra o apartheid; um disco de Jan Hammarlund e Kjerstin Norén executando versões suecas de músicas do grupo italiano *Cantacronache*; e LPs de Billy Bragg para o mercado escandinavo. A *Amalthea* foi fundada em parte com o apoio da MNW e acabou sendo absorvida pela *major* em 1989.

Os lançamentos do selo eram distribuídos pela *Plattlangarna*.

AMERICAN CIVIL LIBERTIES UNION
EUA

A *American Civil Liberties Union* (União Americana pelas Liberdades Civis, ACLU) é mais conhecida por seu trabalho jurídico protegendo os direitos de liberdade de expressão nos Estados Unidos. Em 1973, no entanto, a seção de São Francisco lançou uma coletânea com músicos de rua locais, gravados ao vivo na rua: *San Francisco Street Musicians and Their Music*. Imagino que esse disco tenha sido parte de uma campanha para apoiar o direito dos músicos de rua de se apresentarem em público, mas o rótulo e a capa são desprovidos de maiores informações.

AMICALE DES ALGÉRIENS EN EUROPE
França

A *Amicale des Algériens en Europe* (AAE) é uma organização cultural e de serviço social que apoia os argelinos que vivem na França. Em 1982, essa associação lançou o disco *Hymne à L'indépendance*, em comemoração aos 20 anos de independência da Argélia. Sob coordenação da ala jovem do grupo cultural da AAE, o LP é uma produção de luxo, com capa *gatefold* e encarte recheado de informações.

AMIGA
Alemanha Oriental

Divisão de música popular (rock e jazz) da *Deutsche Schallplatten Berlin*, que era a gravadora estatal da República Democrática Alemã (RDA, ou Alemanha Oriental). A AMIGA começou nos anos 1940 com um catálogo bastante sóbrio de pop e jazz, mas, no final dos anos 1960, ramificou-se em folk político e rock (*Oktoberklub*, Isabel Parra, Omega), free jazz (*Berliner Improvisations-Quartett*) e uma ampla gama de músicos afro-americanos (de Billie Holiday a Max Roach). Mas não se anime muito: dos milhares de discos que a AMIGA lançou, apenas uma pequena quantidade é política e audível!

"Amilcar-Cabral Gesellschaft e.V."
AMILCAR CABRAL GESELLSCHAFT
Alemanha Ocidental

Este foi o nome usado por uma organização de solidariedade alemã para lançar um disco duplo de canções pró-independência da Guiné-Bissau, intitulado *Luca Cata Maina* (1977). A coletânea inclui faixas dos primórdios do *Super Mama Djombo*, um popular grupo político. Infelizmente, esse LP é bastante raro e as músicas não estão disponíveis em nenhum lugar.

ANISTIA INTERNACIONAL
Internacional

Uma das maiores organizações de direitos humanos do mundo, a *Anistia* usa a música como ferramenta em seu trabalho desde os anos 1960. A maioria dos discos relacionados à organização são coletâneas beneficentes produzidas por outras gravadoras: inicialmente, selos pequenos como *Messidor* e TVD; e, depois, grandes gravadoras como a *Island*, com a qual fez parceria para os seus conhecidos LPs *The Secret Policeman's Ball*. A *Anistia* também produziu uma série de discos usando o seu próprio nome. O caso da *Anistia* é interessante porque preencheu a lacuna entre dois estilos muito diferentes de ativismo musical: shows beneficentes mais modestos, de bandas independentes em apoio a campanhas específicas, e grandes espetáculos no estilo "*We Are the World*", com suporte corporativo.

Angola Comité
ANGOLA COMITÉ
Holanda

Mais um grupo de solidariedade política do que um selo, o *Angola Comité* (às vezes chamado de *Angola Comité/Mondlane Stichting*) ajudou a produzir pelo menos meia dúzia de discos, em geral gravações de campo de canções políticas dos movimentos de libertação na África Meridional. Além de Angola, o grupo também apoiou as lutas em Moçambique, Namíbia, Zimbábue e África do Sul. É difícil estabelecer uma discografia exata, pois os discos saíram sem uma identificação clara do nome da gravadora ou do número de catálogo. Os lucros de todos os seus lançamentos foram destinados para várias organizações políticas de apoio à libertação africana; um dos beneficiários mais frequentes foi o *Medisch Komitee Angola*.

L'ANOMIE
França

Este selo lançou apenas um LP, a compilação *Notes sur la guerre des sexes*, com sete faixas abordando questões como gênero e sexismo. Na coletânea, nomes ligados à cena punk, incluindo *Rhythm Activism* (Canadá), *Danbert Nobacon* (do *Chumbawamba*) e *Kina* (Itália). O disco traz encartado um panfleto de Emma Goldman ("A tragédia da emancipação da mulher") e um pôster. Este deveria ser o primeiro de uma série de LPs, mas acabou sendo o único lançado.

ANTAGON
Alemanha Ocidental

Este foi um selo de Hamburgo especializado em folk politizado. O material lançado pelo *Antagon* guarda similaridade com o recorte de selos como *April*, *Schneeball* e *Eigelstein*. O nome mais famoso no catálogo era o *Malicorne*. Por outro lado, a banda mais prolífica engajada da gravadora era o *Schmetterlinge*.

ANTI-APARTHEIDS BEWEGING NEDERLAND
Holanda

Uma organização de solidariedade sul-africana com sede na Holanda, fundada em 1971. Esse grupo lançou um único LP, *Jabula's In Amsterdam* (1978).

ANTI-CORPORATE SPEAK RECORDS
EUA

Eis o selo (*private press*) do cantor de protesto Charles "Rick" Kelly. Ele lançou uma série de fitas cassete (incluindo uma com o lindo título *3 Mile Island Blues e Other Hummable Ditties for the 80's*) e pelo menos um 7 polegadas (produzido em 1980); este último inclui críticas aos subúrbios ("Sprawl") e às corporações ("Don't Profit From Death").

ANTIIMPERIALISTISCHES SOLIDARITÄTSKOMITEE
Alemanha Ocidental

O *Antiimperialistisches Solidaritätskomitee* (ASK) foi fundado em 1973, em Frankfurt. Era um grupo político que usava a produção de discos como parte de suas ações. O ASK funcionava como uma organização de solidariedade internacionalista e antirracista, que trabalhava com outros grupos de esquerda na Alemanha Ocidental, para divulgar informações sobre movimentos de libertação nacional no Sul Global e viabilizar apoio financeiro direto. O ASK sucumbiu em 1990, logo após a queda do Muro de Berlim.

ANTI-WAR ACTION
Holanda

Também conhecida como AWA, a *Anti-War Action* foi uma organização política holandesa focada em amparar as vítimas do desastre humanitário que se seguiu à dissolução da Iugoslávia e às guerras dos Bálcãs, nos anos 1990. Lançou um LP beneficente de punk politizado, chamado *The Dignity of Human Being Is Vulnerable* (1993), apresentando *The Ex*, MDC, *Born Against*, *De Kift* e mais onze bandas. Três anos depois, veio o CD-coletânea *Sperminator* (1996), reunindo músicas de protesto punk ("Chumbawamba", "Wat Tyler", "Mecca Normal", "Dog Faced Hermans", dentre outras) em apoio a organizações de mulheres na ex-Iugoslávia.

APIR
Canadá

O selo do chileno Alberto Kurapel, um dramaturgo e poeta de esquerda, exilado no Canadá após o golpe militar de 1973. Kurapel lançou vários LPs por seu selo pessoal, incluindo *Guerrilla*, de 1986, que traz uma música para Che Guevara baseada em um poema de Roque Dalton.

APRIL
Alemanha Ocidental

Selo independente formado como uma cooperativa, em 1976, por um pequeno grupo de bandas alemãs de krautrock e *prog*, incluindo Ton Steine Scherben, Embryo e Sparifankal. Como *April* era o nome da editora musical da CBS, o grupo foi pressionado para mudar, o que fizeram em 1977. Passaram a se chamar *Schneeball*.

AQUIFER RECORDS
EUA

O selo pessoal do músico folk Fred Small. Antes de lançar uma série de discos por gravadoras como *Rounder* e *Flying Fish*, usou a *Aquifer* para os seus primeiros materiais, em 1981 e 1982, incluindo um compacto apresentando uma releitura de uma música de Lou Reed, rebatizada como "Walk on the Supply Side". No lado B, a autoral "Dig a Hole in the Ground or How to Prosper During the Coming Nuclear War".

ARAUCO
Venezuela

Foi difícil encontrar informações sobre esse selo. O nome deriva da região do Chile nativa do povo Mapuche e local de uma revolta indígena em grande escala, a Rebelião Mapuche de 1598. O logotipo apresenta uma machadinha, emprestada do logo do Partido Socialista do Chile, que foi derrubado pelo golpe fascista de Pinochet (ver também CA DE RE). Portanto, um selo chileno no exílio. O registro mais valioso da *Arauco* é um LP chamado *Chile Vencerá*, reunindo transmissões de rádio do dia do golpe, 11 de setembro de 1973, bem como a última mensagem de Salvador Allende.

ARBEIDERNES OPPLYSNINGSFORBUND I NORGE
Noruega

Arbeidernes Opplysningsforbund i Norge (AOF) era a gravadora da Associação dos Trabalhadores da Noruega. Lançou meia dúzia de discos ao longo dos anos 1970. O que tenho é uma compilação de cantos de marcha e canções folclóricas celebrando o 75º aniversário da *Arbeidernes Ungdomsfylking*, ou Liga da Juventude dos Trabalhadores Noruegueses. O selo também é conhecido como *Arbeidernes Opplysningsforbund i Norden*.

ARBEITERKAMPF
Alemanha Ocidental

Este era o selo da Liga Comunista (*Kummunisticher Bund*, ou KB) da antiga Alemanha Ocidental. Operando em Hamburgo, funcionou nos anos 1970 e lançou um punhado de discos, entre eles: um 7 polegadas de José Afonso, em apoio a uma cooperativa de trabalhadores rurais portugueses; um ao vivo dos exilados chilenos do *Karaxú*, que apoiavam o MIR (Movimento de Izquierda Revolucionaria, uma organização clandestina chilena que tentou realizar uma resistência armada à ditadura de Pinochet); e uma compilação de bandas alemãs de folk e rock empenhadas na campanha contra a energia nuclear. Além de ser um selo, o *Arbeiterkampf* também era o jornal do KB, um grupo maoísta que surgiu no movimento estudantil de 1968. Originalmente, era um dos micropartidos marxistas da Alemanha Ocidental, conhecidos como "Grupos K" (*K-Gruppen*). Uma de suas principais frentes de batalha era a oposição à energia nuclear, razão pela qual a gravadora lançou vários discos relacionados a essa luta. Com o passar do tempo, o grupo se tornou menos doutrinário e acabou se fundindo com o Partido Verde na década de 1990. Aqui cabe uma nota peculiar: o KB defendia a tese de que, em razão de suas características históricas, a Alemanha Ocidental caminharia para um fascismo crescente. Essa ideia foi precursora do movimento antigermânico que se desenvolveu na década de 1990. Para os defensores do antigermanismo, prevalecia o sentimento de que a única coisa que poderia barrar o ressurgimento do fascismo alemão era um Estado de Israel forte. Segundo eles, a esquerda alemã seria moralmente obrigada a não apenas apoiar Israel, mas também o imperialismo dos EUA, pois seria necessário para a manutenção de Israel. Isso gerou algumas manifestações bem estranhas em Berlim, com militantes carregando, ao mesmo tempo, bandeiras antifa, israelenses e americanas.

ARBEJDERKULTUR KA (M-L)
Dinamarca

O selo do grupo político *Kommunistisk Arbejderparti M-L* (o Partido Comunista Trabalhista, uma pequena organização maoísta), que lançou um LP da banda *De Røde Raketter*, com membros do *Røde Mor*, em 1975.

ARBETARKONFERENSEN
Suécia

Selo criado após uma conferência trabalhista sueca de mesmo nome, em 1974. Assim, foi lançado um LP documentando a música tocada no evento, a maioria folk e *progg* com uma dose de teatro político (incluindo grupos como *Narren* e *Oktober*).

ARBEJDERNES OPLYSNINGSFORBUND
Dinamarca

O selo da Organização Educacional dos Trabalhadores Dinamarqueses, ou *Arbejdernes Oplysningsforbund* (AOF). Sigla idêntica à AOF norueguesa, mas com diferente significado. Ao que parece, a maior parte da produção foram gravações do grupo de folk da própria entidade, o *AOF's Sang-Og Musikgruppe*. A ala editorial da organização também lançou discos, às vezes sob o rótulo *AOF's Forlag*.

ARBETARKULTUR
Suécia

Em 1972, este selo lançou um compacto (*Unga Gardet*) do *Röda Kapellet*, uma banda folk ligada a vários grupos de jovens comunistas.

ARBETARRÖRELSENS BOKCAFÉ MED TIDENS BOKHANDEL
Suécia

Uma livraria/cafeteria ligada ao movimento operário, localizada na pequena cidade de Örebro. Lançou dòis LPs, com quase uma década de diferença entre eles, ambos em solidariedade ao Chile.

ARC
Reino Unido

Arc Records foi o nome escolhido por Lindsay Cooper para lançar seu disco experimental *Rags* (1980), sobre as condições de vida e de trabalho das trabalhadoras de vestuário nas fábricas de Londres em meados do século XIX. Cooper fez parte da banda de rock experimental *Henry Cow*, e também foi cofundadora do *Feminist Improvising Group* (que lançou uma fita cassete por conta própria, em 1979, mas nada em vinil).

ARCHALOUISS
França

Um selo pequeno, capitaneado pela banda *Les Armenians Sunshine*, um grupo de folk/*chanson* dedicado a manter as tradições folclóricas armênias.

ARCHIVI SONORI
Itália

De 1969 a 1975, este selo milanês – um projeto do Instituto Ernesto de Martino e da *Edizioni del Gallo* – lançou uma dezena de álbuns fiéis ao nome "Arquivos Sonoros", muitas gravações de campo de lutas sociais. Alguns destaques: os esforços das Forças Armadas de Libertação Nacional (FALN), na Venezuela; o Movimento Popular de Libertação de Angola (MPLA) antes da independência; trabalhadores ocupando fábricas em Milão; o Congresso Internacional das Federações Anarquistas de 1968, em Carrara, Toscana; e muito mais.

ARDKOR RECORDS
Reino Unido

O selo da banda *Crisis*. Formada em 1977, na Inglaterra, essa banda punk de orientação trotskista teve vida curta: lançou três compactos e um LP, antes de se separar em 1980. As letras do *Crisis* eram de ultraesquerda – com músicas abordando o racismo, o fascismo, o Holocausto, a Guerra Fria e a luta armada – e sua estética visual tinha por base os cartazes produzidos pelo *Atelier Populaire de Paris*, durante as rebeliões de Maio de 68. A banda fazia shows em apoio ao *Rock Against Racism* e à Liga Antinazista. Isso torna ainda mais estranho que dois dos seus membros principais, Douglas Pearce e Tony Wakeford, formassem o *Death in June*, uma banda cujos flertes com a estética e o conteúdo fascista provocaram, por quase trinta anos, acusações de supremacismo branco e boicotes por parte da esquerda radical.

AREITO
Cuba

Subsidiária da gravadora estatal cubana EGREM, a *Areito* era o principal selo para pop e jazz do país. É reconhecida pelo catálogo de samba, *son cubano* e música afro-cubana, juntamente com música latina em geral. Por ser cubana, a gravadora também lançou um volume significativo de música politizada, incluindo canções da Revolução Cubana, discos da Nova Trova (Silvio Rodríguez, Pablo Milanés, Sara Gonzalez) e álbuns homenageando Che Guevara e José Martí.

ARF SHANT
Estados Unidos

Um selo armênio com sede em Los Angeles, que lançou um único LP, em 1977: *ARF Dashnaktsutyun 1890–1977*, do cantor Karnig Sarkissian. "Dashnaktsutyun" é o nome armênio para a Federação Revolucionária Armênia (ARF), um partido político fundado em 1890, que faz parte da Internacional Socialista. Um adendo curioso: Sarkissian passou um tempo na prisão depois de ser condenado por participar da tentativa de bombardeio do consulado turco na Filadélfia, em 1982, organizada pelo grupo armado *Justice Commandos of the Armenian Genocide* (Comandos de Justiça do Genocídio Armênio, em tradução livre).

ARGUMENT-Verlag
ARGUMENT-VERLAG
Alemanha Ocidental

Fundada em 1959, a *Argument* é uma editora de esquerda alemã com foco em crítica, política e humanidades. Prensou pelo menos um disco, um compacto do Hanns Eisler Chor, que foi gravado no concerto em homenagem ao 75º aniversário de Eisler, realizado em Berlim, em 1973. O 7 polegadas acompanhava um livro sobre o músico.

AR(I)STON
Tchecoslováquia

Um selo de vida curta, fundado pelo autor e diretor de cinema Josef Henke, em 1968, na esteira da Primavera de Praga. Em 1969, a *Ar(i)ston* lançou um disco em homenagem a Jan Palach – *Kde Končí Svět (Na paměť Jana Palacha)* –, que foi extremamente popular, com quase 20 mil cópias distribuídas. Jan Palach era um estudante de 20 anos, que ateou fogo ao próprio corpo para protestar contra a ocupação soviética da Tchecoslováquia e em defesa das conquistas democráticas da Primavera de Praga. O disco foi banido e acabou levando ao fechamento da gravadora. Henke também enfrentou repressão pessoal: em 1971, foi afastado de seu cargo na Rádio Estatal da Tchecoslováquia.

ARPHONE
Marrocos

Arphone era o selo da banda *Izanzaren*. Fundada em 1974, a gravadora lançou diversos cassetes da banda e, em 1978 e 1979, uma série de LPS autointitulados. O *Izanzaren* é um grupo berbere, que mistura poesia com banjo para descrever o movimento das pessoas da vida rural para a urbana em Marrocos. Influenciados por artistas semelhantes, como Nass El Ghiwane e Jil Jilala, se tornaram uma voz importante para o cruzamento de tradições antigas com a agitação da vida contemporânea.

ARTISTS AGAINST APARTHEID
Reino Unido

Não era propriamente um selo, mas uma rede de músicos, em sua maioria britânicos, que apoiavam o movimento antiapartheid do Reino Unido e, em particular, o boicote cultural à África do Sul. No final dos anos 1980 e início dos anos 1990, o impacto do movimento antiapartheid na cena musical britânica foi enorme e pode ser medido, em parte, pelo número de bandas apolíticas que adicionaram esse logotipo às capas dos seus discos.

ARS PRO FEMINA
EUA

Em 1977, Roberta Kosse e Jenny Malmquist gravaram um disco conceitual de música de câmara com um coral feminista: *The Return of the Great Mother*. *Ars Pro Femina* é o nome do selo que lançou o LP. Kosse já havia tocado com Alix Dobkin, uma cantora folk e ativista lésbica.

ARTISTS FOR ANIMALS
Inglaterra

Localizada em Manchester, essa ONG ajudou a produzir uma série de discos engajados na libertação animal. Destaco aqui uma compilação, de meados dos anos 1980, intitulada *Sacrificed on an Alter of Profit and Lies*. O grupo também trabalhou com outras gravadoras – incluindo *Deltic*, *Recordiau Anhrefn* e *Slip* – para lançar vinis em apoio à causa animal. A organização deve ter tido algum alcance, porque há vários artistas renomados nessas coletâneas, como *Madness*, *Style Council* e Robert Wyatt.

ARZOBISPADO DE SANTIAGO
Chile

Na época do golpe de extrema direita de 1973, o arcebispo da Igreja Católica no Chile era de esquerda e adotava práticas da teologia da libertação. A Igreja forneceu espaço e assistência para as famílias dos assassinados e desaparecidos pelo regime e trabalhou para divulgar os abusos dos direitos humanos do Estado chileno. Também criou esta gravadora, para lançar o LP *Cantata de los Derechos Humanos*, usando a *nueva canción* como veículo para difundir parábolas bíblicas como uma crítica à ditadura de Pinochet. Os músicos do disco eram do *Ortiga*, um grupo chileno exilado na Alemanha Ocidental, que também lançou material pelo selo *Pläne*.

ASCENSION RECORDS
EUA

O selo do duo *Kim and Reggie Harris*, cuja música folk/gospel girava em torno da história da *Underground Railroad* e da abolição da escravidão. A gravadora lançou alguns discos, como, por exemplo, *Music and the Underground Railroad* (1984), o mais conhecido e que trazia um encarte detalhado sobre o movimento de oposição à escravidão nos EUA.

ASCH RECORDS
EUA

Primeira gravadora fundada por Moses Asch, em 1938, quase dez anos antes de iniciar a *Folkways*. A maioria do material é dos anos 1940, incluindo vários álbuns de Woody Guthrie e alguns vinis de 10 polegadas com canções da Guerra Civil Espanhola. Porém, entre 1966 e 1970, o nome da gravadora foi reativado para lançar alguns discos, incluindo diversos álbuns de música africana e o LP *Ghetto Reality* (1970), de Nancy Dupree.

ASHA RECORDING CO.
EUA

ASHA era o selo do flautista de jazz Lloyd McNeill. Com o selo, lançou três álbuns, em 1969 e 1970. Todos os três são documentos da comunidade negra em Washington, DC, com canções como "Home Rule" e "Black Mayor". Um dos LPs – *Tanner Suite*, de 1969 – é dedicado ao pintor afro-americano Henry Ossawa Tanner, que também foi um fervoroso ativista antirracista.

AsianImprov Records

ASIAN IMPROV
EUA

Fundado em 1987, em São Francisco, este selo é especializado em free jazz e improvisação musical, com especial atenção para músicos de jazz asiático-americanos. No catálogo, nomes de músicos explicitamente de esquerda como Fred Ho e Jon Jang. Infelizmente, depois de cinco anos e seis ou sete lançamentos em vinil, a gravadora começou a lançar músicas apenas em CD.

ASKE GLOBUS INTERNATIONAL
República Tcheca

Uma das primeiras gravadoras criadas na República Tcheca após o colapso do domínio soviético. Uma fusão da *Cooperativa Aske* com a *Globus International* (que se tornaria o mais importante selo de rock do país nos anos 1990). Os primeiros títulos da gravadora foram de bandas de rock tchecas (muitas delas ligadas a *The Plastic People of the Universe*, a banda de rock dissidente que se organizou contra o regime comunista). O compacto inaugural foi a coletânea *Sanitka Pro Rumunsko*, com participação da banda *Etch!*, fazendo um cover de uma música dos *Fugs*.

ASOCIACION DE CHILENOS DE MONTREAL
PRODUCCION Y DISTRIBUCION

ASOCIACIÓN DE CHILENOS DE MONTREAL
Quebec

Em 1978, uma organização com esse nome lançou o LP *Todos por Chile*, do violonista cubano Carlos Pueblo. Trata-se de uma coletânea de canções em solidariedade ao povo chileno. Até mais ou menos dez anos atrás, ainda existia uma entidade em Montreal chamada *Asociación de Chilenos de Quebec*, e não tenho certeza se alguma dessas organizações está ligada ao *Comité Québec-Chili*, que também lançou um disco na década de 1970: um LP do *Karaxú*, grupo formado por exilados chilenos.

ASSOCIATION DES FEMMES VIETNAMIENNES EN FRANCE
França

A *Association des Femmes Vietnamiennes en France* foi uma organização de mulheres criada em meados do século XX por imigrantes vietnamitas. Estava ligada à coalizão nacionalista e anticolonial do Viet Minh, que iniciou a guerra de independência vietnamita da França e do Japão. Essa associação lançou pelo menos um álbum, chamado *Nhờ Bác, Ky Niêm 85 Nam Ngay Sinh Bac Ho* (algo como "Graças ao Tio Ho, no seu 85º aniversário"), de 1975, para comemorar o que teria sido o 85º aniversário de Ho Chi Minh.

ASEC

ASSOCIATION DES STAGIAIRES ET ÉTUDIANTS DES COMORES
Comores

A *Association des Stagiaires et Étudiants des Comores*/ASEC (Associação de Estagiários e Estudantes das Comores) é um grupo político de estudantes da União das Comores, um pequeno arquipélago de ilhas situado entre Madagascar e a costa oriental da África. A ASEC lançou dois LPs e um compacto de canções de protesto estudantil no final dos anos 1970 e início dos anos 1980, distribuídos (e produzidos) pela *Le Kiosque d'Orphée*, da França. Além disso, em 1987 a ASEC também disponibilizou um álbum do grupo *Tropic Island*, que tocava uma fusão do reggae e do *n'gondro*, um estilo musical local.

ASSOCIATION GÉNÉRALE DES ÉTUDIANTS GUADELOUPÉENS
Guadalupe/França

A *Association Générale des Étudiants Guadeloupéens* (Associação Geral dos Estudantes de Guadalupe – AGEG) foi fundada no final dos anos 1950, como uma das primeiras organizações nacionalistas. A ela se juntaram outros grupos, incluindo a FPAC (Forças Patrióticas Anticolonialistas e Anticapitalistas), o Partido Comunista de Guadalupe e a União Popular pela Libertação de Guadalupe, que realizou uma ampla gama de lutas (inclusive armadas) contra a França. No entanto, até hoje Guadalupe continua sendo um departamento ultramarino francês. No final dos anos 1970/início dos anos 1980, a gravadora francesa *Vendémiaire* trabalhou com a associação para produzir um LP do grupo *Solèy Ka Lévé*, intitulado *Sé timoun-la, an nou alé*.

ATELIER IM BAUERNHAUS
Alemanha Ocidental

Uma gravadora e editora folk alemã, do final dos anos 1970, início dos anos 1980. O *Atelier im Bauernhaus* lançou cerca de vinte LPs. É provável que o selo tenha sido capitaneado, ao menos parcialmente, por Helmut Debus, um artista folk que cantava em baixo-alemão e lançou dez discos pelo *Atelier*. Além disso, havia um evidente viés político em muitos dos seus lançamentos. Como, por exemplo, *Krieg dem Kriege!* (*Guerra à Guerra!*), de Monika & Peter Witte; e *Lieder für den Frieden* (*Canções pela Paz*), de Norbert & Walter.

AZ

ATELIERS DU ZONING
Bélgica

Um selo de vida curta, criado para produzir uma série de discos atacando o *Eurovision* de 1979 (ano em que o concurso foi realizado em Jerusalém), incluindo duas coletâneas em vinil e um álbum do *Misty In Roots*, gravado no show Counter Eurovision, em Bruxelas. Além desses, a gravadora lançou um LP do músico palestino Mustapha El Kurd e um compacto do cantor e ator belga Claude Semal, com músicas de protesto de temática ambiental.

AURORA

AURORA
Alemanha Oriental

Aurora foi um subselo da *Deutsche Schallplatten Berlin* (a gravadora oficial da Alemanha Oriental), destinado à produção de Ernst Busch. Busch foi um famoso ator e cantor alemão, comunista dedicado, que gravou centenas de interpretações de canções políticas, incluindo temas partidários, peças da Guerra Civil Espanhola e composições de Eisler, Weill e Brecht. Entre 1963 e 1989, a *Aurora* lançou cerca de trinta discos de Busch.

AUTEURS VERENIGING PROLOOG
Holanda

Selo criado pelo coletivo de teatro político *Toneelwerkgroep Proloog*, da Holanda. Suas canções e produções eram antiguerra, recheadas de consciência de classe, feministas e pró-libertação gay.

AUTONOMY
Japão

Selo da banda pós-punk/new wave *Commune*, que lançou um 7 polegadas e também um álbum apenas em fita cassete. Esse álbum em particular, intitulado *Reality*, é notadamente político (com músicas como "Fuck", "System", "Life" e "Capitalism"). Alguns integrantes do *Commune* também tocavam na *Aunt Sally*, uma banda new wave japonesa bem mais renomada.

AVANTI
Suécia

Um selo de *progg* de Gotemburgo, que lançou folk, rock e teatro político. Ativo na segunda metade dos anos 1970, o *Avanti* tinha conexões com o *Revolutionär Kommunistisk Ungdom* (braço jovem do Partido Comunista) e lançou alguns discos da banda *Röda Kapellet*. Outro destaque entre os lançamentos: um registro do "supergrupo" sueco *Canta Lucha*, tocando no Festival da Canção Cubana, de 1978. A banda trazia Francisco Roca, um exilado chileno, e Pierre Ström, um prolífico guitarrista que também fazia parte do *Kommunistisk Ungdom*. Na década de 1950, havia outro selo de nome Avanti na Suécia, também associado aos comunistas, que lançava gravações em discos de 10 polegadas, mas não tenho certeza se há uma conexão efetiva entre os dois selos.

AXUM
Reino Unido

Axum foi um pequeno selo londrino, especializado em reggae, que lançou meia dúzia de compactos no final dos anos 1970 e início dos anos 1980. A gravadora era gerenciada pelos irmãos Charles, que formavam o engajado grupo *Zabandis* (e também lançou pelo selo *People Unite*).

AVRUPA TÜRKIYELI TOPLUMCULAR FEDERASYONU
Alemanha Ocidental

A Federação Europeia das Comunidades Turcas (*Avrupa Türkiyeli Toplumcular Federasyonu*) foi um grupo ligado ao Partido Comunista da Turquia. A federação tinha um Coro Popular (*Avrupa Türkiyeli Toplumcular Federasyonu Işçi Korosu*), que lançou um LP, em 1974, e um compacto, em 1981 (dedicado a Nâzim Hikmet). Poucas informações sobre a organização, a gravadora ou o coro estão disponíveis em inglês, mas as faixas do disco são uma mistura de composições originais, melodias de Brecht-Eisler, canções tradicionais da classe trabalhadora ("L'Internationale") e temas escritos pelo próprio Hikmet.

AYUÍ/TACUABÉ
Uruguai

Criada em 1971, esta gravadora uruguaia é um projeto dos músicos Daniel Viglietti, Coriún Aharonián (um influente musicólogo e compositor uruguaio), José "Pepe" Guerra e Braulio López (os dois últimos do duo *Los Olimareños*). Com o nome *Ayuí*, o selo lançou mais música popular (incluindo a forma específica de *nueva canción* local, chamada canto popular uruguaio); e como *Tacuabé* se concentrou na música clássica e nos sons experimentais.

AZERGUES
França

Um coletivo de artistas de esquerda, tanto de *chanson* quanto de folk. *Azergues* é o nome de um rio no leste da França. O coletivo lançou meia dúzia de discos na década de 1970.

AZWAW
França

Um selo francês capitaneado pelo músico berbere Idir, que lançou exclusivamente material da Argélia e de Marrocos, a maioria de músicos berberes. Na lista de dezenas de títulos, vários músicos políticos e de resistência, como Matoub Lounes (que tocava o estilo de música do povo Cabila), Cheb Khaled (que toca o gênero musical *raï*), Groupe Berbere Agraw e o grupo Nass El Ghiwane. Este último lançou um álbum conceitual pelo selo, chamado *El Maana*, que documenta o massacre de palestinos nos campos de refugiados de Sabra e Chatila, no Líbano, em 1982.

BALKANTON
Bulgária

Gravadora estatal da Bulgária, também conhecida como Балкантон. Como a maioria das gravadoras do bloco soviético, lançou uma série de discos comunistas de bandas marciais e marchas, bem como um punhado de *nueva canción*, música cubana, folk internacional e uma boa quantidade de rock progressivo do Leste Europeu. Em geral, a produção foi menos aventureira politicamente do que seus equivalentes da RDA (*AMIGA/ETERNA*) ou mesmo soviéticos (*Melodiya*), mas talvez mais orientada para o pop. A gravadora não apenas produziu uma quantidade significativa de música pop (e até rock) da Bulgária, como licenciou e prensou versões de LPs de grupos como os *Beatles*, que foram exportados para a União Soviética, onde havia enorme demanda.

BAMBOO RECORDS
EUA

Selo criado apenas para lançar o disco *Yokohama, California* (1977), do grupo de mesmo nome. Um lânguido disco de jazz-folk e um dos primeiros de uma série de álbuns com foco na comunidade asiático-americana, lançados na esteira de *A Grain of Sand*, da *Paredon Records*.

O nome da banda foi tirado de um livro escrito por Toshio Mori, publicado pela primeira vez em 1949. Acredita-se que *Yokohama, California* foi o primeiro romance publicado por um nipo-americano.

BARLOVENTO DISCOS
Catalunha

Um pequeno selo da Catalunha, focado na *nova cançó* (nova canção). Entre os artistas: Gabriel Salinas, Luis Pastor e Elisa Serna. O selo operou de 1969 a 1973, e pertencia ao mesmo grupo da gravadora *Discos Als 4 Vents*, de Barcelona.

BATUQUE
Angola

Este selo lançou álbuns apenas no formato 7 polegadas. Dentre os mais de vinte discos, muito material gravado na época da independência angolana, trazendo *semba* politizada e música folclórica com pé no merengue.

BEFRIA SÖDERN
BEFRIA SÖDERN
Suécia

O selo do *Freedom Singers/FNL-Grupperna*, um grupo musical de solidariedade sueco-vietnamita. Entre 1968 e 1974, lançaram um disco por ano em apoio à Frente de Libertação Nacional (FNL), com o seu som folk anti-imperialista. Os discos se destacavam pelo design e traziam livretos com letras, fotografias e informações sobre o Vietnã. A tradução de *Befria Södern* é "Liberte o Sul".

BELGISCHE SOCIALISTISCHE PARTIJ
Bélgica

A gravadora do Partido Socialista Belga (BSP) lançou diversos compactos (em vinil e *flexi disc*) no final dos anos 1960, início dos anos 1970 – em geral, os lançamentos coincidiam com as campanhas eleitorais de seus candidatos. Os dois compactos que eu tenho apresentam versões do hino "A Internacional".

BETTER YOUTH ORGANIZATION
EUA

Uma antiga gravadora punk de Los Angeles, criada pelos membros do *Youth Brigade*, com a filosofia de que "toda geração tem a responsabilidade de mudar o que sente que está errado no mundo". A contribuição duradoura do selo para a música política é uma série de lançamentos da banda punk *7 Seconds*.

BIAFRA CHORAL SOCIETY
Reino Unido

A *Biafra Choral Society* foi uma organização musical londrina, que compilou canções e discursos para o disco *Birth of a Nation: Biafra* (1968), um LP beneficente para o *Biafra Refugee Fund*. De 1967 a 1970, Biafra tentou se separar da Nigéria. Ocupando uma parte considerável do sudeste do país, a região de Biafra possui grandes reservas de petróleo e é composta por vários grupos étnicos, sendo o maior deles o povo Igbo. O governo nigeriano estabeleceu um bloqueio contra Biafra, levando a quase 2 milhões de mortes por fome antes do final das hostilidades, em 1970. No mundo todo, várias organizações de ajuda humanitária foram criadas para auxiliar Biafra. Esse disco em particular saiu sem um selo específico, mas carrega o número de catálogo da fábrica onde foi prensado: Lyntone, uma das maiores produtoras de *flexi disc* na Europa.

BIG CROSSING RECORDS
EUA

Selo que lançou o disco *Land of the Free* (1983), de Victor McMenemy e Tom Dufelmeier. O LP de folk rock traz músicas que eles compuseram em apoio ao movimento antinuclear ("Let's Stop the Tridents" e "Big Rock Point's On the Line") e contra o genocídio indígena ("Land of the Free").

BIG TOE
EUA

Em 1971, Abbie Hoffman passou uma semana nos estúdios da rádio ZBS, de Berkeley. Na bagagem: um tanque de óxido nitroso (gás hilariante), um espírito endiabrado e muita coisa pra falar e cantar. As gravações dessas sessões foram editadas pela equipe da rádio e se tornaram *Wake Up, America!*, um LP bem bagunçado, misturando discussões políticas, chamadas de rádio, jazz tradicional e folk tosco. O material saiu um ano depois pelo selo *Big Toe*, um nome escolhido pela ZBS. Hoffman era contra o projeto desde o ínicio, e o disco saiu sem seu consentimento.

BLA BLA PLATEN
Países Baixos

Selo concebido por um grupo que protestava contra o fechamento do *Café Tramlijn Begeerte*. O vinil 12 polegadas, lançado em 1982, traz músicas executadas pelo grupo de protesto *Choir of Desire*, mas escritas por Franky Douglas, um guitarrista de jazz nascido nas Antilhas Holandesas.

BLACK AMERICA
EUA

Black America foi o nome escolhido pela *Buddah Records* para lançar sua coleção de cinco LPs documentais focados na história afro-americana, em 1969. Os volumes foram narrados por James Baldwin, Langston Hughes, Martin Luther King e Nathanial Montague (o DJ e historiador narrou os dois últimos).

BLACK AUSTRALIA
Austrália

Esse selo lançou a trilha sonora do filme *Wrong Side of the Road*, um LP (split) com duas bandas de rock aborígines, *No Fixed Address* e *Us Mob*. A maior parte da música de protesto (e também da música jovem) aborígine foi lançada em cassete ou CD; esse é um dos poucos registros em vinil, e um dos únicos que não saiu por uma grande gravadora (embora o álbum tenha sido distribuído pela EMI australiana).

BLACKBEARD RECORDS
EUA

Selo criado apenas para lançar um compacto do grupo de pop-funk-rock The *May Day Singers*. Essa banda era o braço musical do Partido Comunista dos Trabalhadores (CWP), um agrupamento maoísta liderado por Jerry Tung. "Five Alive", o lado B do 7 polegadas, é uma música dedicada aos cinco membros do CWP assassinados pela Ku Klux Klan em Greensboro, Carolina do Norte, em 1979.

BLACK FAMILY RECORDS
EUA

Este selo foi criado pela Nação do Islã (*Nation of Islam*) para lançar um LP (*Black Family Day*) com o discurso do ministro Louis Farrakhan, em 27 de maio de 1974. Diversas edições desse LP foram feitas, e algumas trazem o nome do selo/distribuidora *7 Speeches*.

BLACK FIRE
EUA

Selo de funk e jazz de Washington, DC, fundado pelo DJ de rádio Jimmy Gray.

A maior parte do catálogo era formada por discos do *Oneness of Juju* (também conhecido como Juju), uma banda de soul-jazz afrocêntrico com viés revolucionário. A sonoridade do grupo estava sempre mudando – jazz, funk, disco music –, mas seu apoio aos movimentos de libertação africana sempre foi consistente. Também gravaram com Brian Jackson (o principal colaborador de Gil Scott-Heron).

BLACK FORUM
EUA

Um experimento político de vida curta (1970-73) criado por Berry Gordy, o fundador da *Motown Records*. O *Black Forum* lançou oito LPs e um compacto. Na lista: discos de *spoken word* de Stokely Carmichael, Langston Hughes e Margaret Danner; soul e jazz com temática de libertação negra, de nomes como Amiri Baraka e Elaine Brown (do Partido dos Panteras Negras); e um álbum de gravações de campo, *Guess Who's Coming Home: Black Fighting Men Recorded Live in Vietnam*.

BLACK JAZZ RECORDS
EUA

Fundada em Los Angeles, em 1971, esta gravadora fez jus ao seu nome, com cerca de duas dúzias de discos de jazz afrocêntrico com toques de funk. No catálogo: Doug Carn, Henry Franklin (do *Creative Arts Ensemble*, que também lançou pelo selo *Nimbus West Records*), Gene Russell (um dos fundadores da gravadora), Chester Thompson (que depois tocou no grupo *Tower of Power*) e a banda *The Awakening*.

BLACKSIDE, INC.
EUA

O selo de George T. Johnson, um músico e poeta que lançou dois LPs reunindo suas reflexões e músicas lo-fi, com o título de *Harlem of My Childhood* (a minha cópia do volume 1 é encantadora, mas quase impossível de ouvir por causa da péssima qualidade de gravação e prensagem). Ambos os álbuns foram produzidos para os unitário-universalistas da Califórnia (presumo que Johnson era membro), mas o selo tem um endereço em Boston.

BLACKTHORNE
Reino Unido

Localizado em Kent, o *Blackthorne* foi o selo pessoal de Peggy Seeger e Ewan MacColl. Operou de 1976 até 1988 lançando vinte discos, incluindo parte considerável das músicas feministas de Seeger. Diversos títulos foram relançados por outros selos, como *Folkways* e Rounder.

BLUE RECORDS
África do Sul

Embora lançasse discos por *majors*, a banda pop sul-africana *Bright Blue* soltou um compacto por conta própria, com as faixas "Yesterday Night" e "Weeping", em 1987, num momento em que estava trocando de gravadora. "Weeping" se tornou um hino antiapartheid, recebendo ampla reprodução no rádio. A faixa usou um trecho da melodia de "Nkosi Sikelel l'Afrika", um hino do ANC, e dessa forma forneceu acesso oculto a uma música proibida pelo governo.

BLUURG RECORDS
Inglaterra

Selo criado em 1981 pelos integrantes da banda anarcopunk *Subhumans*, da Inglaterra. Originalmente, foi pensado como um selo apenas de cassetes. Porém, em 1982, veio o primeiro vinil, a coletânea (em 7 polegadas) *Wessex '82*, com *Subhumans*, *Pagans*, *Organized Chaos* e *A Heads*. O selo ainda existe, e nos seus mais de quarenta anos de atividades já lançou discos do *Subhumans*, *Citizen Fish* e *Culture Shock*.

BOLA PRESS
EUA

O selo particular da poeta e cantora de jazz Jayne Cortez. A *Bola Press* lançou meia dúzia de álbuns de free jazz/poesia da artista, bem como vários dos seus livretos. Cortez foi uma peça fundamental do *Black Arts Movement* e foi casada com Ornette Coleman por uma década.

BOŽÍ MLÝN PRODUCTIONS
Canadá

Boží Mlýn foi o selo da banda tcheca *The Plastic People of the Universe*, um grupo de rock dissidente. O selo nasceu em 1977, pelas mãos de Paul Wilson, um canadense que ajudou a traduzir as letras do *Plastic People* para o inglês e foi vocalista da banda de 1970 a 1972. O *Plastic People* foi formado por Milan Hlavsa, em 1968, como parte da contracultura que floresceu durante a Primavera de Praga. Em 1974, o regime comunista começou a reprimir o grupo; dois anos depois, a banda foi detida e diversos membros receberam sentenças de prisão. Wilson deixou a Tchecoslováquia e voltou para o Canadá, onde lançou os discos do grupo entre 1978 e 1987.

BRIGADA CULTURAL ROQUE DALTON
México

Este grupo internacional de poetas de esquerda (em sua maioria mexicanos) lançou um único LP, em 1981: uma coleção de poemas de Roque Dalton, um dos poetas mais amados de El Salvador. Dalton também era comunista e militante do Exército Revolucionário do Povo (ERP), um dos agrupamentos da frente armada principal, a FMLN. Em 1975, Dalton foi falsamente acusado de ser um agente da CIA (uma desculpa conveniente) e executado por rivais do próprio ERP, alguns dos quais subiram ao poder e, por fim, ocuparam cargos eletivos em El Salvador como parte da FMLN. Com a morte de Dalton, sua popularidade só aumentou, como esse álbum comprova. O LP foi lançado como um ato de solidariedade internacional durante o auge da brutalidade da guerra civil no país.

BROADSIDE
EUA

Selo da revista *Broadside*, um dos mais importantes veículos do renascimento do folk americano no início dos anos 1960. Lançou LPs de muitos dos músicos que escreveram ou apareceram na revista, incluindo Pete Seeger, Tuli Kupferberg (os primeiros discos dos *Fugs* saíram pela *Broadside*), Phil Ochs, Mikis Theodorakis e Rev. Frederick Douglass Kirkpatrick. Além disso, a gravadora organizou compilações e projetos de gravações de campo, como *Poems for Peace* e *We Shall Overcome!* (um registro da Marcha em Washington). De certo modo, a *Broadside* era um projeto-irmão do selo *Folkways*; quando ela encerrou atividades, no final dos anos 1970, muitos dos seus discos foram reeditados pela *Folkways*.

BROADSIDE VOICES

BROADSIDE VOICES
EUA

Eis o selo que disponibilizou o álbum *Rappin' & Readin'*, do poeta e educador Don. L. Lee. O selo tinha sede em Detroit e também era uma editora bastante ativa de livretos de poetas negros (embora eu acredite que este seja seu único lançamento em vinil). Lee morou em Chicago, onde foi cofundador do *Institute of Positive Education* (Instituto de Educação Positiva), em 1969. Algum tempo depois, em 1974, mudou seu nome para Haki R. Madhubuti e fundou a *Third World Press*, a maior editora de propriedade negra nos Estados Unidos.

BROTHERHOOD RECORDS
EUA

À primeira vista, este é apenas um dos muitos selos criados para lançar discos relacionados a Martin Luther King Jr. Neste caso, diferentes versões do seu funeral em 9 de abril de 1968. Mas este selo é digno de nota porque parece ser o mesmo da *Brotherhood Jaycees*, uma organização da sociedade civil que atuava na Prisão de Segurança Máxima de Graterford, na Pensilvânia. Além dos vinis relacionados a Luther King, o selo também disponibilizava compactos anuais de soul music com temas natalinos, e lançou pelo menos um *single* do *Power of Attorney*, banda funk formada por detentos de Graterford.

BRUKSSKIVOR
Suécia

Selo do *Bruksteatern*, uma trupe de teatro político. Em 1976, lançaram um LP (pelo selo *Oktober*) documentando uma performance em solidariedade à Palestina, e, em 1977, reeditaram o disco por seu próprio selo. Ainda gravaram outro disco pelo *Oktober*, com canções de Brecht e Eisler, mas *Palestina* parece ser o único LP que eles mesmos lançaram. A peça *Palestina: mitt blod, min väg... mitt land* (*Palestina: meu sangue, meu caminho... meu país*) era baseada em escritos de Ghassan Kanafani, autor e porta-voz da Frente Popular para a Libertação da Palestina (FPLP). O disco apoiava a FPLP, e algumas cópias vinham com um adesivo declarando que as vendas seriam revertidas para o *Ghassan Khanafanis Kulturfond*, um projeto sueco de solidariedade ao povo palestino.

BT KLUBBEN
Dinamarca

Selo criado apenas para lançar um compacto *split* (Jan Toftlund & Faellesakkorden no lado A, Den Røde Lue no lado B), em solidariedade aos tipógrafos e designers dinamarqueses, que estavam em greve, em 1977. BT *Klubben* era o nome do sindicato deles.

BULL RECORDS
Itália

Selo capitaneado por Gaetano Liguori, um compositor de jazz clássico e também de improvisação. O selo foi utilizado para lançar o seu próprio material de vanguarda (e de outros artistas) nos anos 1980, com discos de free jazz dedicados às revoluções na Eritreia e na Nicarágua, por exemplo. Além disso, um subselo intitulado *Folk Line* produziu um pequeno número de álbuns, incluindo um LP fenomenal do grupo *Chahid El Wal-Li*: *Canti Rivoluzionari Del Popolo Saharawi* (1987).

BUND DEMOKRATISCHER JUGEND/RBJ

BUND DEMOKRATISCHER JUGEND
Alemanha Ocidental

O selo da União da Juventude Democrática (*Bund Demokratischer Jugend*), um grupo comunista da Alemanha Ocidental. Em 1975, lançou um LP – *Kämpfende Jugend: Hoch Die Internationale Solidarität* – apresentando uma seleção de covers, em grande parte executados pelo Coro da Juventude Democrática. Temas originais de Mikis Theodorakis, Hans Eisler, Pino Masi (do *Lotta Continua*) e *Karaxú*. O selo também é conhecido como *Ring Bündischer Jugend*.

BÜRGERAKTION KÜSTE
Alemanha

Um grupo alemão de ação política, que lançou um LP com temática antinuclear: *Atomanlagen In Liedern Und Gedichten Ihrer Norddeutscher Gegner* (1976). O disco é único porque apresenta músicas compostas e cantadas em protesto contra quatro usinas nucleares diferentes, e vinha acompanhado por um generoso *songbook*, além de literatura antinuclear.

BÜRGERINITIATIVE KRAFTWERK OBERHAVEL/ OBERJÄGERWEG
Alemanha Ocidental

Uma iniciativa popular para fechar a usina de *Oberhavel*. Em 1977, foi lançado um álbum de folk de protesto, de Christian & Fred, chamado *Beton oder Grün* (Concreto ou Verde), que incluía informações sobre a campanha, bem como uma petição apoiando o fechamento da usina.

BÜRGERINITIATIVE WESTTANGENTE BERLIN
Alemanha Ocidental

Criada em 1974, em Berlim Ocidental, essa organização comunitária tinha a missão de interromper a construção da rodovia Westtangente. Além de exposições, feiras, pedaladas e reuniões comunitárias, o grupo ainda soltou um LP, em 1980, chamado *Stop Dem Autobahnbau* (Pare a Construção da Rodovia). Um disco bem variado: além do previsível folk politizado, há também alguns bons momentos de blues-rock, canções infantis e discursos.

CA DE RE
Holanda

Eis o selo da banda *Lautaro*, formada por um grupo rotativo de músicos chilenos exilados na Holanda. Os dois LPs (lançados em 1978 e 1979) foram editados em parceria com a *Stichting Salvador Allende* (Fundação Salvador Allende). É muito provável que o nome da banda tenha sido uma homenagem a Patricio Lautaro Weitzel Perez, um militante antifascista de 26 anos, torturado e morto pelo regime de Pinochet, em outubro de 1973. Embora eu não tenha certeza do significado do nome do selo, o logotipo com a machadinha faz referência ao Partido Socialista do Chile, a agremiação à qual pertencia Allende e que foi derrubada pelo golpe fascista.

CANADIAN COMMUNIST LEAGUE (M-L)
Canadá

A CCL *(M-L)* foi fundada em Montreal, em 1975, uma das muitas divisões e reformas do Novo Movimento Comunista na América do Norte. A Liga Comunista Canadense era um pequeno grupo maoísta, que adotava uma linha política anti-imperialista e pró-libertação nacional. A CCL lançou alguns LPs no final dos anos 1970, entre eles a coletânea *Long Live International Solidarity!/Vive La Solidarité Internationale!*, coproduzida com meia dúzia de grupos parceiros do Terceiro Mundo e trazendo quinze músicas de dez países (Canadá, Guiné-Bissau, Haiti, Índia, Indonésia, Irã, Espanha, Uruguai, Kampuchea e Zimbábue).

CANDY-ASS RECORDS
EUA

Criada em 1992, por Jody Bleyle (que ajudaria a formar a banda riot grrrl Team

Dresch um ano depois), a *Candy-Ass* foi uma gravadora punk e pop, com sede em Portland, Oregon. Lançou diversos discos do movimento riot grrrl, mas, para os propósitos deste projeto, o lançamento mais importante foi *Free to Fight!* (1995), um LP duplo com um livro focado em autodefesa para mulheres e meninas. O álbum mistura músicas de bandas feministas e *queer* (*Fifth Column, Cheesecake, Heavens to Betsy*) com faixas de *spoken word* debatendo agressão sexual, além de interlúdios de áudio fornecendo instruções de autodefesa. O selo pretendia continuar o projeto com uma série de compactos *Free to Fight*, mas apenas um volume foi lançado (em 1998), um *split* com *Sleater-Kinney* e *Cypher in the Snow*.

CANTARES DEL MUNDO
Uruguai

O selo do cantor e compositor comunista Alfredo Zitarrosa, um dos principais representantes da "cantata del pueblo", a variante única da *nueva canción* no Uruguai. Além de alguns discos de Zitarrosa, a gravadora também lançou outros nomes da música politizada da América Latina, como o grupo *Quilapayún*, do Chile. Ao que parece, o selo acabou quando Zitarrosa foi para o exílio, em 1976.

CANTICOS PROLETARIOS
México

Gravadora de Judith Reyes, uma famosa cantora de protesto. Reyes iniciou sua carreira de cantora aos 16 anos, mas aos 30 se afastou da música para se dedicar à publicação de um jornal, *Acción*. No começo dos anos 1960, decidiu voltar à música, tornando-se uma das primeiras cantoras de protesto do México desde a Revolução. Reyes ficou muito popular entre trabalhadores, camponeses e estudantes, e mergulhou na revolta estudantil em 1968, escrevendo grande parte da música que saiu do movimento. Depois de ser presa e torturada, se exilou na Europa e lançou seus discos por vários selos políticos, como *I Dischi del Sole* (Itália), *Expression Spontaneé* (França) e *Paredon* (EUA). Ao retornar ao México, em meados da década de 1970, Reyes começou a lançar seu material pelo selo *Canticos Proletarios*.

CANTO LIBRE
França

Uma das muitas ramificações da gravadora DICAP, que se exilou na Europa após o golpe chileno, em 1973. Esta "filial" apresentou Victor Jara, *Inti-Illimani* e a família Parra para o público francês. Alguns dos discos foram produzidos em parceria com o selo *Le Chant du Monde*.

CANZONIERE DELLE LAME
Itália

Canzoniere delle Lame foi um grupo musical politizado de Bolonha. Lançaram uma série de *singles* por conta própria (ou com grupos políticos locais), mas a maioria dos seus discos saiu pelo selo *I Dischi dello Zodiaco*. Embora o logotipo não seja de uma gravadora específica, foi usado em muitos trabalhos da banda.

CANTO LIBRE
EUA

Canto Libre era o selo do Centro para Estudos Cubanos, de Nova York. Lançou pelo menos um LP, *Songs of Poetry and the Latin American Struggle* (1974), do *El Grupo*, um time rotativo de músicos e poetas de esquerda, tanto da América Latina quanto dos EUA (e que viviam em NY). O *El Grupo* incluía Suni Paz (que gravou discos para os selos *Paredon* e *Folkways*). O Centro para Estudos Cubanos também estava ligado, de alguma forma, ao selo Americanto, mas este é claramente um projeto separado. Eis aqui duas interessantes coincidências (ou, possivelmente, falta de criatividade para nomes): *Canto Libre* não deve ser confundido com o selo de mesmo nome criado pela DICAP durante seu exílio na França, após o golpe de 1973 no Chile; e o *El Grupo* nova-iorquino também não deve ser confundido com a banda uruguaia igualmente de esquerda.

CANZONIERE IL CONTEMPORANEO
Itália

O selo autogerido do *Canzoniere il Contemporaneo*, um grupo italiano de folk político dos anos 1970 que tocava canções políticas do Chile, de Cuba, da Grécia, do Vietnã e da Itália, além de composições próprias.

CANZONIERE INTERNAZIONALE DELL'ARMADIO
Itália

Guardando semelhanças com a banda *Cantacronache*, o *Canzoniere Interna-*

zionale dell'Armadio (também conhecido como CIAR e às vezes abreviado para Canzoniere Internazionale) foi um grupo de músicos, escritores e etnomusicólogos que se reuniram no final dos anos 1960 para renovar a tradição folclórica italiana. Eles lançaram seus três primeiros *singles*, antes de migrarem para a editora musical *C.E.D.I.*, que mantinha o selo *Italia Canta* (lar original do Cantacronache). O *Canzoniere Internazionale* também trabalhou com o selo *I Dischi dello Zodiaco* (incluindo LPs de canções anarquistas italianas e *nueva canción* chilena).

CAPSULERIES
Bélgica

No final dos anos 1970, alguns compactos foram lançados por trabalhadores que se organizavam e faziam greve na fundição Mangé, em Chaudfontaine, na província de Liège, região da Valônia, no leste da Bélgica. Os discos são um pouco difíceis de decifrar para quem não fala flamengo ou francês, mas trazem o trabalho de músicos que se revezaram entre grupos como *Travailleurs Capsulerie*, *Le Groupe Expression* e *Capsuleries-Mangé*. Um dos *singles* foi lançado pelo *Capsuleries*, o outro pelo *Disques Fonderies Mangé*. Os discos misturam folk, rock e blues rudimentar, e as canções (e os discos) são embalados em retórica anticapitalista. Usando o nome *Capsuleries-Mangé*, o grupo foi incluído na compilação *Contr'Eurovision 79*, lançada pelo selo belga *Ateliers du Zoning*.

CARACOLA
Argentina

Este selo argentino lançou o LP *España Canta a la Libertad*, uma coletânea com músicas e poemas de comunistas espanhóis dos anos 1960. Entre eles: Raimon (um dos principais nomes do movimento catalão da *nova cançó*) e Chicho Sánchez Ferlosio, cujas canções de liberdade também foram lançadas na Suécia pelas gravadoras *Oktober* e *Clarté*.

CARAVAN/คาราวาน
Tailândia

Caravan foi pioneiro entre as bandas tailandesas na mescla de sons folclóricos com elementos de rock e política, um gênero que passou a ser conhecido como "Phleng Phuea Chiwit" ("Músicas para a Vida", em tradução livre). Nascida da revolta popular de 1973, a banda lançou por conta própria o seu primeiro compacto e também o LP de estreia, **คนกับควาย** (*Pessoas com Búfalos*), em 1975; quatro anos depois, o debut foi relançado para o público americano pelo selo *Paredon Records*, com o título *Thailand: Songs for Life*. A banda sempre criticou o imperialismo estadunidense: o segundo álbum, de 1976, ganhou o título de

อเมริกันอันตราย (*Perigo Americano*), e se tornou uma peça importante de uma campanha bem-sucedida para expulsar da Tailândia a base militar americana de U-Tapao. Em geral, os discos do *Caravan* sempre carregaram uma conexão com as lutas populares. Muitos trabalhos foram lançados apenas em fita cassete ou CD (e quase exclusivamente para o público tailandês), o que torna os seus vinis bastante cobiçados e raros.

CAROLSDATTER PRODUCTIONS
EUA

Carolsdatter é o selo de Kristin Lems, uma cantora folk e militante feminista, que morava em Urbana, Illinois. Com esse selo, ela lançou três discos e três *singles* entre 1977 e 1982, incluindo o compacto *Ballad of the ERA* (*Equal Rights Amendment*, Emenda da Igualdade de Direitos) e o LP *We Will Never Give Up*. Lems continuou lançando sua música pela *Carolsdatter*, incluindo mais cinco álbuns, mas saíram apenas em fita cassete e CD.

CASA DE LAS AMÉRICAS
Cuba

Um braço da EGREM, a gravadora estatal cubana. A *Casa de las Américas* é uma conhecida instituição cultural, que apoia romancistas, ensaístas e poetas do Sul Global. Atua no setor editorial, mas também lançou uma série de discos da Nova Trova, bem como vários vinis de *spoken word* e poesia. Isso inclui discursos de figuras-chave dos movimentos de independência da América Latina (como Pedro Albizu Campos), poetas (Kamau Brathwaite, Pablo Neruda) e romancistas (Alejo Carpentier).

CASI
Bélgica

CASI foi o selo do *Centro di Azione Sociale Italiano – Università Operaia Bruxelles* (Centro Italiano de Ação Social – Universidade Operária de Bruxelas). Na década de 1970, o selo organizou uma série de três coletâneas de canções sobre os imigrantes italianos na Europa, interpretadas pelo grupo de canto da instituição.

CASSANDRA RECORDS
EUA

A gravadora de Malvina Reynolds, uma das madrinhas do revival folk dos anos 1960. Ela é mais conhecida pela música "Little Boxes", mas muitas de suas canções – sobre temas como guerra nuclear, organização trabalhista e direitos civis – foram interpretadas e popularizadas por Joan Baez, Devendra Banhart, Harry Belafonte, Elvis Costello, *Death Cab for Cutie*, Pete Seeger e *The Seekers*. Reynolds usou o selo para lançar cinco LPs, entre 1972 e 1980, além de diversos *singles* no formato 7 polegadas.

CATCH 22
Reino Unido

Selo britânico criado para lançar um compacto – *Part of the Union!* – em apoio à greve na fábrica da Hindle Gears, em Bradford, em 1983. A banda *The Hindle Pickets* tinha entre seus integrantes alguns dos trabalhadores em greve.

C B
França

Não tenho certeza do que significam as iniciais *C B*, mas esse foi o nome do selo que lançou um disco em solidariedade aos prisioneiros políticos bretões, intitulado *Skoazell Vreizh* (creio que a tradução aproximada seja algo como "Ajude a Bretanha"). Os bretões são integrantes de um grupo étnico celta que vive na Bretanha, no noroeste da França, e sua língua foi oficialmente banida até 1951. Entre avanços e recuos, são quinhentos anos de lutas políticas pela manutenção do idioma e da cultura bretãs, bem como pela independência política. Embora seja conservadora em termos culturais, grande parte da Bretanha tem forte simpatia pelas políticas socialistas e comunistas.

CDA
Angola

A *Companhia de Discos de Angola* (CDA) foi uma das principais gravadoras angolanas, funcionando de 1972 (antes da independência, em 1975) até meados dos anos 1980. Nasceu pelas mãos de Sebastião Coelho, um produtor português responsável por diversos programas de rádio famosos em Angola. Ele começou o projeto como um estúdio de gravação, depois uma gravadora e, por fim, uma fábrica de discos. Isso foi fundamental para o desenvolvimento de um conjunto de gravações da forma exclusivamente angolana de merengue com guitarra, muitas vezes cantada em quicongo e outras línguas nativas. Motivados pelo clima geral pró-independência, muitos músicos abordavam temas políticos populares como educação, libertação das mulheres e luta de guerrilha. Após a independência, a CDA assumiu um papel semelhante ao de uma gravadora estatal, produzindo e distribuindo outros selos pró-MPLA (Movimento Popular de Libertação de Angola), como Merengue e Movimento. Um dos destaques da gravadora, o artista David Zé, chegou a lutar pelo braço armado do MPLA. Num momento triste tanto para a libertação angolana quanto para o mundo das artes, Zé e os seus comparsas musicais, Urbano de Castro e Artur Nunes foram assassinados pelo Estado após uma tentativa revolucionária da esquerda, em 1977, para expulsar o grupo dominante do MPLA. Músicos populares como Zé trabalharam ao lado do líder político Nito Alves para popularizar o MPLA em Luanda, antes da declaração de independência. Arquitetos da campanha "Poder Popular" do MPLA, esses artistas foram celebrados pela liderança do partido até depois da tomada do poder, quando se viram muito à esquerda de um governo que se tornava cada vez mais autoritário. O ápice desse afastamento ocorreu em 27 de maio de 1977, quando Nito Alves tentou um golpe de Estado depois de ter sido expulso do Comitê Central do MPLA. Embora não seja claro (e bastante improvável) que algum dos músicos tenha desempenhado um papel significativo nessa tentativa, eles ainda eram vistos como "incontroláveis" e, portanto, uma ameaça a ser eliminada. Infelizmente, tudo isso foi feito com o apoio das forças cubanas em Angola, para supostamente ajudar no movimento de independência.

CEAL
Bélgica

Um selo ligado à DICAP, que apresentou para o mercado franco-belga alguns discos da *nueva canción* chilena, em 1974.

CEIBO
Uruguai

Ceibo foi um selo de música popular e *nueva canción*. Fundado em 1983, surgiu no momento em que o Uruguai estava fazendo a transição da ditadura militar para um governo civil. Um dos lançamentos mais importantes da gravadora foi *Si Éste No Es El Pueblo*, do duo *Los Olimareños*. O LP é o registro do show de 18 de maio de 1984, que marcou o retorno triunfante da dupla ao seu país natal, após o exílio na Espanha. Pela primeira vez em uma década, tocaram para um público de 50 mil pessoas, no Estádio Centenário, em Montevidéu.

CELLULOID
França/EUA

No final dos anos 1970, o *Celluloid* foi formado por três sócios, na França. Pouco tempo depois, Jean Karakos, um dos fundadores, mudou-se para Nova York e levou o selo com ele. Karakos trabalhou bastante com o produtor e músico experimental Bill Laswell, montando uma lista eclética e mutante de gêneros musicais. Com o olhar voltado para todos os cantos do planeta, a gravadora produziu discos da África Subsaariana (Fela, Youssou N'Dour, Francis Bebey), norte da África (Cheb Khaled, um dos artistas responsáveis por popularizar a música *raï* para além da sua região de origem), Irlanda do Norte (com o punk engajado do *Stiff Little Fingers*) e Estados Unidos (*The Last Poets*). Também lançaram experimentos estranhos (e, às vezes, fracassados), como *Time Zone*, o projeto electro de *Afrika Bambaataa*. Em 1988, a gravadora faliu depois de lançar cerca de quinhentos LPs e *singles*. O nome foi comprado e continuou em atividade.

CENTER FOR THE STUDY OF COMPARATIVE FOLKLORE AND MYTHOLOGY
EUA

Um departamento da Universidade da Califórnia, em Los Angeles. Esse centro publicou uma grande variedade de livros, mas também se envolveu com discos de folk, blues e música de raiz. Lançou dois LPs: *Las Voces de los Campesinos* (1976), com *corridos* interpretados por Francisco Garcia, Pablo Saludado e Juanita Saludado, com a temática girando em torno dos trabalhadores rurais e do sindicato da categoria; e *Texas Crapshooter* (1978), do duo *The Farr Brothers*. Todavia, gravações realizadas na sede do centro foram lançadas por vários outros selos.

CENTERNS UNGDOMSFÖRBUND
Suécia

Centerns Ungdomsförbund (CUF) é a ala jovem do Partido do Centro, da Suécia, fundado no início do século XX como um partido socialista rural. No final dos anos 1970, fez uma guinada à direita, tornando-se neoliberal e se alinhando com democratas-cristãos. A ala jovem é conhecida por ser muito mais ligada à questão ecológica e, por isso, lançou alguns discos na década de 1970, reivindicando que o desenvolvimento e a infraestrutura pública fossem decididos democraticamente e que beneficiassem toda a Suécia, não apenas a área urbana. O compacto *Framtid-Decentralisering* (1972) exigia que trens, transporte público e oportunidades de emprego estivessem disponíveis em todo o país.

CENTRAL OBRERA BOLIVIANA
Bolívia

A *Central Obrera Boliviana* (COB) é a principal central sindical do país. A COB representa os mineiros bolivianos e, em geral, defende posições políticas de esquerda, como a nacionalização dos recursos, sendo contra a privatização.

Em 1985, a entidade organizou uma coletânea chamada *Los Mineros Volveremos*, apresentando uma mistura de música andina, *nueva canción* e folk latino-americano com toques de rock. É bem provável que o sindicato – um dos mais atuantes e poderosos da América Latina – tenha lançado outros discos, mas este é o único que eu tenho (e não há outros listados no Discogs).

CERCLE DU DISQUE SOCIALISTE
França

O nome completo era *Études et Documentation Internationales – Cercle du Disque Socialiste* (Estudos e Documentação Internacional – Círculo do Disco Socialista, em tradução livre). A CDS foi um experimento de vida curta, nos anos 1960, que documentou canções socialistas e comunistas. Os dez compactos lançados pelo selo representam um exercício amplo de internacionalismo: Luis Cilia (Portugal), Juan Capra (Chile), Carlos Puebla (Cuba), Aşık Nesimi (Turquia) e Judith Reyes (México).

CHAINSAW RECORDS
EUA

Diretamente de Portland, Oregon, eis o selo criado por Donna Dresch no início dos anos 1990, com foco em bandas do cenário *queercore*. A gravadora lançou cerca de duas dúzias de discos (apenas metade em vinil), de bandas como *Excuse Seventeen*, *The Need*, *Sleater-Kinney*, *Team Dresch* e *Third Sex*.

LE CHANT DU MONDE
França

Le Chant du Monde, cuja tradução livre é "O Canto do Mundo", é o equivalente francês ao selo norte-americano *Folkways*. Produziu um extenso e abrangente catálogo de música popular e gravações de campo de todo o planeta, com discos representando uma centena de países e dezenas de idiomas. Muitos títulos foram licenciados de/para gravadoras similares em outros países, como a já citada *Folkways*, mas também *Monitor*, *Paredon*, *I Dischi dello Zodiaco* e *Pläne*. O selo *Le Chant du Monde* se notabilizou pelas capas caprichadas e coloridas, e também por não se esquivar da política, tanto por meio do seu subsolo *Le Nouveau Chansonnier International*, quanto com discos experimentais e engajados de Colette Magny e do grupo de teatro *Compagnie Jose Valverde*.

CHEBEL RECORDS
Reino Unido

Em 1975, a *Chebel* lançou um compacto produzido pelo escritório de Manchester da *Campaign for Homosexual Equality* (Campanha pela Igualdade Homossexual). O lado A foi gravado por Tom, Rose e Annie, sendo que o tal "Tom" era Tom Robinson; uma das faixas desse lado era uma versão antiga de "Glad to be Gay", que anos depois foi repaginada (virou "Sing If You're Glad to Be Gay") e se tornou um grande sucesso para a Tom Robinson Band. No lado B, duas faixas interpretadas pelo grupo Bradford Gay Liberation Front, incluindo "Stand Together", uma música de Neil Greig que foi regravada, em 1979, por Greig, Robinson e Jill Posener, em prol da *London Gay Pride*, a Parada do Orgulho Gay de Londres.

CHILAMATE
Nicarágua

Muitos selos nasceram após a Revolução Sandinista: este foi um deles. Todos os vinis da *Chilamate* foram prensados pela gravadora estatal, a *Enigrac*, um procedimento também adotado com outros selos, como *Ocarina* e *Juvenil*. No caso da *Chilamate*, o nicho estava concentrado na música produzida na costa atlântica do país, também conhecida como Costa dos Mosquitos. Além disso, o selo ainda encabeçou alguns projetos políticos, como as coletâneas *Festival Del Optimismo* (1983) e *Bienvenidos a Nicaragua Libre* (1983), esta última reunindo uma diversificada escalação de músicos locais.

CHILDREN OF THE REVOLUTION
Reino Unido

Um selo da terceira onda do punk, com sede em Bristol. Entre 1984 e 1987, a *Children of the Revolution* lançou pouco mais de trinta discos. A maior parte do material inicial era anarcopunk: compactos do *Potential Threat* e do *Political Asylum* (a banda punk escocesa com Ramsey Kannan, que depois fundaria a AK Press e a PM Press); um 12 polegadas do *A.O.A.*; um álbum do *Chaos UK*; e o LP *The Lives and Times of the Apostles*, do grupo anarquista pós-punk/experimental *The Apostles*.

CHILE-KOMMITTÉN
Suécia

Também conhecida como *Svenski Chile-kommittén*, essa organização de solidariedade (anti-imperialista) existiu por vinte anos, de 1971 a 1991, e lançou alguns álbuns, a maioria de Jan Hammarlund, cantor e compositor que traduziu várias canções de Violeta Parra – e de outros artistas chilenos – para o sueco. O comitê também trabalhou com músicos chilenos exilados no país, como Francisco Roca, e lançou uma versão sueca/finlandesa do LP *Canción para los Valientes*, de Alí Primera, expoente da *nueva canción* venezuelana. O disco contou com a parceria da organização finlandesa *Soumi-Chile-Seura*. Na capa, a seguinte mensagem: *En Solidaridad con la Resistencia Chilena contra el Fascismo*. Alguns dos lançamentos da organização foram prensados e distribuídos por outro selo de esquerda, o MNW.

CHILE SOLIDARITÄT
Alemanha Ocidental

Essa organização distribuiu ao menos dois LPs da politizada *nueva canción* chilena, um de Violeta Parra e outro de Victor Jara. Os discos saíram nos anos 1960, portanto bem antes do golpe de Pinochet. É provável que esse grupo tenha trabalhado como apoiador da esquerda chilena, talvez como parte da construção do movimento da Unidade Popular, que elegeria Salvador Allende, em 1970.

CHILI AKTIE
Holanda

Em 1975, essa organização de solidariedade lançou um 7 polegadas em apoio aos chilenos que lutavam contra a ditadura de Pinochet. O disco traz o *Kollektief Internationale Nieuwe Scene*, um teatro político brechtiano/trupe musical belga, semelhante ao italiano *La Commune*, de Dario Fo.

CHIMURENGA MUSIC
Zimbábue

Na língua xona, "Chimurenga" significa "luta". E esse foi o nome dado à luta armada contra a Rodésia, que levou à independência do Zimbábue, em 1979. O termo também está associado a uma forma de música que se desenvolveu a partir dessas lutas, que mistura instrumentos tradicionais africanos com guitarra elétrica. O principal representante da música chimurenga é Thomas Mapfumo, que adotou o termo para batizar sua gravadora. De 1981 até o final dos anos 1990, Mapfumo lançou cerca de duas dúzias de discos sob o nome *Chimurenga Music*.

Chol Soo Lee Defense Committee

CHOL SOO LEE DEFENSE COMMITTEE
EUA

Um grupo ativista da Califórnia, reunido para defender Chol Soo Lee, um imigrante coreano condenado injustamente por um assassinato, em 1973. Esse comitê lançou um compacto da canção "The Ballad of Chol Soo Lee" (1978), que trazia músicos do grupo de jazz asiático-americano Yokohama, Califórnia. Lee conquistou sua liberdade em 1983.

CIGARRÓN
Venezuela

Selo sul-americano de *nueva canción* dos anos 1970 e 1980. O nome dominante no catálogo era o do cantor venezuelano Alí Primera. O *Cigarrón* também lançou o músico uruguaio Ali-Ko e uma coletânea de *nueva canción* chilena, intitulada *Cantos de la Resistencia Chilena*.

CIRCOLO OTTOBRE
Itália

Um projeto cultural ligado ao grupo de esquerda radical italiano, a *Lotta Continua*. Essa organização mantinha um jornal e um selo (ambos chamados *Lotta Continua*), e lançou uma série de compactos. De modo similar, o *Circolo Ottobre* foi concebido como um "clube social", com uma rede de centros sociais no norte da Itália. O grupo também criou uma revista homônima, voltada para a crítica (com forte ênfase em design), uma oficina de pôsteres em serigrafia e uma pequena gravadora. Lançou meia dúzia de LPs, incluindo um álbum de Pino Masi (figura presente em quase todos os compactos da *Lotta Continua*) e um do *Collettivo Victor Jara*, um grupo italiano de folk político, cujo nome homenageava o compositor chileno assassinado pela ditadura de Pinochet. Além disso, alguns compactos de Pino Masi lançados pelo selo *Lotta Continua* também saíram pelo *Circolo Ottobre*, com as mesmas artes de capa, mas logotipos diferentes. Desconfio que esses discos foram lançados simultaneamente no jornal *Lotta Continua* e na revista *Circolo Ottobre*.

CIRCUS
Reino Unido

Um selo (*ad hoc*) criado pela big band *The Happy End* para lançar o seu primeiro álbum, *There's Nothing Quite Like Money*. O LP é um *mash-up* gigante de cabaré brechtiano, hinos maoístas, trova cubana e canções da Revolução Inglesa. Posteriormente, a banda lançou mais dois LPs pelo *Cooking Vinyl*, um selo independente britânico.

CISMONTE È PUMONTI
Córsega

Selo batizado com os nomes de algumas localidades da ilha de Córsega. Mais um projeto do anarquista Jean-Pierre Graziani, que também esteve à frente da *Disques Vendémiaire* (1974-1982) e da *Edizione Corsica* (1983-1985). Ao que parece, Graziani pretendia transformar a *Edizione Corsica* na *Cismonte è Pumonti*, mas só chegou a ter os dois nomes nos projetos musicais finais que produziu, em 1985. Depois disso, passou a usar o nome em sua editora de livros na Córsega.

CLARTÉ
Internacional

A *Clarté* foi um grupo internacional de jovens comunistas. A agremiação foi fundada em 1925, na França, mas suas ramificações se espalharam pela Escandinávia. Várias sedes locais lançaram discos, incluindo a francesa (um 10 polegadas de 1961, com canções em solidariedade à resistência espanhola a Franco) e a sueca (um 10 polegadas de 1963, com músicas de Chicho Sánchez Ferlosio, também em solidariedade à resistência espanhola – e lançado com o apoio da revista sueca *Clarté*).

CLARTÉ ML
Suécia

Uma célula da KFML(r), a antiga Liga Comunista Marxista-Leninista (revolucionários). De linha-dura e antirreformista, esse agrupamento maoísta lançou um compacto da banda de *progg Knutna Nävar*, em 1972. O selo estava ligado à editora da KFML(r), chamada *Ungkommunistens Förlag*, que também lançou um disco do *Knutna Nävar*.

LE CLEF
França

De 1974 até meados dos anos 1980, essa organização produziu cerca de 25 LPs da série *archives sonores de la littérature noire* (arquivos sonoros da literatura negra). Os discos trazem entrevistas e leituras com diferentes autores africanos francófonos, como Camara Laye, Sembène Ousmane, Ferdinand Oyono e Léopold Senghor.

CLERGY AND LAYMEN CONCERNED
EUA

Clergy and Laymen Concerned About Vietnam (Clérigos e Leigos Preocupados com o Vietnã), ou simplesmente CLAC, foi uma organização pacifista fundada em 1965 por Daniel Berrigan, Rev. Richard Neuhaus e Abraham Joshua Heschel. O copresidente nacional do grupo era Martin Luther King Jr. Em 1971, o selo da CLAC soltou um registro de discursos e *spots* de rádio, *American Report/Help Unsell the War*, que foi distribuído gratuitamente para as estações de rádio. A primeira parte do título faz referência a uma publicação semanal da CLAC; e a segunda parte diz respeito a um projeto mais amplo de mídia contra a Guerra do Vietnã, chamado *The Campaign to Unsell the War* (A Campanha para Cancelar a Guerra, em tradução livre).

CLETA-UNAM
México

O CLETA (Centro Livre de Experimentação Teatral e Artística) foi um espaço para o teatro independente na UNAM (Universidade Nacional Autônoma do México). Em 1974, o CLETA, em parceria com as trupes *Mascarones* (México) e Tenaz (EUA), lançou uma coletânea em vinil de Victor Jara – *Viva la Resistencia Chilena* –, que foi distribuída no V Festival de Teatro Chicano/Primeiro Encontro Latino-americano, realizado durante duas semanas, no final de junho e início de julho de 1974.

CLOUDS RECORDS
EUA

A *Clouds Records* lançou um disco (autointitulado) da dupla Steve & Peter Jones, em 1985. O LP de folk político traz músicas sobre diversos temas: o boicote à vinícola Gallo, encabeçado pelo sindicato *United Farm Workers* (União dos Trabalhadores Rurais), jovens enfrentando a guerra, George Bush, desobediência civil e abolição.

CLUB SANDINO
Reino Unido

Esse foi o nome escolhido pela seção britânica do Comitê de Solidariedade da Nicarágua para lançar o LP *Bluefields Express* (1987), do grupo nicaraguense Zinica, que tocava uma mistura única de calipso, salsa e *nueva canción*. O nome *Club Sandino* foi tirado dos eventos dançantes (e politizados) que o Comitê de

Solidariedade realizou em Londres, ao longo dos anos 1980.

C. MINER RECORDS
Reino Unido

Em 1984, esse selo lançou um compacto de Charlie Livingstone: *Get Off Your Knees (Unity)* / *Propaganda*. O disco vem numa capa branca e lisa, então os rótulos são a única fonte de informação, e também não acrescentam muito, exceto a frase "They Shall Not Starve" ("Eles Não Morrerão de Fome"), em letras minúsculas, no lado B. Esse slogan ficou popular durante a greve dos mineiros (1984-85) no Reino Unido. Considerando isso, e também a data, o nome do selo (provavelmente uma abreviação de "Coal Miner", "Mineiro de Carvão") e as letras dessas duas canções folk/country focadas na classe trabalhadora, é justo dizer que esse é um disco de solidariedade trabalhista. Ao que parece, o tal Livingstone não gravou nenhum outro disco.

CMS
EUA

Um selo de *spoken word* e poesia que não era exatamente ideológico, mas no final dos anos 1960 e início dos anos 1970 lançou álbuns de discursos de Mao, *The Prison Diary* (Ho Chi Minh), *Man on Trial* (Gandhi) e uma palestra de A. J. P. Taylor sobre a Revolução Russa de 1917. A gravadora também se especializou em registros da cultura negra americana, incluindo duas gravações de James Baldwin, um LP de William Melvin Kelley e um álbum com trechos do livro *Life and Times of Frederick Douglass*. O nome CMS passou a ser usado nos anos 1950, como um acrônimo de *Chesterfield Music Shops*, que começou como uma distribuidora de música clássica, na década de 1940. Em meados dos anos 1960, o nome completo foi deixado de lado em favor da sigla.

CNSLCP
França

O *Comité National de Soutien à la Lutte de Libération des Peuples des Colonies Portugaises* (Comitê Nacional de Apoio à Luta de Libertação dos Povos das Colônias Portuguesas), ou CNSLCP, nos anos 1970, lançou um compacto chamado *Chants Des Peuples Des Regions Libérées*. O 7 polegadas traz canções atribuídas aos movimentos de libertação das colônias portuguesas na África – Movimento Popular de Libertação de Angola (MPLA), Frente de Libertação de Moçambique (FRELIMO) e Partido Africano para a Independência de Guiné e Cabo Verde (PAIGC) –, mas sem créditos para os músicos envolvidos no projeto.

CNT PRODUCTIONS
Reino Unido

Apesar de levar o nome do sindicato anarquista espanhol (Confederação Nacional do Trabalho), não há filiação direta entre a entidade e o selo de Leeds: a *CNT* foi uma gravadora punk e new wave com certa inclinação ideológica, embora isso não ficasse tão claro em parte de sua produção. Os discos dos anarquistas holandeses do *The Ex* ou da banda punk/dance *Redskins* deixavam bem evidentes suas posições políticas, mas não dá pra dizer o mesmo sobre os pais do gótico, *The Sisters of Mercy*, ou sobre a new wave experimental do *The Three Johns*. De 1981 a 1984, a gravadora lançou aproximadamente vinte discos. Em 1985, saiu uma coletânea com músicas lançadas pela CNT, *They Shall Not Pass*. Essa compilação foi organizada por outro selo de Leeds, o *Abstract Sounds*, e o disco foi dedicado aos mineiros britânicos que estavam em greve no período.

COBIANA
Guiné-Bissau

Eis o selo da banda *Super Mama Djombo*, cujo nome faz referência ao espírito evocado pelos combatentes do PAIGC (Partido Africano para a Independência de Guiné e Cabo Verde) para proteção, na luta pela independência de Guiné-Bissau. O selo (e a banda) lançaram meia dúzia de LPs politizados, incluindo um incrível disco conceitual dedicado a Amílcar Cabral, pensador anticolonial e líder guerrilheiro. Como Guiné-Bissau não possuía uma fábrica de discos nos anos 1970, a maioria dos títulos da *Cobiana* foi prensado no Leste Europeu; alguns discos mais antigos trazem inclusive os logos da *Melodiya* e uma etiqueta "Made in the USSR" (Fabricado na URSS).

COLECÇÃO REVOLTA
EDIÇÃO TINO FLORES

COLECÇÃO REVOLTA
França

O selo pessoal do músico português Tino Flores. Todos os compactos que Flores lançou sob este selo saíram no início dos anos 1970, na França, onde ele estava exilado do regime totalitário português. Os discos se parecem e soam como o folk e o fado políticos que inundaram Portugal após a Revolução dos Cravos, mas, na verdade, todos são anteriores ao movimento de 25 de abril de 1974.

CAFIT ASBL

COLLECTIF D'ANIMATION POUR LA FORMATION ET L'INFORMATION DES TRAVAILLEURS
Bélgica

CAFIT-ASBL é a sigla para *Collectif d'Animation pour la Formation et l'Information des Travailleurs – Association sans but lucratif* (em tradução livre, Coletivo de Integração para a Formação e Informação dos Trabalhadores – Organização Sem Fins Lucrativos). Essa organização, em parceria com o semanário socialista *Pour*, organizou o *Festival Contr'Eurovision* em Bruxelas, em 1979. Contr'Eurovision foi uma alternativa militante aos sons inofensivos do concurso corporativo Eurovision, que acontecia anualmente. Alguns nomes que se apresentaram no festival: o palestino Mustapha El Kurd, a banda britânica de reggae *Misty in Roots*, o cantor bretão Gilles Servat, o português José Afonso e o grupo folclórico basco *Oskorri*. Várias gravações ao vivo no Contr'Eurovision foram lançadas pelo selo de esquerda *Ateliers du Zoning*.

COLLECTIVE CHAOS
EUA

Selo punk (e político) de Chicago, de vida curta, comandado por James Mumm, cofundador do espaço anarquista *A-Zone* e figura-chave no *People's Action Institute*. O selo lançou dois compactos, em 1993: um do *Prophets of Rage*, de Chicago (do fundador da revista *Punk Planet*, Dan Sinker); e o outro do *Dogfight*, noise-punk de Minneapolis (com arte da capa do prolífico artista Donovan, do coletivo *Profane Existence*).

COLLECTOR RECORDS
EUA

A gravadora fundada no início dos anos 1970 para lançar os álbuns de Joe Glazer, cantor folk e bardo popular dos sindicatos norte-americanos. Lançou cerca de trinta discos ao longo de vinte anos, metade deles de Joe Glazer (como, por exemplo, *Songs of the Wobblies*, *Down in a Coal Mine* e *Jellybean Blues: Songs of Reaganomics*). Os outros lançamentos incluem *Gallant Lads Are We: Songs of the British Industrial Revolution*, de Louis Killen, e *Let the Teachers Tell the Story*, de Peyton Hopkins.

COLLETTIVO TEATRALE DI PARMA

COLLETTIVO TEATRALE DI PARMA
Itália

Esse grupo de teatro político lançou dois discos: um LP sem data (provavelmente de 1969 ou 1970) documentando uma performance sobre a ocupação de uma fábrica em 1920, intitulado *Le Canzoni de la Grande Paura*, posteriormente reeditado pelo selo *I Dischi del Sole*; e o compacto duplo *Occhio Operai* (1971), uma peça escrita por Mario Di Stefano.

COLLETTIVO TEATRALE LA COMUNE
Itália

Um dos selos capitaneados por Dario Fo e sua trupe de teatro, *La Comune*. Além dos discos do próprio Fo, o selo lançou um *single* da parceira do dramaturgo, Franca Rame (uma importante atriz, dramaturga, feminista e ativista política), registros das apresentações do *La Comune* e uma edição italiana de um LP do Karaxú (também saiu na França, pela *Expression Spontanée*, e na Alemanha Ocidental, pela *Trikont* – um bom exemplo da conexão entre as gravadoras radicais europeias nos anos 1970).

COMEDIA MUNDI
Suíça

Comedia Mundi é a companhia de teatro da cooperativa *Longo Maï*, uma fazenda e comuna antiautoritária nos Alpes. Um dos principais nomes da comuna e do grupo de teatro foi o austríaco Willi Stelzhammer, ex-ativista estudantil e militante antifa. A trupe teatral lançou alguns discos de suas peças políticas por um selo que levava o seu nome, *Longo Maï*.

COMITATI AUTONOMI OPERAI DI ROMA
Itália

Colaborou com o *Comitato Proletario F. Ceruso di Tivoli* para lançar um compacto com duas faixas de Tonino (Antonio Ruta), "A Fabrizio Ceruso" e "San Basilio: Rivolta Di Classe". É um disco em memória do militante Fabrizio Ceruso; apesar de não informar a data, deve ter saído pouco depois de setembro de 1974. O Comitê de Tivoli tinha organizado uma ocupação habitacional em Roma, que durou uma semana. Ocorreram confrontos com a polícia. Num desses enfrentamentos, no dia 8 de setembro, Fabrizio Ceruso foi baleado no peito e morto pela polícia. Ceruso tinha 19 anos, militava no *Comitati Autonomi Operai di Roma* e também no *Comitato di Lotta per la Casa di San Basilio*.

COMITATO PER I SOCCORSI CIVILI ED UMANITARI AL POPOLO GRECO
Itália

Uma organização de solidariedade ao povo grego que lançou um compacto de

Mikis Theodorakis, intitulado *Il Grido della Grecia Antifascista* (O Grito da Grécia Antifascista), em 1967. O disco em si é uma combinação de música e discursos, prensado pela gravadora de Dario Fo, a NR *Produzioni*.

**COMITATO PROLETARIO
F. CERUSO DI TIVOLI**
Itália
Essa organização colaborou com o *Comitati Autonomi Operai di Roma* para o lançamento de um compacto do Tonino. Para mais informações sobre esse disco, ver também *Comitati Autonomi Operai di Roma*.

COMITATO VIETNAM-MILANO
Itália
Uma organização de solidariedade política que se envolveu com a música por meio da curadoria de um 12 polegadas, lançado pela *Record Film Productions*. Trata-se de um miniálbum de covers de canções folk – dos EUA e do Reino Unido – contra a Guerra do Vietnã (e daí talvez tenha saído o nome do comitê). Em seguida, lançou dois discos como *Comitato Vietnam-Milano*, ambos de artistas da *nueva canción* chilena: Victor Jara e *Quilapayún*.

C.U.A.

**COMITATO UNITARIO
ANTIFASCISTA**
Itália
Em 1974, este grupo antifascista lançou um LP chamado *Piazza Loggia: Ore 10,12*. É um disco documental sobre o bombardeio fascista de 28 de maio daquele ano, na Praça Loggia, em Brescia. Enquanto acontecia uma manifestação na praça, fascistas do grupo *Ordine Nuovo* (que tinha ligações com o estado italiano) detonaram uma bomba em uma lata de lixo, matando oito pessoas e ferindo outras 102.

C.A.M.

COMITÉ ANTI-MILITARISTE
França
Uma organização antimilitarista radical da década de 1970, o *Comité Anti-Militariste* (CAM) lançou um 7 polegadas encartado em uma edição de sua revista *Lutte Anti-Militariste*, em 1973. O cobiçado *single* traz duas canções politizadas de free jazz e rock progressivo, interpretadas pelo *Mouvement Anarcho Héroïque des Joyeux Utopistes Nébuleux*, um nome fictício para o *Mahjun*, influente grupo psicodélico francês.

COMITE PROMOTOR DE INVESTIGACIONES DEL DESARROLLO RURAL

México

Não era exatamente um selo, mas uma organização que lançou um LP do grupo folk/progressivo político *Tribu*, com a espanhola Pilar Pellicer como vocalista convidada. *Zapata Hoy* (1980) reúne *corridos* e canções tradicionais sobre Emiliano Zapata. O disco foi distribuído gratuitamente no V Congresso Mundial de Sociologia Rural, em 1980.

COMITÉ QUÉBEC-CHILI

Quebec

Um organismo de solidariedade criado após o golpe chileno de 1973, o *Comité Québec-Chili* (CQC) foi uma colaboração entre sindicatos e cidadãos chilenos que fugiram para Quebec. O CQC mobilizou a esquerda quebequense contra Pinochet, na forma de boicotes e apoio a eventos políticos, incluindo a produção e a distribuição de um LP do grupo *Karaxú* (que, por sua vez, apoiava o MIR, uma organização política de esquerda do Chile), originalmente editado pela *Expression Spontanée*, na França.

CRAC

COMITÉ RÉVOLUTIONNAIRE D'AGITATION CULTURELLE

França

O *Comitê Revolucionário de Agitação Cultural* (CRAC) foi um agrupamento político oriundo da ocupação da Sorbonne, em Maio de 68. Lançou cinco edições da revista CRAC, além de dois compactos do cantor Evariste. O primeiro, *La Révolution*, saiu ainda em 1968, na esteira da rebelião estudantil. O segundo – *Reviens Dany, Reviens* – é de 1970 (o título é uma referência ao líder estudantil de Maio de 68, Daniel Cohn-Bendit). Em 1968, Evariste tinha contrato com a gravadora *Disc'Az*, mas esta não lançaria seu compacto *La Révolution*, razão pela qual recorreu à CRAC. As capas dos dois discos foram desenhadas por Georges Wolinski, cartunista morto no ataque à revista francesa *Charlie Hebdo*, em 2015.

COMITÉ SOLIDARITÉ SALVADOR

Bélgica

Na década de 1980, essa organização de solidariedade belga lançou um LP beneficente do grupo folclórico salvadorenho Yolocamba I Ta, intitulado *Canta su Solidaridad con el Pueblo de El Salvador*. O disco saiu em parceria com outras duas organizações do Benelux: *Vlaams El Salvador Komitee* e *El Salvador Komitee Nederland*. Vale mencionar que o grupo *Yolocamba I Ta* tinha conexão direta com a FMLN (Frente Farabundo Martí de Libertação Nacional), uma organização de esquerda de El Salvador.

COMMISSION "POPULARISATION" DES TRAVAILLEURS LIP - BESANÇON-PALENTE
França

Em 1973, essa comissão de trabalhadores lançou um compacto em apoio aos grevistas na fábrica de relógios LIP, na França. Em tradução livre, o nome da entidade seria Comissão de "Popularização" dos Trabalhadores da LIP (Besançon-Palente era a localização da fábrica). O 7 polegadas apresenta uma combinação de discursos, reuniões e duas curtas canções (atribuídas simplesmente a "Claire"), com letras extraídas de uma gravação da assembleia geral dos funcionários, realizada em 18 de junho de 1973. O disco foi produzido em suporte aos trabalhadores, não apenas porque eles entraram em greve, mas porque ocuparam a fábrica e assumiram a gestão da mesma, sem gerentes ou donos. A enorme capa dobrável traz informações sobre o histórico de luta da fábrica, uma série de cartuns, citações de figuras públicas em apoio aos trabalhadores e as letras das músicas.

COMMITTED ARTISTS
África do Sul

Committed Artists foi um projeto capitaneado por Mbongeni Ngema, dramaturgo, compositor e diretor sul-africano que criou *Sarafina!*, um musical sobre estudantes no Levante de Soweto, de 1976; devido ao seu sucesso, acabou sendo adaptado para um filme de Hollywood, estrelado por Whoopi Goldberg. Segundo consta, o nome *Committed Artists* foi usado para uma produtora, mas pelo menos um LP foi lançado com essa alcunha, a trilha sonora da peça *Township Fever*, de 1990. O vinil foi prensado pela Gallo, uma das maiores gravadoras da África do Sul.

LES COMMUNISTES DE LA RADIO ET DE LA TÉLÉVISION
França

Em 1975, esse grupo trabalhou junto para produzir o LP *La Lutte du Peuple Entier Jusqu'à la Victoire/Hommage du Monde Entier à la Lutte du Peuple Vietnamien* (em tradução livre, "A luta de todo o povo até a vitória/Homenagem do mundo inteiro à luta do povo vietnamita"), um interessante documento de áudio, contendo trechos de discursos de Ho Chi Minh, gravações de campo de protestos contra a Guerra do Vietnã e canções de Joan Baez. O disco foi lançado e vendido no evento *Fête de l'Humanité*, de 1975 (organizado anualmente pelo jornal de esquerda *L'Humanité*). É possível que o grupo que produziu esse LP estivesse ligado ao selo do UNI/CI/TE.

COMMUNITY CHARGE
Reino Unido

Selo de um disco só: "The Poll Tax Blues", da banda The Pollcats, que saiu em 7 e 12 polegadas. *The Pollcats* era uma espécie de "supergrupo" estranho, formado por ex-membros de bandas bem diferentes umas das outras, como *Caravan*, *The Georgia Satellites* e *The Blaggers*. Esse time se uniu para lançar essa música de protesto contra o imposto comunitário proposto no Reino Unido.

COMMUNITY PSYCHOLOGICAL CONSULTANTS
EUA

Começou como uma prática de psicologia clínica, em meados dos anos 1960, em St. Louis, por iniciativa de Marshall Rosenberg. Com o tempo, a *Community Psychological Consultants* também passou a atuar em consultoria em dificuldades de aprendizagem de crianças, resolução de conflitos e estratégias de comunicação não violenta para lidar com racismo e sexismo. A partir do início dos anos 1970, lançou uma série de LPs de música folk, com foco nesses conceitos, incluindo: discos de Ruth Bebermeyer sobre psicologia infantil e depressão; e um disco altamente politizado de canções de Rosenberg narradas por Al Chappelle, um ex-líder da gangue Zulu 1200, que Rosenberg conheceu enquanto trabalhava na resolução de conflitos entre gangues de rua.

COMPSOUND
Suíça

Esse estúdio de gravação na Suíça parece ter lançado apenas um disco, o LP *El Salvador – ¡Venceremos!* (1981), do emigrado salvadorenho José W. Armijo. É um disco folk, superengajado, em apoio à luta armada em El Salvador, como fica evidente em canções como "Los Soldados Del Ejercito Revolucionario Salvadoreno" ou "Yankee Go Home".

CONFEDERAÇÃO GERAL DOS TRABALHADORES PORTUGUESES-INTERSINDICAL
Portugal

A CGTP é o maior sindicato de trabalhadores de Portugal. Foi organizada na clandestinidade, em 1970, e lançada formalmente em 1974, após a Revolução dos Cravos. Historicamente, a entidade tem ligações com o Partido Comunista Português, pois muitos dos seus filiados também são militantes do partido. Na esteira da revolução, foram gravadas várias interpretações da música-tema do sindicato, o "Hino da Intersindical". Uma delas, de Pedro Osório, saiu pelo selo *Guilda da Música*. Outra versão, de um artista não identificado, foi lançada pelo selo *Diapasão* (com uma faixa de Luis Cilia no lado B). O Grupo Coral dos Operários Mineiros de Aljustrel também fez uma versão, presente no álbum autointitulado de 1975, lançado pelo selo Orfeu. Em 1986, a CGTP produziu seu próprio LP duplo, comemorando o centenário do Primeiro de Maio.

CONFEDERACIÓN SINDICAL DE TRABAJADORES DE COLOMBIA
Colômbia

A Confederação Sindical dos Trabalhadores da Colômbia (CSTC) já foi um dos sindicatos mais militantes do país. Em 1983, na celebração dos 200 anos de Simón Bolívar, lançou um LP da Orquestra Filarmônica de Bogotá, intitulado *Poema Sinfonico – Vocal Opus 95 (Homenaje Al Libertador En El Bicentenario de Su Natalicio 1783 – 1983)*. Três anos depois, em 1986, a CSTC se fundiu com outros sindicatos para formar a Central Unitária de Trabalhadores (CUT), que reunia cerca de 80% dos sindicatos ativos na Colômbia na época.

CONFÉDÉRATION FRANÇAISE DÉMOCRATIQUE DU TRAVAIL
França

A Confederação Francesa Democrática do Trabalho (em francês, *Confédération Française Démocratique du Travail*, CFDT) é um dos dois maiores sindicatos da França – o outro é a CGT. Historicamente, a CGT sempre teve uma orientação mais comunista, e a CFDT mais socialista, alinhando-se com o Partido

Socialista. Em 1981, a confederação lançou um compacto em apoio ao sindicato polonês Solidariedade.

CONFÉDÉRATION GÉNÉRALE DU TRAVAIL
França

A Confederação Geral do Trabalho (em francês, *Confédération Générale du Travail*, CGT) é uma das maiores confederações de sindicatos da França. Nos anos 1970 e 1980, diversos sindicatos filiados lançaram discos sob o nome da CGT, entre eles, a *Fédération Nationale des Travailleurs du Sous-Sol*, que lançou um LP com canções sobre os trabalhadores da mineração, em 1980; e a *Fédération Textile*, que lançou um compacto da cantora Francesca Solleville.

CONFEDERATION OF IRANIAN STUDENTS (NATIONAL UNION)
Alemanha Ocidental

Uma organização internacional, formada por grupos de estudantes iranianos opositores ao regime do xá, que estudaram no exterior nos anos 1960 e 1970. Os núcleos da Alemanha Ocidental (Frankfurt e Munique) produziram discos de grupos corais cantando hinos anti-imperialistas. Provavelmente destinados à distribuição além das fronteiras, pois contêm informações em persa, inglês, francês e alemão.

CONGRESS OF RACIAL EQUALITY
EUA

Há muito tempo tenho uma cópia de *Sit-In Songs: Songs of the Freedom Riders*, do CORE (Congress of Racial Equality – em português, Congresso para Igualdade Racial), um dos primeiros álbuns do Movimento dos Direitos Civis, lançado em 1962, pela *Dauntless* (esse selo também lançou *We Shall Overcome*, dos *Freedom Marchers*, no ano seguinte). Por ter saído por uma gravadora grande e apolítica, não achei que tivesse lugar neste livro. Mas descobri uma série de discos lançados pelo próprio CORE. Não conheço o catálogo inteiro, mas o núcleo de Nova York lançou um LP duplo de jazz, chamado *A Jazz Salute to Freedom* (sem data, mas possivelmente de meados da década de 1960) e um compacto do *The Freedom Riders*, com duas faixas, "I'm On My Way" e "We Shall Overcome" (creio que sejam os mesmos músicos que faziam parte dos *Freedom Marchers* citados acima, mas que não devem ser confundidos com os *Freedom Singers*, ligados ao SNCC). O 7 polegadas não tem data, mas imagino que seja do início dos anos 1960, anterior ao LP da *Dauntless*. No entanto, ao contrário desse álbum, o compacto destinou todo o lucro para o trabalho antirracista do CORE. Muito tempo depois, em 1972, o CORE também lançaria um compacto funk do *4th Kingdom* (com participação do *Brother Soul*, do Bronx).

CONTEXT MUSIC
EUA

Selo que lançou o disco *Regeneration Report* (1981), do *Sedition Ensemble*. Uma mistura, explicitamente política, de free jazz, funk e salsa, diretamente de Nova York. A banda contava com Melvin Gibbs (que tocou baixo com uma infinidade de músicos, de Vernon Reid a *Rollins Band*) e Bern Nix (que tocou guitarra com Ornette Coleman por mais de uma década).

COORDINATION DES COMITÉS DE DÉFENSE DE L'ENVIRONMENT DE LA BASSE LOIRE
França

Nos anos 1980, este grupo ativista participou do lançamento de um compacto contra uma usina nuclear em Nantes (não há identificação clara de um selo no disco, e esse grupo é a única organização listada na capa ou nos rótulos do vinil). O som é pop rock, com "Nucléaire, ya pas d'danger!" no lado A e "Chanson pour un M.A.S.S.A.C.R.E." no lado B. As canções foram executadas pelos músicos locais Fernand Duchemin, Jack-Alain Guilho e F. Lesquer. Uma ilustração incrível na capa: um crânio comprimido em uma lâmpada.

CORPUS CHRISTI
Reino Unido

O selo *Corpus Christi* foi fundado pelo pessoal do Crass Records e John Loder (Southern Studios), em 1982. Rapidamente se tornou o lar de muitas bandas anarcopunk, incluindo *Conflict*, *Icons of Filth* e *Rudimentary Peni*. Muitas bandas do *Corpus Christi* haviam lançado pelo menos um disco no selo *Crass*, mas foram incentivadas a se mudar para que pudessem ter mais autonomia e aprendessem a prensar discos por conta própria, com o auxílio de Loder. O selo operou de 1982 a 1989, e lançou dezesseis discos. Algumas dessas bandas criaram seus próprios selos com o conhecimento adquirido: *Conflict* (*Mortarhate Records*), *Rudimentary Peni* (*Outer Himalayan Records*) e UK Decay (*UK Decay Records*).

THE COUNCIL FOR UNITED CIVIL RIGHTS LEADERSHIP
EUA

Este Conselho foi formado em 1963, como um órgão de coordenação e arrecadação de fundos para o Movimento dos Direitos Civis, abrangendo vários grupos, como a Conferência da Liderança Cristã do Sul, o Comitê Coordenador Estudantil Não Violento, o Congresso para Igualdade Racial e a Associação Nacional pelo Progresso das Pessoas de Cor. Uma de suas primeiras ações foi a organização da Marcha em Washington, em agosto de 1963. Mais tarde, naquele mesmo ano, lançou um LP documentando a manifestação, intitulado *We Shall Overcome!*. A mesma gravação foi lançada, com capas diferentes, pelas gravadoras *Broadside* e *Folkways* – só posso supor que foram destinadas a públicos diferentes.

COUNTERACT
Reino Unido

Uma trupe de teatro político, ativa na Grã-Bretanha nos anos 1970. Em 1976, fizeram uma turnê da produção *The Cuts Show*, e, no ano seguinte, lançaram um LP (com o mesmo nome) documentando a performance. O *Cuts Show* fazia parte de um movimento que lutava contra os cortes e a austeridade em voga no Reino Unido na época. No encarte do disco, o *CounterAct* se definia como "um grupo de socialistas trabalhando em múltiplas frentes. Oferecemos oficinas de serigrafia, vídeo, teatro de rua, teatro de agitprop, lay-out e design, brincadeiras infantis, infláveis e uso de jogos. Atuamos onde há público e trabalhamos com estudantes, sindicalistas, grupos de mulheres e grupos comunitários ativos na luta pelo socialismo".

CPM
Alemanha Ocidental

Uma pequena gravadora de rock progressivo que usava o slogan: "a produção cooperativa de discos dos artistas progressivos". Lançou apenas três álbuns: um da banda *Checkpoint Charlie* e seu krautrock politizado; o primeiro LP do *Missus Beastly*, de 1970 (anos depois, em 1978, o grupo lançaria *Spaceguerilla*, um clássico do jazz e da psicodelia política); e um álbum de jazz de vanguarda, do Limbus 3.

CRAMPS
Itália

Fundado em 1973, este selo fez parte da explosão do rock italiano nos anos 1970. Lar de bandas do rock progressivo (como *Area*), a gravadora também colocou no mercado uma variedade de discos experimentais, jazz e rock, incluindo álbuns de baluartes da vanguarda como

John Cage e *Gruppo di Improvvisazione Nuova Consonanza*. Além disso, o *Cramps* lançou material de grupos feministas e das primeiras bandas do punk italiano. Seu logotipo, com um desenho de Frankenstein, exibe uma forte sensibilidade pop e cômica, algo às vezes ausente na cena da música política italiana dos anos 1960 e 1970.

CRASS
Reino Unido

O *Crass Records* foi fundado em 1978-79, pela banda punk e projeto de mídia de mesmo nome. Assim como a música e a estética da banda, o selo pretendia promover o anarquismo e o espírito do faça-você-mesmo. Depois que o début da banda (pela Small Wonder Records) foi censurado, eles criaram o selo como uma forma de ter mais controle sobre sua produção – o primeiro lançamento foi um compacto da música censurada, "Reality Asylum" (originalmente intitulada apenas "Asylum"). Embora a maior parte do catálogo da gravadora seja de gravações do Crass e projetos paralelos dos seus integrantes, também lançou vários *singles* e álbuns de outras bandas punk políticas (*Flux of Pink Indians, Poison Girls, Zounds*). Em geral, após um lançamento inicial, o *Crass* encorajava a banda a usar o conhecimento adquirido para abrir seu próprio selo ou assinar com outro no qual pudesse manter o máximo controle possível. Algumas dessas bandas (como *Conflict* e *Rudimentary Peni*) acabaram lançando seus discos pelo subselo do *Crass*, chamado *Corpus Christi*.

CRAVOS DE ABRIL
Portugal

Selo pessoal da cantora de fado Ana Pinto. O nome faz referência à Revolução dos Cravos, de abril de 1974. Lançou dois compactos da artista.

CRAZY PLANET PRODUCTIONS
EUA

Crazy Planet era o nome do selo e da banda de Vic e Rob Sadot, cantores e compositores de Newark, Delaware. Lançaram um compacto e um LP de folk rock politizado, que soam como trilhas sonoras para o desespero do final dos anos 1980, com músicas sobre desastre nuclear, apartheid, assédio policial, yuppies, pastores midiáticos e alienação social.

CREDO
EUA

Encontrei poucas informações sobre esse selo de *spoken word*. Começou suas atividades em 1962, com o lançamento em vinil de uma entrevista com James Baldwin (*Black Man in America*). Na década seguinte, também lançou LPs de Buckminster Fuller e Sylvia Plath, e, aparentemente, fechou as portas no final dos anos 1970, após lançar meia dúzia de discos.

CRUCIAL RESPONSE
Alemanha

Uma das mais duradouras e politizadas gravadoras europeias de hardcore straight edge. A *Crucial Response* foi criada por Peter Hoeren, em 1989 (depois que fechou seu primeiro selo, *Anti-Schelski Records*). A CR se tornou o lar das bandas straight edge mais engajadas socialmente, como Brotherhood, Think Twice e, especialmente, os jovens comunistas do Man Lifting Banner.

CS-LD-PD
Itália

O nome deste selo é uma longa sigla para o *Comitato per il Salario al Lavoro Domestico di Padova* (Comitê de Salários para o Trabalho Doméstico de Pádua). A organização tinha um grupo musical próprio, que gravou dois LPs. O primeiro, *Canti di Donne in Lotta* (Canções de mulheres em luta), foi lançado por conta própria e reeditado pela gravadora *I Dischi dello Zodiaco*, em 1975. O segundo foi lançado pelo *I Dischi dello Zodiaco*. Esse comitê de Pádua foi um dos muitos grupos feministas italianos que tiveram braços musicais e lançaram discos nos anos 1970.

CSM
Itália

CSM foi um pequeno selo ligado ao *Centro Studi per il Medio Oriente* (Centro de Estudos do Oriente Médio), com sede em Roma. Nos anos 1980, lançou alguns discos do compositor palestino Youssef Khasho (que também era o consultor técnico e musical do centro), interpretados pela Orquestra Sinfônica de Nápoles e pela Orquestra do Teatro de Ópera de Roma. Embora não seja focada na questão da libertação da Palestina, a maior parte da obra de Khasho apresenta fortes temas revolucionários ligados ao pan-arabismo.

CUBA RECORDS
Finlândia

Um selo finlandês, que funcionou na segunda metade dos anos 1970, inteiramente dedicado a relançar discos de Cuba. Do material lançado, a maioria é trova politizada e jazz cubano, com reedições de Sara González, Carlos Puebla, Silvio Rodríguez e Grupo Irakere. Assim como a *Eteenpäin!*, a *Cuba Records* também foi produzida e distribuída por uma gravadora mais estruturada, a *Love Records*.

CUTTY WREN RECORDS
EUA

Selo que lançou *No More War* (1966), um álbum pop-folk de Jacqueline Sharpe (também conhecida como Jacqueline Steiner). Sharpe era ativa tanto na cena folk (gravou um disco com Pete Seeger, com o nome de Jackie Berman) quanto em uma ampla gama de organizações de justiça social. Este selo também lançou um disco comemorativo de Béla Bartók, em 1970. "Cutty Wren" é o título de uma popular canção folclórica britânica, cuja origem às vezes é atrelada à Revolta dos Camponeses, de 1381.

CUTTING RECORDS
Reino Unido

Cutting Records foi o selo que lançou o LP *I Like Me Like This* (1979), da banda *Gay Sweatshop Women's Company*, um grupo de rock londrino formado por lésbicas, do final dos anos 1970.

CW RECORDS
EUA

Este selo (*ad hoc*) ficava no "Peace Pentagon" ("Pentágono da Paz"), no número 339 da Lafayette Street, em Nova York. O prédio nesse endereço, conhecido como AJ Muste Building, foi durante anos a sede, em Manhattan, de diversas organizações de esquerda, desde a *War Resisters League* até a *Workers Solidarity Alliance* e a *Paper Tiger Television*. Creio que o selo CW pertencia a Charlie King e lançou apenas um LP, o seu álbum de folk político *Old Dreams... and New*

Nightmares (1976). King era um ativista político da Costa Leste, com bastante presença na cena folk dos anos 1970 e 1980, compôs canções para uma série de lutas, à medida que elas se desenrolavam, incluindo faixas como "Acres of Clams", escrita para a campanha da *Clamshell Alliance* contra a usina nuclear de Seabrook, em New Hampshire. Ele também ajudou a fundar a banda *Bright Morning Star*, que contava com selo próprio, a *Rainbow Snake Records*.

DANMARKS LÆRERFORENING
Dinamarca
O Sindicato Dinamarquês dos Professores, que marcou seu centésimo aniversário lançando um LP ao vivo, de um show de 1974, realizado em celebração da entidade.

DANMARKS SOCIALDEMOKRATISKE UNGDOM
Dinamarca
A ala jovem do Partido Social-Democrata da Dinamarca. A DSU é autônoma em relação ao partido oficial, com posicionamentos muito mais à esquerda. Também faz parte da União Internacional da Juventude Socialista (IUSY). A DSU se envolveu na produção de discos, lançando dois *flexi discs* eleitorais, um em 1960 e outro em 1978.

DARE TO STRUGGLE
EUA
Um selo (*ad hoc*) criado para lançar um compacto de Kathy Kahn e Danny McMahan, em apoio à greve da Coors Brewery, em 1977.

DAVID VOLKSMUND PRODUKTION
Alemanha Ocidental
Em 1971, o músico alemão Rio Reiser criou este selo para lançar os discos de sua banda, *Ton Steine Scherben*, o arquétipo da banda política de krautrock. "David Volksmund" não é o nome de uma pessoa, mas uma combinação de "o oprimido" (como Davi perante Golias) e "a voz do povo" (literalmente, *Volksmund*). O logotipo com um estilingue complementa o significado, mas também faz referência à popularidade da arma nas ações da esquerda antiparlamentar e autônoma da Alemanha.

DECEMBER 7
Suécia

Mais do que um selo, um protesto. *December 7* foi o nome escolhido por Thomas Zidén (um músico de rock/blues) para lançar seu compacto em apoio a uma manifestação em defesa do meio ambiente, que ocorreu em 7 de dezembro de 1991, na Suécia.

DEFENCE AND AID FUND
Holanda

Uma organização de solidariedade focada na África do Sul (provavelmente uma ramificação holandesa do Fundo Internacional de Defesa e Auxílio, com sede em Londres). Em 1966, essa entidade lançou um eclético disco antiapartheid, no formato 10 polegadas. Covers holandeses de canções da era da Depressão ("Brother Can You Spare a Dime"), gospel ("We Shall Overcome"), música clássica experimental e jazz (*big band*).

DEL-AWARE
EUA

Foi um selo (*ad hoc*) e um grupo ativista, que lançou um único compacto, em 1983. O disco é de um grupo que se autodenomina *The USA Band* ("USA" nesse caso significa "Unami Sunburst Assortment". Unami é a língua do povo indígena Lenape, nativo do sul da Pensilvânia e do norte de Delaware). No início dos anos 1980, havia um plano para construir uma bomba que retiraria água do rio Delaware e a redirecionaria para que pudesse ser usada no resfriamento de uma usina nuclear. O disco não tem capa e apresenta duas músicas, "Peepers vs. Pumpers" e "The River's Song", com a frase "Dump the Pump" ("Jogue a bomba no lixo") impressa nos dois lados.

DELTA
França/Grécia

O *Delta* foi fundado em 1971, em Paris, pelo produtor Demosthene Vergis. Lançou diversos discos de Mikis Theodorakis, bem como de outros músicos (de esquerda) do estilo *éntekhno*, como Petros Pandis. Também tinha algum tipo de parceria de produção e distribuição com a pequena gravadora italiana *Manifesto*.

DELTA RECORDS
EUA

Em 1979, o cantor e compositor Gary Punch criou este selo para lançar o single "Goodbye T.M.I. (The Ballad of Three Mile Island)", usando o nome *Gary & The Outriders*. A canção é uma ode folk/doo-wop ao fechamento da central nuclear de *Three Mile Island*. No dia 28 de março de 1979, aconteceu um acidente catastrófico no local, o maior já ocorrido nos Estados Unidos. A música é cantada sob a perspectiva de um morador local que vive à sombra da usina.

DELYSE
País de Gales

Um selo protofeminista, não necessariamente naquilo que lançou, mas na maneira como foi organizado. A *Delyse* foi a primeira gravadora pertencente e dirigida por uma mulher (Isabella Wallich) e a primeira a empregar uma produtora. Além disso, as simpatias nacionalistas levaram ao lançamento de vários discos de canções de mineração galesas e de coros sindicais.

DEMOS
Dinamarca

Originalmente criado em 1969 pelo Comitê Dinamarquês Antiguerra do Vietnã, *Demos* era uma editora, livraria e gravadora. Se diferenciava não apenas por ter evoluído do trabalho do movimento social, mas porque era administrada de forma cooperativa e coletiva. Sua organização se dava por meio de assembleias gerais de acionistas, sendo que cada acionista dispunha de um único voto, independentemente do valor do capital investido. Um dos principais nomes do selo era *Røde Mor*, uma banda comunista e coletivo de impressão que lançou seis discos. O braço fonográfico esteve ativo entre 1970 e 1978, com uma lista pesada de folk político e rock dinamarquês, além de canções infantis e registros de apresentações teatrais de esquerda. Também lançou o primeiro disco de rock da Groenlândia (*Sumut*, da banda Sume), o primeiro álbum na Dinamarca celebrando a homossexualidade (*Bøsse*, de Bent Jacobsen) e três coletâneas de músicas feministas. O selo se separou em 1976, com artistas importantes, como *Røde Mor*, saindo. *Demos*, vale ressaltar, trabalhou com outros selos – como *Love Records*, sam-Distribution e *Plateselskapet Mai* – para produzir e distribuir alguns títulos da dicap na Escandinávia. Em 1979, se dissolveu como selo e se tornou a *Demos*

Association, um grupo político socialista que mantém uma loja e escritórios no local onde a gravadora funcionava.

DERRY RECORDS
Irlanda do Norte

Fundado em 1972, o selo *Derry Records* lançou aproximadamente trinta títulos de música celta (com temática de apoio ao republicanismo) durante sua década de duração. Alguns desses discos foram distribuídos pela *Trikont*, na Alemanha Ocidental.

DKP

DEUTSCHE KOMMUNISTISCHE PARTEI
Alemanha Ocidental

O Partido Comunista Alemão (*Deutsche Kommunistische Partei*) foi fundado em 1918, banido pelos nazistas, depois revivido na Alemanha Ocidental após a guerra, como o representante não reconhecido do Partido Comunista da Alemanha Oriental no Ocidente, mas banido novamente em 1956, em função de seus laços com o lado oriental. O agrupamento ressurgiu em 1968, embora ainda secretamente financiado e ideologicamente dirigido pela RDA. O partido lançou uma série de discos nos anos 1970 e início dos anos 1980, usando o seu próprio nome (na maioria das vezes sua sigla, DKP) e também através de subselos como *Marx-Disc*.

VEB DEUTSCHE SCHALLPLATTEN BERLIN DDR

DEUTSCHE SCHALLPLATTEN BERLIN
Alemanha Oriental

A gravadora "matriz" da antiga Alemanha Oriental. Em geral, os discos eram lançados pelas suas subsidiárias, como AMIGA, *Aurora* e ETERNA.

DEVIANT WRECKORDS
Reino Unido

Este selo (*ad hoc*) foi criado em 1979 para lançar um compacto em prol da *London Gay Pride* (a Parada do Orgulho Gay de Londres) daquele ano. O disquinho foi organizado por Tom Robinson, Noel Greig e Jill Posener (que fez parte do grupo de teatro musical *Gay Sweatshop*, mas é muito mais reconhecida por seu trabalho fotográfico com lésbicas e por seus livros, como *Spray It Loud* e *Louder than Words*).

DIAP
Costa Rica

Inspirada na DICAP do Chile, a *Discoteca del Arte Popular* (DIAP) lançou alguns LPS do cantor nicaraguense Luis Enrique Mejía Godoy, no final dos anos 1970. É provável que esses registros pró-sandinistas tenham sido contrabandeados para a Nicarágua no auge da revolução.

DIAPASÃO
Portugal

Foi uma gravadora portuguesa de médio porte, que lançou quase cem títulos de música popular e fado, de 1976 até meados dos anos 1980. O selo foi a casa de muitos artistas que se tornaram a voz musical da Revolução dos Cravos, como José Afonso, José Barata-Moura, José Mario Branco, Luís Cilia e José Jorge Letria. Também lançou discos do músico angolano Ruy Mingas e do moçambicano Virgílio Massingue.

DICAP
Chile/França/Espanha

Tudo começou em 1967, como *Jota Jota*, selo criado pela ala jovem do Partido Comunista do Chile. Em 1970, surgiu o novo nome: *Discoteca del Cantar Popular* (DICAP). O foco da gravadora estava na música chilena, na tradição da *nueva canción*, mas também lançou discos do Blops, uma banda chilena de rock psicodélico, e de artistas cubanos como Carlos Puebla e *Grupo de Experimentación Sonora del* ICAIC (Instituto Cubano de Arte e Indústria Cinematográficas). Apesar de ser pequena, independente e comunista, a DICAP foi responsável por alguns dos lançamentos mais importantes da música chilena do início dos anos 1970 e chegou a controlar cerca de um terço do mercado fonográfico do país. A DICAP queria provar que uma gravadora não precisava ter uma relação parasitária ou antagônica com os músicos: no Chile, o padrão para royalties era de 2,5%, mas a DICAP pagava 5%, e aumentava para 7% se os músicos tivessem arcado com as suas próprias gravações. Entre 1970 e 1973, a gravadora teve subsidiárias no Peru e no Uruguai, que lançavam os títulos nesses países, com números de catálogo exclusivos e, muitas vezes, artes e capas diferentes. Todavia, não é possível afirmar com exatidão quanta autonomia essas filiais estrangeiras possuíam. Com o golpe fascista no Chile, em 1973, a gravadora foi invadida, muitas de suas fitas *master* foram destruídas, e a DICAP foi forçada ao exílio, inicialmente na França e, depois, na Espanha. Por mais uma década, a gravadora lançou e licenciou com sucesso a música chilena na Europa e nas Américas, mas seus discos eram censurados em casa pela ditadura de Pinochet. Séries licenciadas pela DICAP – dedicadas à divulgação da *nueva canción* chilena – existiram em muitos países, como a França (no subselo Canto Libre) e a Holanda (no subselo Vrije Muziek). Além disso, gravadoras maiores, como *I Dischi dello Zodiaco/Albatros* (Itália), *Discos Pueblo* (México), *Movieplay* (Espanha), AMIGA (RDA) e *Pläne* (Alemanha Ocidental), lançaram muitos, senão a maioria, dos discos da DICAP em suas respectivas localidades.

DICKWORZ BLADDE
Alemanha Ocidental

Criado em 1977, na cidade de Mörfelden-Walldorf, este selo alemão lançou folk-rock politizado e blues, geralmente no dialeto de Hessen. O catálogo inclui alguns discos em apoio aos esforços organizados contra a construção de uma pista de pouso no aeroporto de Startbahn West, perto de Frankfurt.

DIGNITY
DIGNITY
EUA

O selo de Donald Warden, na época um jovem advogado afro-americano em São Francisco. Ele montou a Associação Afro-Americana, que promovia programas de autoajuda para a comunidade negra. Com o seu selo, ele lançou alguns discos em meados dos anos 1960; o mais famoso deles foi *Burn Baby, Burn: The Uncensored Version of The Los Angeles Riots*, que trazia as suas opiniões sobre os Tumultos de Watts. Warden se juntou aos Panteras Negras e, depois disso, mudou seu nome para Khalid al-Mansour e se tornou advogado da Nação do Islã. Ele também deu a sua parcela de contribuição para a vasta rede de teorias da conspiração da direita sobre Barack Obama (afinal, de que outra maneira um homem negro poderia se tornar presidente?): Warden afirma ter intermediado um acordo com terroristas islâmicos para levar Obama à Harvard Law School, na década de 1980.

DIHAVINA
Vietnã

Gravadora estatal vietnamita, foi fundada no Vietnã do Norte no início dos anos 1960 e existe até hoje. Os primeiros vinis (a maioria de bandas marciais em apoio ao movimento de libertação nacional contra os franceses e os EUA) foram produzidos no bloco soviético, enquanto os discos e CDs posteriores foram feitos em fábricas instaladas no Vietnã do Sul.

DIKANZA
Angola

Um selo que existiu por um curto período, no início dos anos 1970. O *Dikanza* lançou sete compactos, pouco antes da independência de Angola. O nome vem de um instrumento musical de madeira, feito de bambu, no qual você raspa uma baqueta para produzir som. Os discos trazem música angolana com enfoque social e pró-independência, como é possível ouvir em canções como "Louvor aos heróis" e "Avante camaradas".

DIRECT HIT RECORDS
EUA

Em 1979, a banda *Prairie Fire* lançou um compacto usando esse nome. Nesse caso, a banda não apenas abandonou seu selo anterior (One Spark), mas também seu lado folk, tentando um direcionamento de rock mais direto para combinar com suas letras de esquerda radical. Ver também *One Spark*.

DISASTER ELECTRONICS
Holanda

A *Gramschap* foi uma pequena editora anarquista holandesa que lançou uma série de cinquenta zines/panfletos, do final dos anos 1970 até 1986, a maioria trazendo um vinil (quase todos no formato 7 polegadas) com o nome do selo *Disaster Electronics*. Em geral, punk politizado ou art-rock, incluindo lançamentos do *The Ex*. Tecnicamente, o nome correto do selo era *Disaster Electronics*, mas alguns discos saíram apenas como *Gramschap*.

I DISCHI DELLA ROSA
Itália

Selo de Leoncarlo Settimelli, um dos fundadores do *Canzoniere Internazionale Dell'Armadio*. Leoncarlo usou este nome para lançar apenas um LP, em 1980: um registro de um concerto de música experimental. É interessante notar que o logo era a rosa espinhosa cubana (criada em 1967, para o pôster do festival Canción Protesta, mas usada com frequência em lançamentos engajados de *nueva canción*, inclusive como logo da gravadora chilena *Peña de Los Parra*).

I DISCHI DELLO ZODIACO
Itália

Uma subsidiária da (maior e mais diversa) *Vedette Records*. O selo *I Dischi dello Zodiaco* era especializado em música folk/popular internacional. Em muitos aspectos, as comparações mais adequadas seriam a *Folkways*, nos EUA, e o *Chant du Monde*, na França (e, de fato, muitos dos seus lançamentos foram licenciados desses selos). Em menos de vinte anos (1969-1986), o *Zodiaco* lançou mais de cem álbuns e *singles*, com foco principal na música tradicional italiana de esquerda (tanto histórica quanto contemporânea) e a *nueva canción* latino-americana (especialmente do Chile, mas também do México, Venezuela e Uruguai); além disso, a gravadora disponibilizou material de países como Espanha, Grécia, Cuba, Vietnã, Brasil, Angola e EUA, sempre direcionando para nomes da música popular de esquerda, militante, feminista e da classe trabalhadora.

I DISCHI DEL SOLE
Itália

Na tradução, "Os discos do sol", selo que nasceu em Milão no ano de 1962, numa colaboração entre o etnomusicólogo Roberto Leydi e os integrantes da popular banda italiana *Cantacronache* (entre eles, Fausto Amodei e Michele Straniero). A missão da gravadora era desenterrar e reanimar as tradições folclóricas radicais da Itália, incluindo canções sobre a resistência, os trabalhadores e a vida na prisão, além de temas anarquistas, socialistas e comunistas. Em vez de recorrer à música pop para simbolizar a revolta, as pessoas envolvidas com o selo acreditavam que as sementes do radicalismo italiano estavam enraizadas nas tradições do seu povo, e não na importação de uma estética estrangeira da rebelião. No final dos anos 1960, a gravadora também passou a lançar novas músicas, muitas vezes composições que refletiam o crescente descontentamento na sociedade italiana. Também produziu compactos com discursos de figuras como Che Guevara e Ho Chi Minh, além de séries focadas na música experimental. *I Dischi del Sole* lançou um número restrito de discos de artistas estrangeiros, como Judith Reyes (México), Barbara Dane (EUA, cofundadora da *Paredon Records*) e um álbum de blues americano.

DISCHORD
EUA

A gravadora punk de Washington, DC, fundada em 1980 por Ian MacKaye e Jeff Nelson. Na época, eles tocavam no *Teen Idles*, mas logo estariam na seminal banda de hardcore *Minor Threat* (depois, MacKaye montaria o *Fugazi*). A *Dischord* é conhecida por seu compromisso obstinado com a independência – estabelecendo limites para os preços dos seus discos, evitando a maior parte do merchandising – e por sua fidelidade à cena de DC, ajudando muitas bandas de rock locais a lançar um disco, dando-lhes espaço no seu catálogo. Se o selo gostasse de uma banda e sentisse que ela se encaixava bem, ela poderia entrar para o *cast* principal.

DISCÒC
Occitânia

Este selo foi criado na esteira do Maio de 68, com foco na música na língua occitana. De modo rápido, o *DiscÒc* produziu uma dúzia de discos, mas encerrou atividades no começo dos anos 1970. Fez parte de uma onda de selos militantes de línguas minoritárias, que surgiram na França no final dos anos 1960/início dos 1970, incluindo *Disques Droug*, *Ricordu* e *Ventadorn*.

DISCÓFILO
Portugal

Um selo pequeno, que atuou por alguns anos em meados da década de 1970, lançando aproximadamente vinte discos. O *Discófilo* foi criado pela cantora Tonicha, pelo seu marido João Viegas (um etnomusicólogo) e por José Carlos Pereira Ary dos Santos (poeta, compositor e comunista convicto). O catálogo do selo era formado por gravações de fado e de música folclórica inspiradas na Revolução dos Cravos. Tonicha era a principal artista da gravadora. Ela iniciou a carreira como uma cantora pop, nos anos 1960 e início dos anos 1970, mas conquistou muito sucesso quando deu uma guinada e passou a reinterpretar a música tradicional portuguesa nos anos 1970. Tonicha trabalhou com Ary dos Santos para gravar algumas das canções mais populares da Revolução.

DISCO LIBRE
Porto Rico

Com sede em San Juan, *Disco Libre* era a gravadora do Partido Socialista de Porto Rico. Produziu pouco mais de vinte LPs entre o final dos anos 1960 e meados dos anos 1970. Era a casa do músico militante Roy Brown, expoente da nova trova. Lançou discos de artistas cubanos como Silvio Rodríguez e Pablo Milanés. Os lançamentos da *Disco Libre* eram conhecidos pelas capas fortes e bem elaboradas, muitas vezes usando fotografias manipuladas com cores brilhantes.

DISCO REBELDE
México

Este selo lançou um único LP, uma compilação de *nueva canción*/trova intitulada *Che Guevara: Hasta la Victoria Siempre* (1979). O país de origem não está identificado em nenhum lugar no vinil ou na capa, mas o envelope interno é idêntico ao de várias gravadoras mexicanas, como *Discos Pueblos* e *Discos* NCL. Diferentes prensagens do mesmo LP (mas com capas muito distintas) foram lançadas pela *Disco Libre*, em Porto Rico, e pela *Casa de las Américas*, em Cuba.

DISCOS AMERICA
Venezuela

Um pequeno selo venezuelano, que está incluído aqui por ter lançado os três primeiros LPs de Soledad Bravo, uma influente e engajada cantora de *nueva canción* e trova.

DISCOS COQUÍ
EUA

Localizado em Nova York, mas com foco em Porto Rico: este selo de *spoken word* foi fundado por Pepe Sánchez, no início dos anos 1970. *Discos Coquí* produziu uma versão em vinil de um dos últimos discursos de Pedro Albizu Campos (dos anos 1950), editado simultaneamente em Porto Rico, pela *Disco Libre*, e posteriormente repaginado e lançado pela *Paredon Records*.

DISCOS LARA-YARÍ
EUA

Com sede em Nova York, este era o selo de Roy Brown, um cantor folk e ativista pela independência de Porto Rico. A partir de 1979, lançou seus discos pelo seu próprio selo, e também relançou seus álbuns anteriores (prensados em Porto Rico, pela *Disco Libre*).

DISCOS NCL
México

Uma gravadora especializada em *nueva canción* e Nova Trova (NCL significa "Nueva Cultura Latinoamericana"). De 1974 a 1991, lançou cerca de cinquenta discos, a maioria de artistas mexicanos, cubanos e chilenos. Um dos grupos mais interessantes da gravadora era La Nopalera, que misturava *nueva canción* com jazz, salsa, bossa nova e rock.

DISCOS PUEBLOS
México

Criado pelo grupo *Los Folkloristas*, em 1973. Na sua primeira década, o selo focou quase exclusivamente na música popular socialmente consciente da América Latina, sendo a casa mexicana de nomes como *Inti-Illimani*, Victor Jara, Pablo Milanés, Isabel e Ángel Parra, Silvio Rodríguez e Daniel Viglietti. Além disso, lançou muitos músicos e compositores locais, como Amparo Ochoa. Os lançamentos iniciais da gravadora são famosos pelas capas triplas e pelas lindas ilustrações, muitas assinadas pelo artista Rini Templeton.

DISCOS SANJUANCITO
EUA

O selo de Esneider, vocalista da banda punk latina *Huasipungo*. Ele nasceu na Colômbia, mas fixou residência em Nova York. *Discos Sanjuancito* é uma espécie de projeto informal: lançou três compactos do *Huasipungo* (um deles é um split com *Los Crudos*, feito em parceria com o selo *Lengua Armada*), além de alguns CDs da banda e de outros grupos latinos de punk rock. O nome do selo aparece como *Discos Sanjuanito* em alguns lançamentos.

DISCOS VIPAR
México

Um selo (*ad hoc*) criado para lançar um disco ao vivo de Angel Parra, gravado na Cidade do México, em 1975. O álbum foi relançado um ano depois, pela *Discos NCL*.

DISCOTECA POLO NORTE
Angola

Selo angolano com enfoque anticolonial. Não encontrei uma data precisa, provavelmente anos 1970. Alguns dos álbuns foram produzidos pelo acordeonista português Helder Reis, que também tocou em vários discos pró-Revolução dos Cravos em Portugal. Por alguma razão, o logo aparece como "Polar" em alguns compactos, em vez do nome oficial do selo.

DISCOVALE
França

Um selo folk que lançou cerca de quarenta discos entre 1976 e 1982. Não parecia ter um alinhamento ideológico definido, mas produziu uma quantidade significativa de discos com conteúdo político, como um LP de canções revolucionárias argelinas, um álbum com músicas do movimento Solidariedade (Polônia) e muita música regional da Córsega, Provença e Alsácia-Lorena.

DISJUNCTA RECORDS
França

A *Disjuncta Records* foi fundada em 1972 pelo músico experimental Richard Pinhas. Lançou uma dúzia de discos em meados dos anos 1970. Este selo foi um bom exemplo do cruzamento entre o conceito de liberdade política e liberdade musical: lançamentos que mesclavam experimentação sonora extrema com conteúdo político extremo. *Heldon*, a banda

de Richard Pinhas, tinha as duas coisas, misturando noise eletrônico com solidariedade à luta armada (como é possível notar em um compacto de 1975, em apoio à Fração do Exército Vermelho).

DISLAOHAKSAT
Laos

O braço musical da editora *Neo Lao Haksaet* – veículo de propaganda do Pathet Lao, o partido comunista que assumiu o poder no Laos, em 1975. Tenho apenas um disco deste selo (e só consegui encontrar este): um compacto chamado *The Champa Flower*, apresentando uma mistura de canções folclóricas e militares.

DISQUES ALVARÈS
França

Lançou uma série de álbuns de *chanson*, música popular e *nueva canción* de esquerda. Entre eles: o primeiro disco abertamente político de Francesca Solleville (seu álbum autointitulado de 1969, com canções sobre as Olimpíadas de 1968 na Cidade do México, a Guerra do Vietnã e o imperialismo dos EUA); gravações da Revolução Cultural Chinesa; e um LP do grupo chileno *Inti-Illimani*.

DISQUES CYCLOPE
França

Este selo francês lançou o disco conceitual de Benito Merlino, *La Banda del Matese*: são canções baseadas na insurreição anarquista de abril de 1877 em Matese, Itália, encabeçada por Errico Malatesta e a seção italiana da Associação Internacional dos Trabalhadores (AIT). O selo tinha um logo e endereço, então parece ter sido criado com a intenção de seguir lançando discos, mas só encontrei material referente a esse álbum de Merlino.

DISQUES DROUG
Bretanha

Droug (cuja tradução é "raiva") é um pequeno selo criado pelo cantor e compositor Evgen Kirjuhel para promover a *chanson bretonne*, a música cantada na língua bretã e/ou enraizada nas tradições culturais da Bretanha. Kirjuhel participou dos eventos de Maio de 68, e isso, junto com o foco do selo em música folclórica regional, gerou uma plataforma de apoio aos trabalhadores, ao feminismo e à solidariedade internacional, como pode ser visto nas dezenas de lançamentos da gravadora. Muitos compactos do selo apresentam artes bem produzidas, impressas em duotone, com capas dobráveis que se transformam no símbolo matemático de adição (+). Alguns lançamentos afirmam que *Disques Droug* é o selo do "Atelier du C.C.D.C.P.", mas não consegui descobrir o significado dessa sigla.

DISQUES ESPÉRANCE
França

Criada nos anos 1970, selo francês especializado em *world music*, com atenção especial para a música africana. Além de ter disponibilizado material de nomes como Miriam Makeba, Bob Marley e Ali Farka Touré, também lançou diversos discos-chave de Nass El Ghiwane e Jil Jilala, grupos politizados marroquinos (de música chaabi/gnawa).

DISQUES GAM
Marrocos

Esta gravadora de Casablanca começou em 1976 lançando discos do grupo *Jil Jilala* e do músico Abdou el Omari, ambos artistas importantes que tocavam música berbere/marroquina tradicional com instrumentos modernos, e abordavam as realidades políticas de uma nova geração de jovens marroquinos.

LES DISQUES ICEM-CEL
França

ICEM é a sigla para *Institut Coopératif de L'École Moderne* (Instituto Cooperativo da Escola Moderna); e CEL significa *Coopérative de L'Enseignement Laïc* (Cooperativa de Educação Secular). Ambos nasceram do movimento internacional da Escola Moderna, e este é o seu projeto coletivo de gravações sonoras. Em geral, os lançamentos eram gravações de campo, algumas de música, outras relacionadas a pedagogia ou palestras. Alguns destaques: um LP com gravações de uma greve de 1973 na fábrica de relógios LIP e um compacto documentando a resposta de alunos de 8 e 9 anos às suas experiências durante a revolta de Maio de 68 (e como isso se relacionou com a aprendizagem). Além disso, também lançou uma série de títulos sobre pedagogia alternativa.

DISQUES PERSPECTIVE (A.S.B.L.)
Bélgica

Um selo de vida curta, criado em meados dos anos 1970 para lançar em disco o discurso de Léo Collard, "Socialisme: Perspective 75". Collard foi uma liderança do Partido Socialista da Bélgica. O selo também produziu um LP de música cubana (*Cuba Chante et Rit*), mas nenhum dos títulos apresenta data de lançamento. É possível que este selo tenha derivado da antiga gravadora do Partido Socialista (Belgische Socialistische Parti), também incluída neste volume.

DISQUES PAVÉ
França

Este selo lançou o compacto "Vive les Étudiants! (Chanson Enragée)", de Simon Saguy. A música é inspirada nos acontecimentos de Maio de 68, na França, e é possível que tenha sido lançada no final da sublevação (o disco não tem data). O número de catálogo é 200, mas não encontrei nenhuma informação sobre qualquer outro título do selo. O compacto foi coproduzido por uma pequena gravadora francesa/suíça de esquerda sionista chamada *Productions Nili*.

DISQUES SOL 7
Quebec

Selo criado por Stéphane Venne, *Disques Sol 7* parece ter sido pensado como uma plataforma para a cantora-compositora Emmanuëlle, de Quebec. Todavia, em meados dos anos 1970, o selo lançou o LP *Chansons et Musique de la Résistance Chilienne*, com *Inti-Illimani*, Ángel e Isabel Parra, *Quilapayún*, Illapu e um discurso de Salvador Allende. Embora não fosse um selo especializado em conteúdo político, o lançamento desse LP indicava o amplo apoio de muitos elementos da indústria fonográfica para os músicos exilados do Chile, bem como a resistência popular à ditadura militar.

DISQUE TERRA NOSTRA
Catalunha

Selo catalão, pró-independência, que lançou catorze discos entre 1977 e 1991. Entre eles, alguns LPs da série "Cançons Populars Catalanes/Chansons Populaires Catalanes".

DISTRICT 65 DWA
DISTRIBUTIVE WORKERS OF AMERICA
EUA

Sindicato de Nova York com um longo histórico de lutas. Produziu apenas um disco, *Dr. Martin Luther King Jr. Speaks to District 65 DWA*. Sem data, mas lançado depois da morte de King, em 1968 ou 1969. A contracapa afirma: "O Distrito 65 declara o aniversário de Martin Luther King, 15 de janeiro, feriado remunerado", antecipando o movimento para transformar o aniversário de King em feriado nacional, uma luta defendida pelos músicos Stevie Wonder e Gil Scott-Heron. O projeto foi sancionado em 1983.

DMO
França

Selo religioso dos anos 1960, começo dos anos 1970, que tinha algum tipo de ligação com o movimento da Juventude Operária Católica (JOC). Lançou pelo menos três discos em apoio ao sindicato trabalhista cristão. Para mais informações, ver JOC-JOCF.

DNG
Itália

O DNG nasceu a partir de outro selo, o Italia Canta, em 1963. Tinha uma forte conexão com os grupos *Cantacronache* e *Il Nuovo Canzoniere Italiano*, bem como uma clara inclinação marxista/esquerdista. O DNG pertencia e era administrado pela CEDI (Compagnia Editrice e Discografica Internazionale), uma editora musical italiana com sede em Torino.

DOLPHIN RECORDS
Irlanda

Uma gravadora de Dublin, cujo catálogo apresenta uma ampla variedade de música tradicional/folk irlandesa e celta, incluindo vários grupos pró-republicanos, que apoiavam a liberdade da Irlanda do Norte. Tenho um LP do grupo *Dublin City Ramblers*, intitulado *Irish Republican Jail Songs*. A banda *The Wolfe Tones* também lançou pelo selo discos como *'Till Ireland A Nation*, *Rifles of the IRA* e *Up the Rebels!*.

DOM
França

Lançou música folk/popular global, incluindo as prensagens francesas da série "Cile Canta e Lotta" (Chile Canta e Luta), da *Albatros Records*, com nomes como Victor Jara e *Inti-Illimani*. Também lançou um álbum com músicas da Revolução Mexicana, de um grupo chamado Los Ninos; e um LP de canções armênias, de Rouben Yerevantsi. Em meados dos anos 1970, a gravadora assumiu a distribuição da *Expression Spontanée*. No início da década seguinte a ES foi comprada pela DOM, que colocava adesivos sobre o logo da *Expression Spontanée* nas capas e reprensava alguns discos originalmente lançados pela ES.

DÓ LÁ SI DISCOS
Portugal

Selo focado na música de Cabo Verde e Guiné-Bissau, que lançou diversos discos no período pós-independência, de grupos politizados como *África Tentação*, *N'Kassa Cobra* e *Kolá*.

D.S.T. TELECOMMUNICATIONS, INC.
EUA

A ala de mídia da *Delta Sigma Theta*, uma irmandade negra fundada na Universidade Howard, em 1913. Com foco na educação feminina, direitos civis e saúde, a DST costuma reunir um número considerável de integrantes influentes para apoiar suas causas. Várias artistas importantes eram "Deltas", como Aretha Franklin, Roberta Flack e Lena Horne. Em 1975, a ala de mídia da irmandade usou essas conexões para lançar um LP duplo intitulado *Roses & Revolution*; o disco serviu para arrecadar fundos para os serviços oferecidos pela irmandade. A filial de Seattle da DST também lançou um álbum no mesmo ano: um LP, edição limitada, da trilha sonora do filme *Countdown at Kusini* (dirigido por Ossie Davis), assinada pelo músico camaronês Manu Dibango. A esposa de Ossie Davis, Ruby Dee, era uma Delta e participou do disco *Roses & Revolution*.

DT64 POLIT-SONG
Alemanha Oriental

Série de *singles* coproduzidos pelos selos AMIGA e ETERNA. DT64, o nome dado à série, era um programa de rádio feito por jovens na Alemanha Oriental, que na verdade tinham seu próprio selo, mas esses discos (Victor Jara, *Quilapayún*, *Jahrgang '49*, José Afonso e outros) foram lançados pela AMIGA e ETERNA. Independentemente disso, todos os discos traziam o logo *Polit-Song*. Depois da queda do Muro de Berlim, alguns punks alemães lançaram um compacto beneficente, na esperança de manter a DT64 funcionando como uma rádio jovem, mas ela acabou fechando as portas em 1993.

DUBIOUS RECORDS
EUA

Selo do texano Bill Oliver, um veterano de guerra e cantor folk. Durante as décadas de 1970 e 1980, ele caiu na estrada (pelos EUA) com seu amigo Glen Waldeck como "trovadores ambientais", tocando folk-rock com temática ecológica. Em 1976, a *Dubious Records* lançou um compacto com duas músicas: "Fourth of July in Chu-Lai" e "Little Rocks and Big Holes (In the Road)". O lema do selo era "*Dubious Records* falam por si".

EARTHWORKS
Reino Unido

O selo *Earthworks* começou em 1981, como uma subsidiária da *Virgin* para *world music*, mas foi vendido para a *Stern's Africa* em 1992. Com foco na África Austral nos anos 1980 e início dos 1990, era inevitável que uma parte significativa da produção da gravadora fosse politizada. Lançou mais de uma dúzia de álbuns sul-africanos de *township jive*, e outros tantos de música chimurenga do Zimbábue. Além disso, a *Earthworks* lançou o LP *Nelson Mandela*, de Youssou N'Dour, e uma ótima coletânea chamada *Rai Rebels*.

EAST
EUA

Em 1970, este selo promocional foi criado para lançar um compacto de James Spaulding, com "Uhuru Sasa" no lado A e "Give It Up" no lado B. Spaulding é um saxofonista e flautista americano que tocou com Sun Ra, Max Roach,

Pharoah Sanders e muitos outros. Ele afirmou que a ideia original era doar os lucros desse disco para a escola afrocêntrica *The East*, do Brooklyn, mas essa parte do projeto não se concretizou.

EAST/WEST WORLD RECORDS
EUA

Com foco em artistas asiático-americanos, este selo folk e pop foi criado pelo saxofonista nipo-americano Alan Furutani, no começo dos anos 1980. O selo teve vida curta e lançou apenas dois LPs. O primeiro, de 1982, foi um split com Chris Iijima e Charlie Chin, uma espécie de continuação para o seminal *A Grain of Sand* (*Paredon Records*, 1973). O segundo, que saiu um ano depois, foi um LP do *Visions*, grupo pop-jazz asiático-americano, com participação e produção de *Furutani*.

EDIÇÃO COMITÊ PORTUGAL
Bélgica

Com sede em Bruxelas, esta era provavelmente a ala editorial de um comitê belga-português de solidariedade. Em parceria com o selo *Otav*, lançou um 7 polegadas (sem data) chamado *Canções Revolucionárias Portuguesas*, da cantora Luisa Basto, uma militante do Partido Comunista. Luisa também gravou alguns *singles* em apoio à revolução pelo selo *ZipZip*.

EDIÇÃO DA COMISSÃO ORGANIZADORA DAS COMEMORAÇÕES DO 25 DE ABRIL, DIA DA LIBERDADE
Portugal

Essa comissão – dedicada à memória da Revolução dos Cravos em Portugal – lançou um compacto de Pedro Osório no aniversário de cinco anos da revolução. O vinil traz a interpretação de Osório para "Grândola, Vila Morena", canção de José Afonso usada pelos militares rebelados como a deixa para iniciar seu levante de esquerda, em 1974.

EDIÇÃO FORA DO COMÉRCIO – OFERTA DOS COMUNISTAS BRASILEIROS A SEUS AMIGOS
Reino Unido/França/Itália

Encontrei poucas informações sobre este selo, mas, ao que parece, tratava-se de um grupo de comunistas brasileiros exilados na Europa que organizou alguns discos de música popular brasileira e samba nos anos 1970. O primeiro LP, em homenagem ao Dia Internacional da Mulher de 1975, chamava-se *A Mulher na Música Popular Brasileira*: um mix de canções de mulheres e sobre mulheres, incluindo faixas de artistas consagrados como Chico Buarque e Caetano Veloso. Foi produzido no Reino Unido. Depois, em 1977, veio um segundo disco, lançado na França com o título *Música Popular Brasileira*. Outro LP foi lançado na Itália: *Canzoni e Danze Popolari del Brasile* (com Martinho da Vila, Clara Nunes, Paulinho da Viola, dentre outros). Na França também saiu uma fita cassete editada por este grupo. O nome do selo é um mistério, já que não há evidências da existência dessa organização. Talvez o nome tenha sido uma solução legal para evitar problemas com direitos autorais, oferecendo os discos como "presentes". O "Fora do Comércio"[2] parece indicar algo nesse sentido de não serem itens vendáveis.

EDIÇÃO
Instituto Caboverdeano de solidariedade

EDIÇÃO INSTITUTO CABOVERDEANO DE SOLIDARIEDADE

Holanda

Uma organização de solidariedade holandesa que lançou dois discos: um LP do cantor cabo-verdiano Zézé, com acompanhamento de Paulino Vieira; e um compacto dos *Kings*, intitulado *1 de Junho – Dia Internacional da Criança* (que traz a faixa "*Flor Di Nos Revolução*").

ediciones américa hoy

EDICIONES AMÉRICA HOY

Uruguai

Um selo de *nueva canción* do início dos anos 1970, que lançou cerca de três dúzias de discos. O foco estava nas gravações de militantes do Chile e de Cuba, com discos de Che Guevara, Nicolás Guillen, Carlos Puebla, Inti-Illimani e família Parra. A gravadora também lançou material de músicos uruguaios engajados, como Héctor Numa Moraes e Yamandú Palacios.

ediciones FRENTE

EDICIONES FRENTE

Uruguai

Um pequeno selo de *nueva canción* que produziu quatro compactos, em algum momento do fim dos anos 1960, começo dos anos 1970. Foi lançado um *single* de Violeta Parra, e duas coletâneas dedicadas à luta armada: uma delas, chamada *Che Vive*, reuniu um time de estrelas uruguaias (Daniel Viglietti, Alfredo Zitarrosa, *Los Olimareños*); a outra, intitulada *La Guerrilla*, trazia uma mistura interessante de artistas cubanos, franceses e italianos.

---

2 **Em alguns selos aparece erroneamente "Comérico", em vez de "Comércio". [N. T.]**

EDICIONES JORGE CALVO
Argentina

Este selo foi usado para produzir apenas um LP, da banda argentina de *nueva canción Los Indianos*, em comemoração ao 10º Congresso da Federação da Juventude Comunista da Argentina, em 1974.

EDICIONES MARGEN
Venezuela

Na década de 1970, produziu um engajado LP de *nueva canción/nueva trova*, chamado *En Pos Del Sol: Canto y Lucha de Latinoamerica*, apresentando muitos dos grandes nomes do gênero: Paco Ibáñez, Victor Jara, Pablo Milanés, Angel Parra, Carlos Puebla, entre outros.

EDIÇÕES AVANTE
Portugal

Um selo/editora ligado ao Partido Comunista Português. Lançou discos musicais, mas também discursos proferidos em congressos do partido na década de 1970, cuidadosamente embalados em caixas e acompanhados de livros e cartazes.

EDITIONS BORGSON
Benim

A *Borgson* foi uma gravadora dos anos 1970 que lançou uma dezena de discos, a maioria dos grupos *Orchestre Super Borgou* de *Parakou* e *Tout-Puissant Poly-Rythmo de Cotonou* (ambas *big bands* de rumba/afrobeat com profundas simpatias nacionalistas). Dentre as músicas lançadas pelo selo, destaco duas: "Non a L'Exploitation de L'Homme par L'Homme" (Não à Exploração do Homem pelo Homem) e "Hommages aux Martyrs du 16 Janvier 1977" (Homenagem aos Mártires de 16 de janeiro de 1977) – esta última, um tributo àqueles que frustraram uma tentativa de golpe no Benim, em 1977, liderada por mercenários estrangeiros contra os militares marxistas-leninistas.

EDITIONS KM5
República Centro-Africana

Selo do cantor, guitarrista e compositor Tieri Yezo (também conhecido como Thierry Yezó). Com este selo, Tieri lançou um punhado de discos entre o final dos anos 1970 e o início da década seguinte. Destaco um 12 polegadas chamado *À Nos Frères qui Sont Morts dans les Rues et la Prison de Bangui pour Notre Liberté – Janvier et Avril 1979* (Aos nossos irmãos que morreram nas ruas e na prisão de Bangui por nossa liberdade – janeiro e abril de 1979). Bangui é a capital e maior cidade da República Centro-Africana, e o título do disco é uma referência aos protestos de 1979, liderados por estudantes contra o autocrata militar Jean-Bédel Bokassa, que em 1976 se declarou "Imperador Bokassa I" do recém-criado Império Centro-Africano. Mais de cem estudantes – a maioria adolescentes e jovens – foram mortos pelo governo durante a repressão ao movimento.

EDITIONS MUSICALES DU GRAND SOIR
França

Em 1974, este selo foi criado para lançar uma coletânea em vinil chamada *Pour en Finir avec le Travail: Chansons du Prolétariat Révolutionnaire – Vol. 1* (Para acabar com o trabalho: canções do proletariado revolucionário). O álbum traz uma coleção de músicas com toques situacionistas, com temas escritos por Guy Debord, Raoul Vaneigem e Alice Becker-Ho. "*Chanson du CMDO*" (sigla para Conselho pela Manutenção das Ocupações), escrita por Becker-Ho, é uma ode ao comitê de greve de Maio de 68, que defendia a forte proposta comunista de manter a paralisação geral, em vez de negociar com o Estado. O "Vol. 1" no título indica o planejamento para outros discos, mas não creio que esse plano tenha dado certo.

EDITIONS SYLIPHONE CONAKRY
Guiné

O selo nacional da Guiné, cujo nome original era *Silly Phone*. No começo dos anos 1960, produziu uma série de compactos, até receber o novo e mais pomposo nome de *Syliphone* em 1967, cortesia do então presidente Sékou Touré. O selo era um projeto nacionalista desenvolvido a partir do movimento mais amplo pela independência africana, e, ao contrário de muitas gravadoras africanas focadas na música popular, apresentava uma ampla seleção de folk, jazz, corais, música marcial e até balé. Diferentemente de algumas antigas colônias britânicas (como Nigéria, Gana e Quênia), as colônias francesas – como Guiné – nunca tiveram fábricas de discos, portanto os vinis eram prensados no exterior. Muito dessa produção se deu na Iugoslávia e na Alemanha Oriental, como um efeito colateral da relação antagônica de Touré com os antigos senhores coloniais franceses. Quando essa relação se desfez, a gravadora começou a produzir na França e importava os discos para distribuição nacional.

EDITORI RIUNITI
Itália

Editora ligada ao Partido Comunista Italiano (PCI), com sede em Roma. Nos anos 1960, lançou uma série de *flexi discs*, incluindo a poesia do autor comunista turco, Nâzim Hikmet, e uma gravação de campo do massacre de Reggio Emilia, ocorrido em 7 de julho de 1960, quando cinco trabalhadores e membros do PCI foram mortos pela polícia durante um protesto. Nas décadas de 1970 e 1980, o selo produziu alguns 7 polegadas, como uma celebração de Lênin e discursos dos líderes do partido. Às vezes, esses compactos eram encartados nos "almanaques" anuais do Partido Comunista.

EDIZIONE CORSICA
França

Durou apenas dois anos (1983-1985), mas, nesse curto intervalo, lançou uma dúzia de títulos de música experimental politizada. Entre eles: um disco de canções palestinas do cantor tunisiano Mohamed Bhar; um LP da *Intercommunal Free Dance Music Orchestra*; e alguns lançamentos, apenas em fita cassete, de música albanesa. Também produziu álbuns focados nas tradições musicais da região de Morvan, na Borgonha. Creio que a *Edizione Corsica* era – ao menos parcialmente – conduzida por Jean-Pierre Graziani, que já havia fundado a *Disques Vendémiaire*.

EDIZIONI CIRCOLO CULTURALE POPOLARE MASSA
Itália

Selo de uma organização anarquista italiana que lançou apenas um LP, em 1976, do Collettivo del Contropotere: *L'Estate dei Poveri – dalla Realtà di Classe al Progetto Libertario*. Os fundos arrecadados com esse disco foram usados para ajudar a Radio Popolare Massa.

EDIZIONI DEL VENTO ROSSO
Itália

O selo do grupo *Canzoniere Nazionale del Vento Rosso*, que lançou alguns poucos discos no começo da década de 1970. Tenho uma cópia do LP *Han Gridato Scioperiamo* (em tradução livre, "Eles gritaram 'estamos em greve'"), que possui uma capa bilíngue (italiano e alemão) e foi feito em parceria com o selo *Neue Welt*.

EDIZIONI DI CULTURA POPOLARE
Itália

Selo milanês de free jazz e improvisação, ativo durante alguns anos na década de 1970. A ECP tomou um rumo político mais direto com certos lançamentos, entre eles: um LP de folk politizado da *Cooperativa La Taba*; um disco de improvisação (sobre o meio ambiente) do *Quartetto di Guido Mazzon*; um álbum (*spoken word* e improvisação) de solidariedade ao povo palestino, de Gaetano Liguori e Giulio Stocchi; e a edição italiana do LP *The People United Will Never Be Defeated!*, de Frederic Rzewski. É provável que, após um pacote inicial de lançamentos, a ECP tenha sido produzida e distribuída pela *Vedette*, já que todos os discos carregam números de catálogo VPA (assim como os títulos dos outros subselos da *Vedette*: *Albatros*, *I Dischi dello Zodiaco* e *Way Out*).

EDIZIONI LOTTA POETICA
Itália

O selo *Lotta Poetica* (Luta Poética) lançou cerca de duas dúzias de vinis entre os anos 1970 e 1980. Todos os discos faziam parte de uma série chamada "*Radiotaxi*", e traziam poesia sonora de vanguarda e som experimental. Fundado pelo poeta italiano Sarenco, o selo produziu discos de uma lista impressionante de poetas e *performers*, incluindo material do *Guerrilla Art Action Group* e do poeta anarquista-pacifista Jackson Mac Low. Outros nomes do catálogo: Julien Blaine, Henry Chopin, Paul De Vree e Hermann Nitsch.

EDIZIONI MOVIMENTO STUDENTESCO
Itália

Surgiu do movimento estudantil de esquerda radical de Milão e lançou oito discos no início dos anos 1970. Muitos desses discos foram creditados ao *Movimento Studentesco Milanese*, mas, na verdade, as músicas foram tocadas e gravadas pela banda *Stormy Six*. A solidariedade à Palestina é um tema recorrente em vários títulos do selo, tanto nas letras quanto nas artes dos discos.

EDUCATION PROLETARIENNE/ PROLETARIESE OPVOEDING
Bélgica

Também conhecido como EPO, este era o braço editorial da organização comunista *Alle Macht Aan de Arbeiders* (Todo poder aos trabalhadores), que mais tarde se tornou o Partido do Trabalho da Bélgica, um grupo de esquerda bastante amplo, que tentava reunir as linhagens comunistas da União Soviética, China, Cuba e Albânia. No início dos anos 1970, o EPO produziu um compacto chamado *4 Strijdliederen/Chants De Lutte* (4 Canções de Batalha). O disco traz um encarte com as letras, mas não menciona os nomes dos músicos que participaram da gravação.

EF INFORMATION
Dinamarca

Na Dinamarca do início dos anos 1970, existiram muitos grupos contrários à Comunidade Econômica Europeia (a pré-história da União Europeia): *EF Information* era um desses grupos. Em 1972, organizaram um compacto do grupo de *progg Den Røde Lue*, com duas músicas criticando o mercado comum. A produção do disco ficou por conta do pequeno selo independente *Musa*.

EGREM
Cuba

A *Empresa de Grabaciones y Ediciones Musicales* (Empresa de Gravações e Edições Musicais), mais conhecida como EGREM, foi fundada em 1964 para ser a gravadora estatal de Cuba, substituindo a Imprenta Nacional de Cuba. A EGREM manteve o monopólio da produção e distribuição da música cubana por mais de vinte anos. Era a entidade controladora de todos os selos da ilha, incluindo *Areito* e *Casa de Las Américas*.

EIGELSTEIN
Alemanha Ocidental

Um selo de Colônia, que surgiu a partir da gravadora *Neue Welt*. Enquanto a *Neue Welt* era mais focada em folk internacional extremamente politizado, a *Eigelstein* alcançava o krautrock, o *progg*, a new wave e o punk. Muitos lançamentos eram politizados, mas de uma forma menos didática e mais pessoal, especialmente a partir do início dos anos 1980.

EKO
Suécia

Um pequeno selo de *progg*, que lançou apenas três compactos. Um deles, do grupo *Torvmossegossarna*, que saiu em 1979 e tinha uma explícita temática antinuclear: *Atomkraft? Nej Tack* (na tradução: Energia nuclear? Não, obrigado).

ENAFEC
Argélia/França

A *Entreprise Nationale des Fournitures Educatives et Culturelles* (ENAFEC, ou Empresa Nacional de Materiais Educacionais e Culturais) foi uma organização cultural argelina que também produziu vinis. Um dos projetos mais importantes da ENAFEC foi um *box set* (com três discos) do músico palestino Marcel Khalife, comemorando o aniversário de trinta anos da Frente de Libertação Nacional da Argélia, criada em 1º de novembro de 1954.

ENIGRAC
Nicarágua

Sigla para *Empresa Nicaragüense de Grabaciones Artisticas y Culturales* (em português, Empresa Nicaraguense de Gravações Artísticas e Culturais). Muito similar à cubana EGREM, a ENIGRAC foi a gravadora estatal criada em 1979 pelos sandinistas e seu Ministério da Cultura na esteira da Revolução Nicaraguense. Embora outros selos existissem no país (ver *Ocarina*), a ENIGRAC funcionou como uma gravadora e distribuidora central, produzindo e distribuindo todos os discos que saíam do território, mesmo que não os lançasse. No começo, a ENIGRAC recebeu um financiamento significativo e foi extremamente popular, lançando mais de cem LPs e *singles* entre 1980-88. Por fim, incorporou os outros selos, mas encerrou atividades em 1988, com a perda de poder dos sandinistas.

EN LUTTE!
Quebec

Não era apenas um selo, mas também uma organização política maoísta ligada ao Novo Comunismo, cuja sede ficava em Montreal. No seu auge, expandiu-se para ter livrarias em quatro cidades canadenses, incluindo Toronto e Vancouver. Grande parte do seu material era bilíngue, apresentando o nome do grupo como *In Struggle!* em inglês. A organização En Lutte! Foi fundada por Charles Gagnon, um ex-membro do grupo separatista quebequense FLQ (Frente de Libertação de Quebec), que se dividiu quando os nacionalistas desistiram da luta armada para ingressar no sistema eleitoral canadense. Em 1973, o grupo lançou seu primeiro LP, *Chants Revolutionnaires du Canada et du Monde* (Canções Revolucionárias do Canadá e do Mundo). O segundo LP saiu alguns anos depois com o título bilíngue *Ni la Feuille d'Erable, Ni le Fleurdelisé/Neither the Maple Leaf, Nor the Fleurdelisé* (Nem a Maple Leaf nem a Flor-de-lis). Este segundo disco não tem data, mas provavelmente é do final da década de 1970, já que o grupo terminou em 1982.

ERINVALE RECORDS

ERINVALE RECORDS
Desconhecido

Este selo lançou alguns compactos (sem data, mas provavelmente do início dos anos 1980) em apoio ao Exército Republicano Irlandês. Um deles trazia a música "Bobby Sands", com o Clontarff Trio. Aparentemente, também havia um selo chamado *Eranvale Records* (com o mesmo logo), que lançou um *single* de caráter menos político. É possível que a mudança na grafia tenha ocorrido para evitar a repressão. Os discos não apresentam um endereço, e tampouco indicam se foram feitos na Irlanda, Irlanda do Norte ou Inglaterra.

ESP-DISK
EUA

De Nova York, pioneira gravadora de música experimental, o ESP-Disk também lançou alguns registros socialmente conscientes e sonoramente desafiadores. Entre eles: nomes do jazz como *Revolutionary Ensemble*, *Sun Ra* e *Marzette Watts* ("Backdrop for Urban Revolution"); a banda *The Fugs*, de proto-punk-anarco-noise-folk; um álbum de *spoken word* de Timothy Leary; uma edição em vinil do jornal underground *The East Village Other*; e um disco de canções (do movimento) de direitos civis, intitulado *Movement Soul*.

ESAN OZENKI
País Basco

Importante selo basco fundado em 1991 por Fermin Muguruza, integrante da banda *Negu Gorriak*. O selo segue ativo, embora não tenha lançado material novo desde 2005 e interrompido a produção de vinis em meados dos anos 1990. Durante quinze anos, foi o lar não apenas das bandas *Negu Gorriak* e *Kortatu*, mas também de diversos artistas militantes do punk, *ska*, hip-hop e metal.

ETEENPÄIN!
Finlândia

Um selo de esquerda, o *Eteenpäin!* (traduzindo, *Adiante!*) durou de 1970 a 1977 e lançou trinta LPs. Na tradição de selos similares de outros países – como *Paredon* (EUA) e *Expression Spontanée* (França) –, o foco do *Eteenpäin!* não se limitava ao radicalismo da música local, mas também contemplava canções dos movimentos de libertação mundo afora, de Angola a Cuba, do Chile à Coreia, da Armênia à África do Sul. Não está claro se esse selo tem relação (ou inspiração) com outro de mesmo nome, criado em 1966 pelo músico experimental e provocador finlandês M. A. Numminen e pelo etnomusicólogo Pekka Gronow. O *Eteenpäin!* era produzido e distribuído por um selo independente mais estruturado, a *Love Records*.

ETERNA

ETERNA
Alemanha Oriental

Assim como a AMIGA, a ETERNA era uma subsidiária da gravadora estatal da Alemanha Oriental, a *Deutsche Schallplatten Berlin*. Seu nicho principal era a música clássica, mas nos anos 1960 começou a lançar hinos comunistas e antifascistas ("A Internacional", marchas soviéticas, cantos da Guerra Civil Espanhola, etc.). No final dessa mesma década, disparou um fluxo constante de música popular, incluindo *nueva canción*, bandas polit-folk mais jovens da RDA e discos documentando as edições anuais do *Festival des Politischen Liedes* (Festival da Canção Política), que traziam faixas de grupos comunistas de toda a Europa Oriental, Ocidental e Setentrional, bem como de muitos artistas das Américas. Nos anos 1970, a gravadora lançou diversos compactos políticos, incluindo a série DT64 *Polit-Song* (um subselo compartilhado com a AMIGA; para mais informações, ver DT64), e também algumas gravações com o selo *Solidarity Mit Chile* (Solidariedade com o Chile).

ETHIOPIAN TOURIST ORGANIZATION
Etiópia

Um dos verbetes mais estranhos neste livro: a *Ethiopian Tourist Organization* lançou um compacto (produzido no Quênia) chamado *Revolution Song*, em homenagem à Revolução Etíope de 1974. Embora não apresente uma data precisa, é provável que tenha sido produzido no final dos anos 1970, em comemoração ao Derg (a junta militar que governava a Etiópia na época) e seu líder Mengistu Haile Mariam, que conduziria o país como chefe do Estado comunista de 1975 a 1991. Mengistu foi o arquiteto do "Terror Vermelho": expurgos ao estilo de Stálin daqueles que enxergava como inimigos (ou com potencial para tanto). O crédito de composição de uma das canções do 7 polegadas é atribuído a Mariam.

EWURO PRODUCTIONS
Nigéria

Selo criado apenas para lançar o LP *Unlimited Liability Company* (1983), uma crítica ao clientelismo corporativo pós-independência da Nigéria disfarçado como um disco de *highlife*. As letras foram escritas por Wole Soyinka e a música tocada por *Tunji Oyelana & The Benders*, uma popular banda de *highlife* nigeriana, que lançou pela EMI. *Ewuro* significa "folha amarga" em iorubá.

EX RECORDS
Holanda

The Ex é uma banda punk/experimental holandesa que emergiu da cena anarquista e de squats de Amsterdã, no final dos anos 1970. Ainda que tenha usado vários nomes de selos em seus primeiros discos (como *More Dirt Per Minute*, FAI e *Eh Records*), a maioria foi lançada por conta própria e carregava números de catálogo da *Ex Records*, mesmo que não fossem identificados como "*Ex Records*". De certo modo, o selo estava alinhado com uma ampla tendência DIY entre as bandas anarco de lançar álbuns independentes; mas, diferentemente do *Crass Records* ou da *Agit-Prop* (do *Chumbawamba*), a *Ex Records* só lançou discos do *The Ex* e dos projetos paralelos dos membros da banda.

EXPRESSION SPONTANÉE
França

Direto das rebeliões dos estudantes e trabalhadores franceses durante o Maio de 68, a *Expression Spontanée* foi fundada por Jean Bériac para lançar músicas inspiradas pelos protestos. Em junho de 1968, quando o levante estava perdendo força, foram lançados compactos de Dominique Grange e de um grupo chamado *Les Barricadiers*. A *Expression Spontanée* se tornou um selo de esquerda radical, com um catálogo diversificado em termos geográficos e também em relação aos estilos musicais. Funcionou de 1968 até 1981. Dentre os selos presentes neste livro, apenas alguns poucos têm um foco tão amplo, explicitamente internacionalista e de esquerda (*Paredon*, *Eteenpäin!* e *Trikont* são alguns deles). A ES lançou cerca de 75 álbuns e *singles*, incluindo folk regional europeu, *nueva canción* (com destaque para os chilenos), canções da Palestina, discos documentando a luta política (como o Maio de 68 ou uma greve das telecomunicações francesas em 1975), música infantil, canções feministas e muito mais. Na década de 1970, a ES distribuía (e, possivelmente, até produzia) os discos dos selos *Trikont* e *I Dischi del Sole* na França. No início da década seguinte, quando o selo estava encerrando atividades, foi absorvido pelo seu distribuidor, o DOM, levando a uma sobreposição confusa em alguns lançamentos. Por exemplo: *Chants de Révoltes et de Liberté* (sem data), da cantora Rosalie Dubois, tem o logo da ES na capa e um número de catálogo específico da gravadora (ES-67), mas os rótulos do vinil apresentam apenas o logo do DOM. Em outros discos, *Expression Spontanée* está adesivado nas capas, com o DOM identificado como produtor e distribuidor.

EXTRAPLATTE
Áustria

O *Extraplatte* foi um selo de Viena que durou bastante tempo. Começou em 1978, mais direcionado ao folk, mas logo expandiu para o rock, jazz e música experimental. Em seus 35 anos de funcionamento (decretou falência em 2013), lançou cerca de mil discos, mas foi apenas nos primeiros dois anos que houve uma atenção real à política. Entre os lançamentos iniciais, alguns destaques: uma coletânea em vinil dedicada ao combate à energia nuclear, *Künstler Gegen Zwentendorf* (Artistas Contra Zwentendorf); vários discos de nomes politizados do folk e do rock, como Auflauf e Walter Mossman; e uma compilação (coproduzida com o selo *Eigelstein*, da Alemanha Ocidental) contra o jornal de direita *Bild*.

FABULOUS RECORDS
EUA

Com produção e distribuição da gravadora *Olivia Records*, a *Fabulous* era a casa de June Millington, guitarrista filipino-americana e cofundadora (com sua irmã, Jean) do grupo feminino de rock, Fanny, no início dos anos 1970. June começou a trabalhar com Chris Williamson em meados da década de 1970, então saiu do armário e, depois de gravar um LP com Williamson e sua então parceira, Jacqueline Robbins, relançou sua carreira solo com a *Fabulous Records*. O selo lançou vários discos de June Millington, além de um LP em parceria com sua irmã e um álbum que ela produziu da popular vocalista de reggae Pam Hall.

FALKENSCHEIBEN
Alemanha Ocidental

Um selo folk-rock de Bonn que lançou três LPs, apresentando os então populares "songgrupes" políticos, que misturavam folk, *schlager* e música de cabaré. *Falkenscheiben*, cuja tradução é "Discos Falcões", era a gravadora dos Falcões Vermelhos (*Rote Falken*) e da Juventude Socialista da Alemanha (*Sozialistische Jugend Deutschlands*).

FÉDÉRATION DES TRAVAILLEURS ET TRAVAILLEUSES DU QUÉBEC
Quebec

A maior federação de sindicatos de Quebec, a FTQ foi fundada em 1957 e tem uma história complexa. Nos anos 1970 e começo dos 1980, contou com setores bastante militantes, além de uma tendência nacionalista bem demarcada. A federação ajudou a produzir uma série de discos, entre eles: o LP *Chante Les Travailleurs*, de Raymond Lévesque, de 1975 (lançado pela gravadora *Deram*); o álbum feminista de rock psicodélico/folk/jazz *Si On Est Ensemble* (1979), gravado pelo grupo *8 Mars* (ou seja, 8 de Março, Dia Internacional da Mulher) e lançado pelo selo *Kébec-Disc*; e um compacto do cantor e compositor Luc Cousineau, com duas faixas, "Avec Tes Outils" ("Com suas ferramentas") e "Pas De Chantier Sans Outils" ("Nenhum canteiro de obras sem ferramentas").

FÉDÉRATION ESPAGNOLE DES DÉPORTÉS ET INTERNÉS POLITIQUES
França

A *Fédération Espagnole des Déportés et Internés Politiques* (Federação Espanhola de Deportados e Presos Políticos) foi uma organização política de exilados espanhóis na França. Em meados dos anos 1960, lançou um compacto com canções folclóricas de Juan Vilato e Ricardo Garriga. O *single* chamava a atenção para a gravidade da situação dos deportados e exilados espanhóis no pós-Guerra Civil, comparando seus destinos com aqueles que foram mantidos no campo de concentração nazista Mauthausen.

FÉDÉRATION NATIONALE DES DÉPORTÉS ET INTERNÉS RÉSISTANTS ET PATRIOTES
França

A *Fédération Nationale des Déportés et Internés Résistants et Patriotes* (Algo como Federação Nacional dos Combatentes e Patriotas da Resistência Deportados e Presos) foi fundada por sobreviventes dos campos de concentração na França, logo após a derrota nazista. A *FN-DIRP* se dedicava a manter a memória dos que morreram nos campos e a pesquisar os crimes de guerra nazistas. Nos anos 1960, a federação lançou um compacto dos *Chorales de la Fédération Musicale de Paris*, intitulado *Le Chant des Partisans* (produzido e distribuído pelo selo *Le Chant du Monde*), e também patrocinou um lançamento, nos anos 1970 ou 1980 (o disco não tem data), de Jean-Pierre Rosnay chamado *Poésie de la Résistance et de la Déportation* (pelo selo *Voxigrave*).

THE FELLOWSHIP OF RECONCILIATION
EUA

É um dos mais antigos grupos inter-religiosos de paz e justiça do mundo, e começou nos Estados Unidos lutando por objetores de consciência durante a Primeira Guerra Mundial. Também se envolveu no movimento contra a Guerra do Vietnã. No final dos anos 1960, lançou dois LPs de *spoken word*: *Poets for Peace* (usando o nome The Spoken Arts of the Fellowship of Reconciliation) e *Cry of Vietnam* (com o nome The Compassionate Arts of the Fellowship of Reconciliation). *Cry of Vietnam* traz um jovem Thích Nhat Hanh.

FEMME RECORDS
EUA

Este selo lançou apenas um LP no começo dos anos 1970: *Reviving a Dream: Songs for Women's Liberation*, uma compilação de canções folk feministas, interpretadas por *Ruth Batchelor and Voices of Liberation*. Batchelor foi uma artista pop que lançou alguns *singles*, mas também compôs canções para trilhas sonoras de filmes e para nomes fortes do R&B, como Ben E. King e Elvis. Na década de 1970, deu uma guinada acentuada em direção à libertação das mulheres, lançando este LP, bem como alguns compactos (por exemplo, "Barefoot and Pregnant" e "Stand and Be Counted", pela *Pye Records*, em 1974).

FINAL CALL RECORDS
EUA

The Final Call é o jornal da Nação do Islã, e é também um dos muitos nomes que a organização usou quando lançou discos (em alguns lançamentos apareceu como *F/C Records*). Outros selos da Nação do Islã: *A Moslem Sings*, AVC Records, Black Family Records, Muhammad's Mosque of Islam, Salaam Records e *7 Speeches*. Em geral, os discos lançados pela organização traziam músicas ou discursos de Louis Farrakhan (como Louis X, e antes disso como um cantor de calipso chamado *The Charmer*).

FINNADAR RECORDS
EUA

Selo de música clássica (experimental e contemporânea), capitaneado por Ìlhan Mimaroglu, um músico turco especialista em manipulação de fitas magnéticas. Para além da natureza politizada da experimentação livre, a gravadora também lançou discos de Frederic Rzewski e John Cage, bem como o álbum *Bamboo That Snaps Back*, de Fred Houn, um épico de jazz marxista sobre a história asiático-americana.

FIRE ON THE MOUNTAIN
EUA

Lançou apenas um LP, *Out of the Darkness* (1984), uma coletânea antinuclear, com nomes como *Holly Near*, *Pete Seeger* e *Sweet Honey in the Rock*. O vinil foi uma tentativa de apoio ao movimento contra a energia nuclear. Cópias a preço de custo foram oferecidas a organizações parceiras para que pudessem vender o disco e levantar algum dinheiro.

First Amendment RECORDS

FIRST AMENDMENT RECORDS
EUA

Eis o selo que lançou, postumamente, um discurso de Malcolm X em Detroit, intitulado *Ballots or Bullets*. O encarte afirma que todo o lucro seria destinado a Betty Shabazz, a viúva de Malcolm. Esta foi uma das diversas iniciativas que prensaram discos de Malcolm X logo após a sua morte, quando estava no auge da popularidade.

FLAT EARTH COLLECTIVE
Reino Unido

Um selo anarcopunk de longa data, que começou em 1986 como um coletivo formado por integrantes de duas bandas, *Generic* e *One by One*. O primeiro lançamento foi um compacto do *Generic*: *For a Free and Liberated South Africa*. Depois, vieram discos como o EP *An Injury to One Is an Injury to All*, do *Disaffect*, e a edição britânica do LP *Canciones Para Liberar Nuestras Fronteras*, do Los Crudos.

FLM
Bélgica

A sigla FLM significa *Fonds Leo Magits*, mas o nome completo nunca foi impresso nos discos. Era um selo holandês-belga que lançou dois vinis: o primeiro, de 1978, foi um compacto com uma versão do hino "A Internacional" (no caso, "De Internationale"); o segundo, de 1982, uma coletânea chamada *Boos Blijven*, com uma ampla gama de bandas, estilos e assuntos políticos (incluindo canções sobre guerra nuclear, antifascismo, solidariedade e muito mais). A mesma compilação foi lançada na Holanda pelo selo VARAgram. O conteúdo dos dois discos e a rosa vermelha no logotipo do selo indicam que a FLM era partidária do socialismo democrático.

FLVM
França

Faites le Vous-Même (FLVM) – ou seja, "Faça você mesmo". Não era exatamente um selo, mas uma organização que ajudava músicos a produzirem seus próprios discos. Criada pelo selo independente *Gratte-Ciel*, a FLVM funcionava quase como um clube de compradores cooperativos, negociando em nome de grandes grupos de artistas independentes para conseguir preços melhores na masterização e na prensagem nas fábricas de discos. Decidi incluí-la neste livro por conta de sua estrutura de ajuda mútua, e não pelo viés político de nenhum dos mais de 150 discos que ajudou a produzir de 1978 a 1988.

FLYING DUTCHMAN
EUA

Selo de jazz fundado pelo produtor Bob Thiele, o *Flying Dutchman* foi mais ativo entre 1969 e 1983. Mais conhecido nos círculos políticos como o selo de Gil Scott-Heron, também lançou discos de *spoken word* de Angela Davis e H. Rap Brown. Destaco ainda três documentários de áudio baseados em artigos de Pete Hamill e narrados por Rosko: um sobre o Massacre de Mỹ Lai, no Vietnã, outro sobre os estudantes baleados na Universidade Estadual de Kent, em Ohio, e um terceiro sobre o *People's Park*, em Berkeley, Califórnia.

FLYING FISH
EUA

Um selo de blues, country e folk de Chicago. A grande maioria do seu catálogo não é diretamente político, mas a *Flying Fish* lançou álbuns socialmente conscientes de nomes como *Sweet Honey in*

the Rock e *Si Kahn*, além de uma compilação documentando o *Great Hudson River Revival*, um festival em prol do *Hudson River Sloop Clearwater*, um projeto ambiental criado por Pete Seeger.

FOLDEF
Uruguai

Um pequeno selo da América do Sul especializado em *nueva canción*. Nos anos 1970, o *Foldef* lançou uma dúzia e meia de discos (baseado nos números de catálogo), incluindo um LP de Dean Reed, com uma incrível capa estilo pop art.

FOLKEBEVÆGELSEN MOD EF
Dinamarca

A tradução para o nome deste selo é: *Movimento Popular Contra a CE* (Comunidade Europeia). Foi criado em 1972 para lançar um *split* compacto com Louis Miehe-Renard e Den Røde Lue, como um gesto de oposição à entrada da Dinarmarca na *Europæiske Fællesskab* (Comunidade Europeia), precursora da União Europeia.

FOLKET I BILD/KULTURFRONT
Suécia

Esta revista de Estocolmo (cujo nome pode ser traduzido como "Pessoas em Imagens/Frente Cultural") foi fundada pelo autor Jan Myrdal, em 1972, como uma resposta de esquerda à venda e transformação da revista *Folket i Bild* em uma revista pornográfica masculina – criada pelos social-democratas suecos em 1934. No início, a publicação tinha conteúdo sociopolítico. A *Folket i Bild/Kulturfront* (*FiB/K*) se tornou uma importante agência de jornalismo investigativo, com uma equipe impressionante de jornalistas progressistas e conservadores, especialistas jurídicos e outros escritores (incluindo um dos meus romancistas policiais favoritos, Henning Mankell). Em 1977, a redação de Mariestad da *FiB/K* lançou um compacto do *Musikgruppen Vänervind*, chamado *Kampen för Stadsparken/Kampen mot Höga Hyror* (A luta pelo parque da cidade/A luta contra altos aluguéis), em parceria com o grupo habitacional *Hyresgästernas Riksförbund*.

FOLK FREAK
Alemanha Ocidental

Um selo folk de esquerda da Baixa Saxônia. Funcionou de 1977 até o final dos anos 1980, lançando cerca de cinquenta discos, incluindo alguns dedicados à questão da paz e temáticas ambientais. O logo do selo faz uma clara referência à popular representação europeia do anarquista como um sujeito travesso vestido de preto e usando chapéu, embora neste caso a bomba tenha sido substituída por um banjo.

FOLK INTERNAZIONALE
Itália

Uma série do selo italiano *Cetra*. Em meados dos anos 1970, a Cetra lançou cerca de vinte discos de folk internacional usando esse título. A série incluiu LPs do grupo Americanta e do duo Amerindios, ambos da América Latina, além de dois fantásticos discos da África lusófona: *Canti Rivoluzionari dell' Angola* e *Canti Rivoluzionari del Mozambico*. A maioria dos álbuns apresenta ilustrações de capa impressionantes de Beppe Madaudo.

FOLKSÅNG
Suécia

A Folk*sång* começou como o selo do grupo marxista de teatro/folk/*progg Fria Proteatern*, em 1971, mas também lançou discos de Mikis Theodorakis e de uma orquestra do Camboja, do período de Pol Pot (ou seja, do Kampuchea Democrático).

FOREIGN DISC
Japão

Com foco na música politizada produzida em todo o planeta, esta gravadora japonesa lançou meia dúzia de LPS entre 1974 e 1983. Entre eles, Inti-Illimani (Chile), Raimon (Catalunha) e compilações de folk vietnamita e canções de protesto europeias.

FOLKWAYS
EUA

A maior – e talvez a mais influente – gravadora neste livro, a *Folkways* lançou mais de 20 mil títulos de 1949 até a morte do seu fundador, Moses Asch, em 1987. O catálogo não se limitiva à música, mas gravações de campo, *spoken word* e até mesmo efeitos sonoros. A Folk*ways* apresentou grande parte da ala esquerda da cena folk dos EUA (Woody Guthrie, Cisco Houston, Peggy Seeger, Pete Seeger) e uma ampla gama de músicos ligados às lutas políticas internacionais – particularmente da África, com discos da Argélia, Angola, África do Sul e Sudão.

FORLAGET OKTOBER
Dinamarca

Uma editora comunista que também produziu alguns discos no final dos anos 1970. Destaco o álbum conceitual *Omslag*, do *Tekst & Musik Kollektivet*, uma tentativa de capturar a vida sob o capitalismo e a resistência ao sistema em canções que "fazem ouvir, balançar e sentir entusiasmo, sem cair no pop brando". O coletivo Tekst & Musik contava com integrantes de diversos grupos dinamarqueses, como *Oktobergruppen*, Valsevaerket e 1. Maj Gruppen (todos eles tinham relações com o selo *Demos*).

FORLAGET TIDEN
Dinamarca

Um selo político de folk e rock ligado ao Partido Comunista da Dinamarca (DKP, *Danmarks Kommunistiske Parti*), que funcionou por uma década, de 1973 a 1982. Lançou muitas coisas: materiais de grupos de teatro político; um 7 polegadas contra a OTAN, do grupo de rock *Den Røde Lue* (que também gravou pelo selo Demos); e um álbum de canções revolucionárias do DKU, a ala jovem do DKP.

FOURTH DAY
EUA

Organização católica sem fins lucrativos, com sede em São Francisco. Em suas próprias palavras, era "dedicada a divulgar as Boas Novas da libertação e do empoderamento humano". Fazia parte do Movimento de Cursilhos, um projeto católico de evangelização iniciado na Espanha, nos anos 1940 (e, portanto, de origem ligada ao fascismo). Em São Francisco, parece ter evoluído – ao menos parcialmente – para uma organização de combate à pobreza. Em 1976, o *Fourth Day* lançou um LP, *Highlights from Concerts for the Hungry*, documentando um evento realizado na Grace Cathedral, com música folk, gospel e um coral de jazz. O disco foi distribuído pelo St. Benedict's Center for the Deaf e os lucros foram doados para "organizações locais de combate à fome".

FORWARD SOUNDS INTERNATIONAL LTD
FORWARD SOUNDS INTERNATIONAL
Reino Unido

Selo londrino dos anos 1980, que foi a casa do cantor e compositor de folk politizado Rory McLeod, e do grupo de rap/electro experimental *Akimbo*. Também lançou um LP beneficente em apoio à greve dos mineiros, intitulado *Dig This: A Tribute To the Great Strike* (1985), com Chumbawamba, The Ex, Poison Girls, The Mekons, entre outros. Quatro dos seis lançamentos do selo apresentam capas criadas pelo artista anarquista Clifford Harper.

FOTÓN
México

Foi uma das várias gravadoras que licenciaram os títulos da DICAP para o mercado mexicano, lançando diversos álbuns chilenos de meados dos anos 1970 até meados dos 1980. No pacote, discos de Victor Jara, *Inti-Illimani* e da família Parra. Também lançou álbuns de *nueva canción* e de *nueva trova* de nomes como Alfredo Zitarrosa (Uruguai), Vicente Feliú (Cuba), Magaly Tars (Cuba) e *Los Olimareños* (Uruguai). O selo trabalhou com poucos artistas mexicanos, incluindo o guitarrista de blues Javier Bátiz.

FRANCE-AMÉRIQUE LATINE
França

Como o nome indica, esta foi uma organização de solidariedade francesa que lançava álbuns de música popular dos países latino-americanos que apoiava. Tenho uma cópia do LP da banda Tepeuani, um grupo salvadorenho que apoiou tanto a armada FMLN (Frente Farabundo Martí de Libertação Nacional) quanto sua organização política mais "institucional", a FDR (Frente Democrática Revolucionária).

FRAUENBUCHVERTRIEB
Alemanha Ocidental

Uma distribuidora de livros femininos que também ajudou a lançar e distribuir um punhado de discos de rock e folk lésbicos alemães, no final dos anos 1970 e início dos 1980. Entre eles, álbuns de *Die Bonner Blaustrümpfe*, Carolina Brauckmann e *Lysistrara*.

FRAUEN OFFENSIVE
Alemanha Ocidental

Selo das *Flying Lesbians*, um coletivo feminino de rock e pop. O grupo era formado por sete mulheres, que tocaram juntas entre 1974 e 1977. Apenas um disco (autointitulado) foi lançado, em 1975. Embora as sete mulheres tenham sido creditadas no álbum, indicaram "Emily Pankhurst" como compositora, um pseudônimo que expressava a coletividade na composição (Pankhurst foi uma sufragista britânica do início do século XX). O grupo nasceu em 1974, no primeiro festival feminino de Berlim (Rockfete im Rock), e continuou a tocar em eventos e locais só para mulheres. Diferentemente de grande parte do movimento feminista, que gravitava em torno da música folk, elas apresentavam uma mistura diversificada e agressiva de pop, rock e jazz.

FREDSÅNG
Suécia

Na tradução, "Canção da Paz", era o selo do Comitê Sueco de Paz (*Svenska Fredskommittén*). Lançou apenas um compacto do grupo de *progg Röda Kapellet*, em 1982: no lado A "I mänsklighetens namn:

Fred" ("Em nome da humanidade: paz");
no lado B, "Våra krafter" ("Nossos poderes"). A gravadora de esquerda e estúdio de gravação *Nacksving* ajudou a *Fredsång* a produzir o vinil.

FREIE DEUTSCHE JUGEND WESTBERLINS
Alemanha Ocidental

O FDJW/*Freie Deutsche Jugend Westberlins* (Juventude Alemã Livre de Berlim Ocidental, em tradução livre) era um partido político, a seção de Berlim da FDJ. É uma verdadeira sopa de siglas, mas a FDJ era o braço jovem do Partido Socialista Unificado da Alemanha (SED, *Sozialistische Einheitspartei Deutschlands*), que era uma frente em Berlim Ocidental para o Partido Comunista da Alemanha Oriental, que havia sido proibido no Ocidente. (O SED desempenhou um papel em Berlim muito semelhante ao desempenhado pelo DKP no resto da Alemanha Ocidental.) Enfim, o FDJW celebrou seu trigésimo aniversário lançando um *split* compacto com dois artistas esquerdistas de krautrock e folk, *Gruppe Vorwärts* e *Linkerton*.

FRELIMO
Moçambique

Famoso acrônimo usado para se referir à Frente de Libertação de Moçambique, organização política e militar que libertou o país do colonialismo português. Depois de iniciado o processo de independência, tornou-se o partido político governante do país. Originalmente com uma orientação marxista, segue agora uma versão do socialismo democrático. Herdou e usou a fábrica portuguesa de prensagem de discos em Moçambique (*Somodiscos*), mas não criou uma gravadora estatal como aconteceu em outros países comunistas, como Cuba e Nicarágua. Lançou discos usando diferentes alcunhas, como o nome da fábrica de discos, ou da estação de rádio estatal (Rádio Moçambique), ou ainda da gravadora de música popular *Ngoma* (que pode ter recebido patrocínio do governo, mas não era controlada pelo Estado como acontecia com gravadoras como a EGREM, em Cuba, ou a *Zhongguo Changpian*, na China).

FRENTE AMPLIO
Uruguai

Criada em 1971 numa tentativa de reunir a fraturada esquerda do Uruguai sob um único guarda-chuva eleitoral. Após sua fundação, lançou um compacto de Dean Reed e sua interpretação de "No Nos Moveran", um número gospel reaproveitado pela FA como sua música tema. A *Frente Amplio* também usou o nome *Ediciones MPU* para lançar discos. Em 1973, o grupo seria forçado à clandestinidade por um golpe de direita e não ressurgiria até 1984. Muito tempo depois, em 2004, a *Frente Amplio* conquistou a presidência e a maioria no congresso.

FRENTE DEMOCRÁTICO REVOLUCIONARIO
El Salvador

A FDR foi formada em 1980 a partir da fusão de dezenas de organizações populares de base (sindicatos, grupos estudantis, organizações de mulheres, etc.) e estava alinhada com a FMLN, o maior grupo armado de esquerda de El Salvador. Lançou um único LP (prensado no México, por causa de seu frágil status legal no país), no início dos anos 1980. Trata-se de um disco da *Banda Tepeuani*, que reuniu uma coleção de hinos da luta guerrilheira da esquerda. O mesmo álbum também foi lançado na Holanda, pela *Polypoepka*, e nos Estados Unidos, pelo *Monitor*.

FRETILIN/COMITÉ 28 DE NOVEMBRO
Timor-Leste/Portugal

A *Fretilin* (*Frente Revolucionária de Timor-Leste Independente*), foi o grupo armado (hoje um partido político) que lutou pela independência de Timor-Leste, de Portugal e, depois, da Indonésia. A *Fretilin/Comité 28 de novembro* usou diferentes nomes para lançar discos. Ver também o verbete sobre *Vento de Leste*, que acredito ser o nome usado pela *Fretilin* para os discos prensados e lançados em Portugal.

FRIENDS OF BOGLE RECORDS
Reino Unido

Braço musical da editora londrina *Bogle L'Ouverture*, especializada em livros afro-caribenhos, com nomes como Walter Rodney e Linton Kwesi Johnson no catálogo. O selo lançou apenas um disco, em 1986: *Come From That Window Child (An Anthology Of Poetry & Music)*. O suporte técnico para o álbum foi fornecido pelo *People Unite*, um politizado selo de reggae.

FRIENDS RECORDS
Canadá

Selo punk de Vancouver de vida curta (1979–82), que lançou discos do *D.O.A.* (que tem seu próprio selo, *Sudden Death Records*) e do *The Subhumans* (a banda canadense, não a britânica). O baixista do *Subhumans*, Gerry Hannah, também conhecido como Gerry Useless, foi membro de um grupo antiautoritário de luta armada chamado *Direct Action*. Nos anos 1980, Gerry passou um tempo na prisão por seu envolvimento em uma série de ações contra instalações nucleares, empresas militares privadas e livrarias pornográficas.

front antifasciste

FRONT ANTIFASCISTE
Bélgica

Lançou um compacto para documentar os protestos contra a abertura de uma sede da organização fascista italiana MSI em sua cidade, em 1975. Infelizmente, a cópia do disco que tenho está tão detonada que é impossível de tocar, mas a banda sem nome (creditada apenas como "Front Musical") soa como o folk político europeu, com conotações marciais e trabalhistas. O 7 polegadas apresenta numeração "006", mas não encontrei evidências de outros lançamentos.

FRIHETS FÖRLAG
Suécia

Na tradução, Editora Liberdade, era a divisão editorial da SSU, a Juventude Social-Democrata Sueca. Na década de 1970, lançou algumas coletâneas de folk politizado, com vários grupos (*Röda Röster*, *Trots Allt*, *Tabasco*) cantando sobre o Vietnã, o Chile e os direitos dos trabalhadores.

FRONT PAGE ENTERTAINMENT
EUA

Usado por KRS-One na sua carreira solo, começando pelo álbum *Return of the Boom Bap*, em 1993 (embora o disco tenha sido produzido e distribuído pela *Jive Records*). O primeiro vinil da Front Page lançado sem o apoio de uma major foi o promo de *Free Mumia* (1995), do Channel Live (feat. KRS-One).

FSLN
Nicarágua

A *Frente Sandinista de Libertação Nacional* (FSLN) é o grupo que liderou a Revolução Nicaraguense, mas também foi o nome usado para lançar um dos primeiros LPs que saiu após a revolução, em 1979. O nome do selo aparece apenas na prensagem nicaraguense do álbum *Guitarra Armada*, dos irmãos Mejía Godoy (que também foi lançado nos Estados Unidos, pela *Rounder*, no México, pela *Pentagrama*, e em Cuba, pela *Areito*). Embora o vinil pareça ter sido prensado na Nicarágua, a capa – uma velha capa de disco usada em outro lançamento, com uma folha de papel colada por cima – apresenta uma pequena etiqueta informando que foi impressa pela *Inkworks Press*, que era uma gráfica da Bay Area (Califórnia) administrada pelos próprios trabalhadores e ligada aos movimentos sociais. Conversei sobre a capa com Lincoln Cushing, ex-membro da *Inkworks*, mas ele não se lembra de a gráfica ter realizado esse serviço. Então, ficamos com um mistério: a *Inkworks* – que tinha um histórico de trabalho com a Nicarágua e os sandinistas – imprimiu as capas e as enviou para Manágua (pegando carona em algum envio solidário de suprimentos), ou um grupo de solidariedade da Nicarágua nos EUA lançou o disco para celebrar/apoiar a revolução?

FSM RECORDS
EUA

O selo do *Free Speech Movement* (*Movimento da Liberdade de Expressão*), de Berkeley, lançou um LP e um compacto em meados dos anos 1960. O LP apresenta uma mistura de músicas com gravações de campo dos protestos. Já o compacto, intitulado *Free Speech Carols*, traz onze versões *a capella* (e com temáticas do movimento) de canções de natal. Em 1984, saiu uma edição comemorativa de vinte anos do compacto, com uma nova capa. Outro registro de áudio com gravações de campo de comícios e discursos do *Free Speech Movement* foi lançado em 1964, pela KPFA, uma estação de rádio de Berkeley.

FU2U2
EUA

A banda *Negativland* escolheu este nome para lançar um *bootleg* do seu próprio disco, *U2*, depois do EP ter sido retirado das prateleiras por violação de direitos autorais. Originalmente, foi lançado no formato 12 polegadas (45rpm) pela SST *Records*, em 1991; e, em 1993, saiu o *bootleg* como um 7, com encartes fotocopiados em papéis de diversas cores.

FULL CIRCLE PRODUCTIONS
EUA

O selo responsável pelo LP *The Land Is Your Mother* (1984), de Floyd Westerman, um politizado cantor folk/country de Dakota. Westerman também lançou dois discos pelo selo independente *Perception*, em 1969 e 1970. Anos depois, o músico fez sucesso na Alemanha e teve esses álbuns relançados pela gravadora *Trikont* (que também assinou a edição alemã do disco *The Land Is Your Mother*).

FUSE RECORDS
Reino Unido

A *Fuse Records* foi criada em 1975 para lançar os discos dos ingleses Leon Rosselson e Roy Bailey, compositores e cantores de folk politizados. Não tenho certeza do envolvimento direto de nenhum dos músicos no funcionamento do selo, mas (juntos ou separadamente) tocaram em todos os lançamentos da *Fuse*.

FUSE MUSIC

FUSE MUSIC
EUA

Um projeto organizado por Mike Rawson e Rob Rosenthal. O *FUSE* lançou uma coletânea contra a austeridade econômica intitulada *Reaganomics* Blues (1984). Nomes importantes da cena folk politizada americana estão no disco, como Barbara Dane, Joe Glazer, Si Kahn e Holly Near. Muitas faixas da compilação já haviam sido lançadas em discos da Folk*ways*, *Paredon* e *Redwood Records*. Tanto Rawson quanto Rosenthal já tinham participado do LP *We Won't Move: Songs of the Tenants' Movement*, lançado pela *Folkways* em 1983. De muitas maneiras, *Reaganomics* Blues e *Seattle 1919* foram continuações desse projeto.

G RECORDS INTERNATIONAL
Filipinas

Selo de Freddie Aguilar, um cantor folk de protesto das Filipinas. Depois de lançar alguns álbuns por grandes gravadoras (em 1979 e 1980), ele se tornou cada vez mais marginalizado em razão de suas opiniões políticas, e acabou sendo banido da mídia do país pela ditadura de Ferdinand Marcos. Também trabalhou com selos politizados locais, como *Ugat Tunog Ng Lahi*. Pela *G*, Aguilar lançou meia dúzia de discos, incluindo a sua música mais conhecida: "Bayan Ko", sua versão de uma tradicional canção de protesto, que se tornou a música tema do movimento contra o regime de Ferdinand Marcos.

GALA GALA
Angola

Um pequeno selo angolano, que lançou uma série de *singles* e alguns LPs nos anos 1970. Assim como no caso dos selos *Movimento* e *Merengue*, vários desses discos tratavam dos temas do anticolonialismo e da libertação nacional. No catálogo, artistas como David Zé e Taborda Guedes. Uma particularidade do *Gala Gala* é que alguns vinis do selo foram fabricados em Moçambique, algo incomum na música angolana.

GARVEY RECORDS
EUA

Nome utilizado para lançar duas prensagens distintas de *Up You Mighty Race: Recollections of Marcus Garvey*, um interessante LP dos anos 1960 produzido pela *Marcus Garvey Benevolent Foundation*. O lado A é narrado por Amy Ashwood Garvey, a primeira esposa de Marcus Garvey e cofundadora da Associação Universal para o Progresso Negro (UNIA, *Universal Negro Improvement Association*). A UNIA é a maior organização negra da história dos EUA, com centenas de milhares de membros, talvez mais, nas décadas de 1920 e 1930 (o jornal do grupo, *The Negro World*, teve um pico de circulação de 500 mil exemplares). No lado B, seis faixas de calipso (com críticas sociais) executadas por *Lord Obstinate & The Tony Thomas Orchestra*. Esse disco funcionou como uma interessante ponte entre uma geração do pan-africanismo e a seguinte, que se infiltrava na cena pós-bop/free jazz da época.

GENERAL FEDERATION OF IRAQI WOMEN
Iraque

Uma organização política que lançou pelo menos um disco, em 1980: um LP com músicas do grupo coral *La Troupe Ghali*. A Federação foi fundada em 1969 pelo Partido Baath e era coordenada pelo regime. Todavia, em 1975, fundiu-se com a Liga das Mulheres Iraquianas, uma organização comunista, e conquistou algum nível de autonomia.

GEORG-BÜCHNER-EDITION
Alemanha Ocidental

Em 1978, este selo foi criado para lançar a coletânea *Osttangenten* Blues, que trazia músicos de folk político e bandas da cidade de Darmstadt. O disco foi um protesto contra a construção do anel viário Osttangente (Tangente Leste), uma rodovia de quatro pistas que enfrentou muitos questionamentos entre os anos 1970 e o início dos anos 2000, e não foi concluída até 2006. O nome do selo é uma homenagem a Georg Büchner, um dramaturgo romântico e naturalista alemão do século XIX, cujo trabalho humanizou e demonstrou profunda compaixão pelos oprimidos.

GESTE PAYSANNE UPCP
França

Geste Paysanne significa "Gesto Camponês"; e UPCP é a sigla para *Union pour la Culture Populaire en Poitou-Charentes-Vendée* (União para a Cultura Popular em Poitou-Charentes-Vendée). A UPCP foi fundada em 1968 para "defender e promover" a história e a cultura popular da região sudoeste da França, que tem suas próprias línguas/dialetos (incluindo o ocitano e o pictavo-sântone) e sistemas econômicos rurais. O selo *Geste Paysanne* lançou mais de sessenta discos, entre 1972 e o início dos anos 1990.

GEWERKSCHAFTLICHER LINKSBLOCK
Áustria

Numa tradução livre, *Gewerkschaftlicher Linksblock* significa *Bloco Sindical de Esquerda*. Também conhecido pela sigla GLB, esse grupo de trabalhado-res austríacos foi fundado na década de 1950 pelo KPÖ, o Partido Comunista da Áustria. Em 1984, a entidade soltou um compacto com o seu tema, *GLB-Lied*, na interpretação de Sigi Maron. Com certa regularidade, as músicas de Maron abordavam assuntos como energia nuclear, desemprego e capitalismo. Ele foi banido das rádios austríacas por três décadas, mesmo sendo um dos cantores de protesto mais populares do país.

GOLDEN TRIANGLE RECORDS
EUA

Em 1971, a *Golden Triangle* lançou o *single* da música "Free Angela", de Larry Saunders (*The Prophet of Soul*). O selo também produziu uma coletânea com o mesmo nome, reunindo canções de soul, funk e R&B em apoio ao Comitê Nacional para a Libertação de Angela Davis. Os discos foram organizados e produzidos por Alexander Randolph, que também administrava o selo *Sound of Soul* no mesmo escritório de Manhattan.

GONG
Espanha

Também conhecida como *Serie Gong*, essa subsidiária da *Movieplay* foi criada, em 1974, por Gonzalo Garciapelayo como um canal hispânico para a música latino-americana (e para o rock progressivo espanhol). Nos seus anos iniciais, foi o lar de muitos artistas da *nueva canción* e da *nueva trova* – o primeiro lançamento foi Victor Jara, seguido por um fluxo constante de álbuns da DICAP.

GOUGNAF MOUVEMENT
França

Um selo punk francês dos anos 1980, fundado por Rico Maldoror (também conhecido como Hector Chabada e/ou Thierry Pujol). O *Gougnaf Mouvement* vem de uma cena que defendia a luta de classes e uma posição contrária às corporações. Lançou discos de bandas punk politizadas, como *Parabellum* (da qual Maldoror era empresário) e *Les Thugs*; *Red London*, banda Oi! comunista londrina; e *East Bay Ray*, guitarrista do Dead Kennedys.

GOODWORKS MUSIC
EUA

Em 1978, a produtora *Goodworks*, do músico Will Charette (de Bridgeton, New Jersey), lançou um eclético e interessante disco duplo intitulado *Riding the Wings of Love*. Foi um álbum beneficente para o *The Hunger Project*, uma organização de combate à fome. Cada lado do disco traz um conteúdo bem diferente. No lado A, faixas de bluegrass executadas pela *Smoked Country Jam*; no lado B, o folk capenga de *Juan & Jenny* (Juan e Jennie Avilla, que lançariam um disco new wave em 1986); no lado C, uma micropeça chamada "Sojourn", do *National Black Theatre*; e, no lado D, o disco termina de um jeito mais tradicional, com faixas de folk e country, tocadas por Boyd Hitchner, Ralph Litwin e Bruce Millholland.

GREAT LEAP
EUA

Selo (*ad hoc*) usado por Nobuko Joanne Miyamoto para lançar o seu LP solo, *Best of Both Worlds* (1983). Ela fez parte do trio que gravou o seminal álbum de folk asiático-americano, *A Grain of Sand*, pela *Paredon Records*.

GREENBELT RECORDS
Reino Unido

Criado para lançar o 12 polegadas *Litany for Africa* (1986). Foi um projeto antiapartheid do engajado Garth Hewitt, um cantor e compositor folk cristão. O selo tinha conexão com o festival de mesmo nome, criado em 1974 no Reino Unido, com o objetivo de ser um evento anual de artes, fé e justiça social.

GREEN CROSS
Irlanda

Pequeno selo republicano que lançou alguns discos em 1975: um compacto do grupo *The Wolfhound* ("My Little Armalite" e "Tom Williams") e o LP *The Price of Justice*, de Kathleen Largey (lançado nos EUA pelo selo *INAC*).

GREENPEACE RECORDS APS
Dinamarca/Internacional

O selo da organização ambiental internacional. Foi criado na Dinamarca (daí o *ApS*, cuja tradução é "Ltda") e lançou dois discos de folk e pop, em 1983. Dois anos depois, a organização trabalhou com a EMI para lançar um álbum beneficente no Reino Unido – com artistas consagrados do pop e da new wave, como *Tears for Fears*, *Peter Gabriel* e *Depeche Mode* –, mas manteve o nome "Greenpeace Records ApS". Em 1988, saiu pela *Geffen/RCA* um disco duplo chamado *Rainbow Warriors/Breakthrough* (desta vez, sem o selo Greenpeace). A coletânea trazia um desfile dos gigantes da música pop dos anos 1980: *Aswad*, *Eurythmics*, *Grateful Dead*, *Lou Reed*, *R.E.M.*, *Sade*, *Talking Heads* e *U2*. Uma pequena curiosidade da Guerra Fria: esse disco também foi lançado na União Soviética, pela *Melodiya*, e se tornou extremamente popular. O volumoso livreto que acompanhava o álbum foi um importante ponto de entrada para a juventude do Leste Europeu para aquilo que acontecia no Ocidente, tanto na cultura pop quanto no ativismo ambiental.

GRIDALO FORTE RECORDS
Italia

Criada no início dos anos 1990, a *Gridalo Forte* foi uma gravadora de street punk, Oi! e ska, que lançou bandas com viés internacionalista e da classe trabalhadora. Alguns destaques do catálogo: os roqueiros bascos do *Kortatu* e sua banda seguinte, *Negu Gorriak*; os punks italianos da *Banda Bassotti*; e a banda Oi! da Sardenha, *Kenze Neke*, cujo disco *Naralu! De Uve Sese* tem uma capa com quatro bandeiras subalternas da Europa (País Basco, Córsega, Irlanda do Norte e Sardenha).

GROSS NATIONAL PRODUCTS
África do Sul

O selo (ou gráfica) da banda punk/*noise Kalahari Surfers*, da África do Sul. Os *Surfers* eram um grupo de músicos extremamente politizados e relativamente organizados, que orbitavam ao redor de Warrick Sony e do estúdio/selo *Shifty*. No anonimato (por razões políticas), os *Kalahari Surfers* lançaram cerca de uma dúzia de discos antiapartheid, recheados de *art noise* experimental, por diversos selos diferentes (incluindo o já mencionado *Shifty*, mas também *Recommended Records* e *ReR Megacorp*). Muitos desses discos saíram em parceria com a *Gross National Products*.

GROUCHO MARXIST RECORD CO: OPERATIVE
Reino Unido

Um selo punk escocês inspirado no situacionismo. Entre 1979 e 1981, lançou quatro compactos, identificados pelos seguintes números de catálogo: *Communique 1, 2, 3 e 4*. O primeiro 7 polegadas se chama *Spectacular Commodity*; e o segundo, *Ha! Ha! Funny Polis*, apresenta quatro faixas zombando da lei e da ordem. Nenhuma das bandas desses compactos já gravou/lançou por qualquer outra gravadora; e, embora a maioria das bandas seja da Escócia, o endereço usado nos discos é uma caixa postal do *Rock Against Racism* em Londres.

G.R. RECORDS
EUA

Segundo consta, este selo lançou apenas um LP: *The Second American Revolution: His Way or His Way* (apesar de não ter data, é muito provável que tenha saído em meados dos anos 1960). O álbum é um interessante documento daquele momento histórico, no qual parecia iminente a chegada de uma nova revolução nos EUA. A questão que se colocava era: as ideias que moldariam essa revolução seriam as de Martin Luther King Jr. ou de Malcolm X? O disco apresenta dois discursos: no lado A, Dr. King; no lado B, Malcolm X.

GUANIN
Porto Rico

Uma pequena gravadora que funcionou na segunda metade da década de 1970 e lançou uma dúzia de discos de *El Topo* (Antonio Cabán Vale) e Frank Ferrer, artistas porto-riquenhos socialmente engajados.

GUILDA DA MÚSICA
Portugal

Antes da Revolução dos Cravos, a *Guilda da Música* era uma gravadora praticamente apolítica; mas, depois do movimento, em especial entre 1975 e 1979, produziu um bloco consistente de música popular e rock com viés político. (Um processo similar ocorreu com diversos outros selos portugueses nesse período.) A *Guilda* lançou uma série de compactos (de nomes como Luís Cília, Samuel, Carlos Cavalheiro, José Mário Branco, José Jorge Letria e José Barata Moura) com faixas como "Hino da Reforma Agrária", "Apelo às Mulheres na Revolução" e "No Ano Internacional da Mulher". Também disponibilizaram diversas gravações de campo com conteúdo revolucionário: por exemplo, discursos de Samora Machel, líder da FRELIMO (Frente de Libertação de Moçambique) e gravações de rua do dia 25 de abril de 1974, data da Revolução dos Cravos.

GUIMBARDA
Espanha

Uma gravadora espanhola, bastante ativa de meados dos anos 1970 até 1985. A *Guimbarda* distribuía e licenciava discos de gravadoras internacionais de folk/música popular, como *Paredon*, *Rounder*, DICAP e *Disco Libre*. Ela também produziu seus próprios discos de cunho político, como o LP duplo *¡Polisario Vencerá! (Mártir el Uali Mustafa Sayed)*, uma bela amostra da música *sahrawi* executada pelo *Grupo Nacional de Cantos y Danzas Populares*, a trupe de dança e música da Frente Polisário.

GYN RECORDS
EUA

Um selo de Boston criado para lançar ao menos dois LPs feministas (sem data, mas provavelmente de meados dos anos 1970), da *Arlington Street Church Women's Caucus*. Os discos são: *Honor Thy Womanself* e *Leave the Breads A-Burning*. A *Arlington Street Church Women's Caucus* era um grupo folk feminista, que nasceu a partir de uma igreja unitário-universalista da região de Boston. O álbum *Honor Thy Womanself* ganhou uma reedição pela *Rounder Records*, com notas, letras e fotografias adicionais (também sem data, mas o número de catálogo situa o lançamento entre 1973 e 1975).

HABLAN LOS PARTIDOS
Espanha

Criada no final dos anos 1970, esta série da gravadora Nevada (em parceria com os selos *Dial Discos* e *Posible*) disponibilizou alguns discos – inclusive duplos – documentando os partidos políticos espanhóis do período pós-Franco. Entre eles, as agremiações de esquerda, como o PCE (Partido Comunista da Espanha), o PSP (Partido Socialista Popular) e o PSOE (Partido Socialista Operário Espanhol).

HEALING EARTH PRODUCTIONS
EUA

Este selo lançou apenas um disco: um 7 polegadas para celebrar a edição de 1983 da *Los Angeles Parade/Christopher Street West*, a precursora da atual LA *Pride Parade* (Parada do Orgulho de Los Angeles). O compacto traz dois temas da parada: "A New Gay Dawning" (1982), de LeRoy Dysart, Larry Kephart e Donna J. Wade; e "Sharing the Magic" (1983), de Joanna Cazden e Lorin Sklamberg.

HERMONIKHER
EUA

Selo de apenas um disco: o LP *A Sampler of Michigan Women* (1985), de Candace Anderson. Trata-se de um álbum de folk conceitual, com cada música contando a história de uma mulher de Michigan (por exemplo, "Sojourner Truth" e "Mary Wallace").

HERRI GOGOA
País Basco

Pequena gravadora e editora que começou a lançar música no idioma euskara em 1968, quando a Espanha ainda estava sob o domínio de Franco e a música não cantada em espanhol era desprezada e até mesmo proibida. Em 1980, uniu forças com os selos bascos *Tic-Tac* e *IZ* para lançar um LP duplo com temática antinuclear.

HEXENSAITE
Alemanha Ocidental

Criado para lançar o disco *Witch is Witch* (1979), do duo lésbico de folk de mesmo nome. *Hexensaite* significa "corda de bruxa" em alemão.

HHH PRODUCTIONS
Reino Unido

Abreviação de "*Heads Held High*", um grupo de teatro musical formado para apoiar a *Jarrow 86*, uma grande marcha de desempregados realizada em 1986, no aniversário de cinquenta anos da Marcha de Jarrow de 1936, quando duzentos homens marcharam por um mês, de Jarrow a Londres. No disco, além do grupo de teatro, nomes como Billy Bragg, *The Mekons* e Tom Robinson.

HIDE
Canadá

Hide era um selo de Toronto arquitetado pela *Fifth Column*, uma banda *queer* e feminista de punk/art rock. O projeto começou como um zine (que contava com a colaboração de Candy Parker) no início dos anos 1980, e cada uma das cinco edições veio acompanhada por uma fita cassete de música e arte sonora. O selo também produziu dois vinis, ambos da *Fifth Column*: os álbuns *To Sir With Hate* (1986) e *All-Time Queen of the World* (1990). A *Fifth Column* foi pioneira naquilo que viria a ser o *"queercore"*; uma banda independente e politicamente astuta, com letras focadas na história e identidade gay e lésbica.

cada seguinte. O grupo tinha bastante envolvimento nos movimentos antiguerra e antinuclear. Em 1983, lançaram o compacto *Dear Ronnie*: a capa do disco – uma carta falsa para Ronald Reagan, com um selo colado e carimbado – foi criada por *Art Chantry*.

HILLTOWN RECORDS
EUA

O nome do selo faz referência às cidades montanhosas do Oeste de Massachusetts, situadas entre as cordilheiras Green e Hoosac, e a noroeste de Holyoke, Northampton e Amherst – um aglomerado de vilas e cidades com longos laços com os movimentos sociais, que se tornaram o lar de comunidades lésbicas desde os anos 1970. A *Hilltown Records* lançou pelo menos dois LPs em meados dos anos 1980: um da cantora e compositora lésbica Catherine D'Amato e outro da ativista pela paz, pastora e cantora folk Andrea Ayvazian.

HIGH HOPES MEDIA
EUA

High Hopes era o selo do *The Crustaceans*, uma banda de cabaré pop de Seattle, formada em 1977 e ativa até meados da dé-

HIPPYCORE
EUA

O *Hippycore* foi um pequeno selo de punk/hardcore do Arizona, que lançou seis compactos entre 1988 e 1990. Dois deles foram compilações beneficentes: *Metal Gives Us A Headache*, com lucros revertidos para os direitos animais; e *Earth Rapers and Hell Raisers*, em apoio à *Earth Liberation Front* (Frente de Libertação da Terra). Em 1990, o *Hippycore* também publicou o influente livro de receitas veganas, *Soy, Not Oi!*. Joel Olson, membro-chave do *Hippycore*, tornou-se editor do seminal jornal punk anarquista (e gravadora) *Profane Existence*. Ele também se juntou ao agrupamento anarquista *Love & Rage*, e, por fim, ajudou a fundar a *Bring the Ruckus*, uma organização política radical focada na questão da raça como a chave para desbloquear uma mudança social profunda na sociedade americana.

HKA PRODUCTIONS
Hong Kong

Em 1989, este selo lançou um LP celebrando as manifestações populares que foram reprimidas no Massacre da Praça da Paz Celestial. O título do disco é 血染的風采 (紀念歌集), cuja tradução aproximada pode ser "Glória Manchada de Sangue (Cancioneiro Memorial)". A capa do disco e as notas são na língua chinesa. O álbum parece conter, ao mesmo tempo, uma crítica à violência do governo chinês na Praça da Paz, mas também um apoio aos ideais do comunismo, com versões de "A Internacional" e clássicas canções comunistas chinesas. Em sua maioria, os músicos do disco são de Taiwan e Hong Kong, mas algumas letras foram escritas por autores da China continental. A capa traz uma imagem da Deusa da Democracia, uma estátua de uma mulher de dez metros de altura carregando uma tocha, que foi construída por estudantes da Academia Central de Belas Artes como parte dos protestos na Praça da Paz Celestial. Ela se tornou um símbolo visual da revolta, com réplicas criadas em solidariedade em todo o mundo.

HOT WIRE
EUA

Foi uma publicação cujo subtítulo era: "O Jornal de Música e Cultura Feminina". Foram trinta edições entre novembro de 1984 e setembro de 1994. A maioria das edições trazia um *flexi disc* encartado na contracapa, com gravações de pelo menos duas cantoras ou bandas. Nem todos os disquinhos apresentavam música politizada, mas uma quantidade significativa era feminista, com muito conteúdo *queer*.

HYRESGÄSTPLATTAN
Suécia

Numa tradução tosca, o nome deste selo significa "A placa do inquilino". Ele foi criado pela *Hyresgästernas Riksförbund*, uma organização de direitos de inquilinos em Estocolmo. Em 1980, o selo lançou um compacto folk com quatro canções, apresentando músicos envolvidos no grupo e uma temática voltada para moradia e comunidade.

IDAF RECORDS
Reino Unido

O *International Defence and Aid Fund* (*Fundo Internacional de Defesa e Auxílo*) foi uma organização criada em 1956 para apoiar e financiar aqueles que enfrentavam processos na África do Sul por se organizarem contra o apartheid. Por fim, o grupo foi banido da África do Sul e mudou-se para Londres, onde se tornou parte de um movimento mais amplo de solidariedade pela independência no sul da África. Tinham uma movimentada agenda editorial de livros e panfletos e, em 1984, montaram o selo para lançar *Namibia Will Be Free*, de Onyeka The Torch, o grupo cultural da SWAPO (a Organização do Povo do Sudoeste Africano). Até onde eu sei, este foi o único álbum lançado pelo IDAF (ver também *Defence and Aid Fund*). Em 1985, uma faixa do LP foi relançada como lado B no single "The Wind of Change", de Robert Wyatt com os SWAPO Singers, que saiu pela *Rough Trade*.

IETS
Holanda

Um jornal *underground* holandês da década de 1960, que incluiu um *flexi disc* em sua 15ª edição, apresentando a música "Black Dada Nihilismus", de LeRoi Jones e do *New York Art Quartet*. No lado B, uma faixa de Hans Wesseling, um poeta hippie holandês.

IFK
Alemanha Ocidental

Um pequeno selo político organizado pela *Initiative Fortschrittlicher Kulturschaffender* (Iniciativa dos Trabalhadores Culturais Progressistas, geralmente estilizada como "*ifk*" em letras minúsculas), que foi fundada em 1976 por músicos, pessoas do teatro, designers e cineastas ligados às bandas políticas de krautrock *Oktober* e *Schmetterlinge*. Interessada em se aprofundar na organização política, a *ifk* se concentrou no trabalho antinuclear e colaborou com o selo *Verlag Arbeiterkampf* para lançar a compilação *Wehrt Euch!* (Defendam-se!), em 1977. No ano seguinte, a *ifk* montou seu próprio selo para lançar a coletânea *Keiner oder Alle* (Ninguém ou Todos), com uma lista variada de krautrock, polit-folk e canções de teatro político sobre diversas questões, incluindo o movimento antinuclear, presídios e repressão policial.

IMECE PLÂKLARI
Turquia

O selo de Ruhi Su, um cantor de música folclórica turca e tocador de saz. Su entrou no Partido Comunista da Turquia na década de 1940 e, em 1952, foi preso por cinco anos (por ser comunista), encerrando sua carreira como cantor de ópera. Depois de ser solto, viajou pela península da Anatólia tocando música folclórica tradicional em um formato ocidental, criando um novo estilo de música turca. Embora muitas vezes evitasse temas abertamente ideológicos, Su cantava em apoio direto aos oprimidos. Nos anos 1960, se juntou ao Partido dos Trabalhadores da Turquia (que, como o Partido Comunista – com o qual acabou se fundindo em 1987 – foi banido várias vezes da Turquia).

IMEDYAZEN
França

Selo da banda de protesto argelina *Imazighen Imula*. O grupo, formado por ativistas berberes e liderado por Ferhat Imazighen Imula (também conhecido como Ferhat Mehenni), tocava canções de protesto no estilo cabila.

IM-HOTEP RECORDS
EUA

Um selo nacionalista negro com sede no Harlem, que lançou cinco discos em 1973 e 1974. Entre eles, três registros do baterista de jazz Roy Brooks e do seu grupo, *The Artistic Truth*, incluindo os LPs *Ethnic Expressions* e *Black Survival: "The Sahel Concert" at Town Hall* (um show beneficente para combater a seca na região do Sahel, na África). Um dos outros discos é um LP de *spoken word*, intitulado *An Historical Narrative: The Black Bill of Rights*, escrito e gravado por Robert Harris e Gus Williams, discípulos de Marcus Garvey.

IMPARJA RECORDS
Austrália

Selo indígena australiano que lançou dois LPs da banda *Coloured Stone* e uma fita cassete do grupo *Ilkari Maru*. A Imparja estava ligada à CAAMA (*Central Australian Aboriginal Media Association*, ou Associação de Mídia Aborígine da Austrália Central), a organização que divulgou a maior parte da música aborígine nos anos 1980 e 1990, embora em fita cassete e CD.

IMPRENTA NACIOÑAL DE CUBA
Cuba

Primeira tentativa cubana, no pós-revolução, de nacionalizar a indústria musical. A gravadora funcionou entre 1961 e 1964, quando foi desativada e substituída pela EGREM.

INAC RECORDS
EUA

Irish Northern Aid Committee, ou *Comitê de Ajuda da Irlanda do Norte*, na tradução. Hoje, a organização política usa com mais frequência a sigla NORAID. O comitê nasceu como uma entidade sediada nos Estados Unidos, que arrecadava fundos para o *Provisional IRA* (ou *Provos*), o grupo armado que surgiu após o início dos conflitos, em 1969. Acusado de enviar armas para a Irlanda do Norte, o NORAID sempre afirmou que a maior parte do dinheiro arrecadado ia para as famílias dos presos ou dos mortos nos combates. O selo INAC lançou alguns poucos discos abertamente pró-IRA na década de 1970. Destaco dois: o álbum *Say Hello to the Provos: The Music of the Freedom Struggle*, do grupo The Kelly Brothers; e o LP de Kathleen Largey, *The Price of Justice* (também lançado na Irlanda pelo selo *Green Cross Records*).

INALD
Angola

Sigla para o *Instituto Nacional do Livro e do Disco*. A gravadora funcionou durante os anos 1980 e lançou uma variedade de música angolana, incluindo vários álbuns de canções infantis influenciadas pelas tradições folclóricas angolanas e uma compilação sem data (provavelmente do início da década de 1980) intitulada *1º Festival Nacional de Trabalhadores*.

INDEX RECORDS
EUA

Selo de Ila Meyer, uma cantora e compositora lésbica e feminista oriunda da classe trabalhadora. Ela usou esse nome (tirado da cidade onde morava, Index, em Washington) para lançar seu LP folk *The Woman That I Am* (1981). Meyer também montou sua própria editora, chamada Womansong.

INDIAN PEOPLE'S ASSOCIATION IN NORTH AMERICA
INDIAN RECORDS
EUA

Depois do seu lançamento inaugural, intitulado *12 Northern Cheyenne War Dance Songs* (1964), a *Indian Records* passou a produzir gravações de campo e lançou 106 registros de música nativa americana, cânticos e canções de toda a América do Norte.

INDISHA
Honduras

Em 1986, este selo lançou um LP de *corridos* politizados com o título *Luz y Fuerza*, gravado pelo Grupo Musical del Sindicato de Trabajadores de la Empresa Nacional de Energía Eléctrica Honduras (Grupo Musical do Sindicato dos Trabalhadores da Companhia Nacional de Energia Elétrica de Honduras). O vinil inclui faixas como "Honduras Tierra de Paz" (Honduras, Terra de Paz) e "El Mundo Gira al Reves" (O Mundo Vira de Cabeça para Baixo). Formado em 1981 para ser o braço musical do sindicato, o foco do grupo era viajar pelo país para construir a consciência de classe por meio da música. Não creio que o selo *Indisha* tenha relação direta com a banda, e pode ter sido apenas um selo normal em Honduras, mas ainda não encontrei nenhum outro disco lançado por ele.

INITIATIVE FÜR DEMOKRATIE UND UMWELTSCHUTZ
Alemanha Ocidental

Nome usado para lançar um compacto, no final dos anos 1970, de um grupo que se autodenominava *Bunte Liste/Wehrt Euch* (Lista Colorida/Resista). Há poucas informações no disco e na capa, mas acredito que tenha relação com um pequeno partido político da Baixa Saxônia chamado *Wählern/Wählerinnen Initiative für Demokratie und Umweltschutz* (Iniciativa dos Eleitores para a Democracia e Proteção Ambiental), que em 1980 se fundiu com outros grupos afins para formar o *Die Grünen* (Partido Verde).

INITIATIVGRUPPE KKW-NEIN!
Alemanha Ocidental

Um grupo de ação que se organizou contra a instalação de uma fábrica de chumbo em Marckolsheim e uma usina nuclear em Wyhl, ambas na fronteira da Alemanha com a França. O grupo lançou um compacto de Walter Mossman em apoio às suas ações. O disquinho vinha embalado em uma enorme capa do tipo *gatefold*, que se transformava em um folheto informativo sobre a luta. O 7 polegadas não apresenta nome de gravadora (além do grupo político), mas foi distribuído pela *Trikont*.

INSTITUTE OF POSITIVE EDUCATION
EUA

O *Institute of Positive Education* (*Instituto de Educação Positiva*) foi uma organização educacional, de viés nacionalista negro, criada em 1969 por Haki R. Madhubuti, sua esposa Safisha Madhubuti e outras pessoas, em Chicago (e ainda existe no South Side de Chicago). Em 1976, o instituto produziu um LP, misturando jazz e poesia: *Rise Vision Comin*, de Haki Madhubuti e um grupo chamado Nation: *Afrikan Liberation Art Ensemble* (o disco foi lançado em parceria com a *Nation House*, um projeto irmão de DC).

INSTITUTO CUBANO DE AMISTAD CON LOS PUEBLOS
Cuba

O *Instituto Cubano de Amistad con los Pueblos* (algumas vezes chamado de ICAP) é uma organização cultural e política internacionalista sediada em Havana. Seu braço de propaganda lançou alguns LPs de discursos de Castro na década de 1960 e, em seguida, outra meia dúzia de discos de músicos cubanos para distribuição internacional, nos anos 1970 e 1980. O ICAP funcionou como uma das várias subsidiárias da EGREM, a gravadora estatal cubana.

INSTITUTO NACIONAL DO LIVRO E DO DISCO
Moçambique

Não confundir com o instituto angolano de mesmo nome (INALD). Este *Instituto Nacional do Livro e do Disco* costumava ter o seu nome escrito por extenso. Lançou e/ou distribuiu um punhado de discos após a independência moçambicana, inclusive um LP narrando a ascensão e o triunfo da Frente de Libertação de Moçambique (FRELIMO) contra os colonizadores portugueses, intitulado *FRELIMO: Liberdade e Revolução* (1983).

INTER-CHURCH COMMITTEE ON CHILE
Canadá

Uma organização inter-religiosa canadense, focada em apoiar os refugiados chilenos do golpe de 1973. A *Inter-Church* lançou apenas um LP, *Tierra Prometida* (1975), uma compilação de canções interpretadas por Angel Parra durante uma série de shows beneficentes em Toronto, no ano anterior.

INTERNATIONALIST
Jamaica

Selo do grupo de reggae *Victim of Capital*, que lançou dois *singles* no final dos anos 1970: "The Time Has Come" e "People Whey Yu Want?", ambos trazendo versões no lado B produzidas pelo *The Revolutionaries* (a banda de apoio/estúdio do selo *Channel One*, liderada por Sly e Robbie). Embora o reggae possua um vasto segmento bastante politizado, o *Victim of Capital* parece ser um raro exemplo de artista (antes dos anos 1990) influenciado pelo marxismo (em comparação com os tópicos mais comuns do rastafarianismo e do apoio geral às lutas anticoloniais na África).

INTERNATIONAL PHYSICIANS FOR THE PREVENTION OF NUCLEAR WAR
Internacional

Esta organização vencedora do Prêmio Nobel da Paz, que representa médicos e profissionais da saúde de 63 países, lançou um LP de música clássica, em 1986, com um título bastante direto: *Swedish Physicians in Concert for the Prevention of Nuclear War* (Concerto dos Médicos Suecos para a Prevenção da Guerra Nuclear). O álbum apresenta músicas compostas por Bach e Handel, bem como algumas canções gospel negras. Além disso, o disco vem acompanhado de um encarte que dá um histórico da organização e do show que originou o álbum.

INTERNATIONAL UNION OF STUDENTS
Tchecoslováquia

A IUS foi fundada em 1946 como uma organização centralizadora para agremiações de estudantes universitários de mais de cem nações em todo o mundo. Embora afirmasse ter um caráter não partidário, funcionava como uma entidade comunista, para não dizer como um fantoche total do *Comintern*. Com o seu selo, a IUS lançou dois LPs na década de 1970, ambos intitulados *Songs of Struggle and Protest* (Canções de Luta e Protesto). Um deles é uma coleção de canções internacionais de protesto; e o outro é um disco de solidariedade ao Chile, com o lado A todo ocupado por Victor Jara e o lado B mais sortido, com Quilapayún, os Parras (Isabel, Angel e Violeta) e *Inti-Illimani*.

!NTERSOUND

INTERSOUND
Suécia

Uma pequena gravadora folk da Suécia, cujo lançamento inaugural (em 1969) foi um LP com músicas de Joe Hill interpretadas pelo cantor e compositor socialista Finn Zetterholm. Em 1970, saiu outro disco dedicado a Joe Hill. E, na década seguinte, a *Intersound* lançou cerca de sessenta títulos, muitos gravados pelos músicos folk suecos de esquerda que também trabalhavam com os selos *Amalthea*, *Silence* e YTF.

IRREGULAR RECORDS
Inglaterra

Este é o selo de Robb Johnson, um guitarrista britânico de folk/punk. Embora não exista equivalência no aspecto da sonoridade, Billy Bragg é uma boa comparação em termos dos interesses políticos e do engajamento. Johnson gravou um grande número de canções, ao longo dos anos 1980 e 1990, em apoio à classe trabalhadora e contra a autoridade (tanto de figuras como Thatcher quanto daquelas do novo trabalhismo britânico).

IPS
EUA

Sigla para *Institute of Percussive Studies* (Instituto de Estudos Percussivos), o selo que *Milford Graves* montou depois da SRP Records. A IPS foi fundada em parceria com o amigo e baterista Andrew Cyrille e lançou meia dúzia de discos de free jazz de Graves, de Cyrille ou de ambos. Todos os álbuns enraizados em uma sensibilidade afrocêntrica, com referências à diáspora africana, à espiritualidade e aos ancestrais.

IRSF
Inglaterra

A *Inland Revenue Staff Federation* (Federação dos Funcionários da Receita Federal) foi o sindicato dos fiscais que se fundiu com o sindicato dos servidores públicos e civis em 1996 para se tornar o Sindicato dos Serviços Públicos, Tributários e Comerciais. Em 1985, a IRSF lançou um compacto chamado *Rhyme to Buy Time*, um projeto beneficente para a organização *Save the Children* para ajudar as crianças tibetanas na Índia.

IRA RECORDS
Grécia

O selo do compositor e músico George Georgiades, que lançou quatro discos em meados dos anos 1970, inclusive dois álbuns conceituais altamente politizados em 1976. Um relacionado à solidariedade internacional e o outro documentando uma produção do Teatro Nacional Grego sobre a junta militar, intitulado *Να Μη Ξαναματώση* (Não volte atrás).

IRT
Chile

Nascida a partir da nacionalização do selo RCA *Victor*. De modo intermitente, lançou músicas e gravações de campo em vinil desde o início dos anos 1970. A IRT esteve ativa entre 1971 e 1973, durante o governo da Unidade Popular (UP). Nesse período produziu diversos discos pop e, também, uma série de LPs documentando (e celebrando) o trabalho da UP no Chile; um álbum de *spoken word* de um grupo que se autodenominava *Los Tupamaros*; e vários LPs de *nueva canción* do duo Amerindios. O viés político desapareceu depois do golpe de 1973.

IUSY
Áustria

A *International Union of Socialist Youth* (*União Internacional da Juventude Socialista*) é um consórcio de organizações juvenis social-democratas e sindicais de todo o mundo. Faz parte da Internacional Socialista (da qual também faz parte o grupo Socialistas Democráticos da América). Na década de 1970, a IUSY lançou uma coletânea chamada *Songs of Struggle and Solidarity* (Canções de Luta e Solidariedade), com quinze faixas de grupos folk politizados, todos ligados de algum modo à tendência.

ITALIA CANTA
Itália

Casa original do *Cantacronache*, um grupo de músicos de esquerda, que redescobriu e politizou as canções tradicionais italianas, transformando-as em ferramenta de luta. A gravadora nasceu em 1956 e permaneceu ativa até 1963, quando o nome mudou para DNG. Além de cerca de quinze álbuns de folk político italiano, também lançou discos que documentam a música revolucionária em Angola, Cuba e União Soviética.

IZ DISKETXEA
País Basco

Selo de folk e rock fundado em 1975. IZ *Disketxea* se dedicava à música na língua basca (euskara), lançando discos de protesto de nomes como Imanol, Gontzal Mendibil e uma compilação de canções antinucleares (em parceria com os selos *Herri Gogoa* e *Tic-Tac*).

JABULA
Reino Unido

O selo da banda *Jabula*, formada por músicos sul-africanos exilados no Reino Unido. Lançou quatro LPs, alguns dos quais originais, e algumas reedições de álbuns lançados por gravadoras grandes. Também licenciou seu material para selos de esquerda na Alemanha (*Pläne*), Suécia (*A Disc*) e Holanda (*VARAgram*). Parte significativa da música do Jabula apresentava críticas ou opiniões sobre o apartheid e a luta pela libertação africana.

JCOA RECORDS
EUA

O selo da *Jazz Composer's Orchestra Association, Inc.* Sem fins lucrativos, a JCOA começou a lançar discos em 1968. Produziu nove títulos exclusivos, e muitos deles tiveram reimpressões, com artes de capa alternativas e listas de músicas modificadas. O selo e a organização foram fundados por Carla Bley e Michael Mantler, e os discos da gravadora refletem sua crença no jazz enraizado no engajamento social. Em diferentes momentos, a *Jazz Composer's Orchestra* contou com nomes como Anthony Braxton, Don Cherry, Pharoah Sanders, Clifford Thornton e muitos, muitos outros.

JÅR'GALÆD'DJI
Noruega

Foi uma editora de música e livros fundada por Odd Ivar e Aage Solbakk, em 1974. Maior e mais importante editora no idioma sami nos anos 1970 e 1980, e os primeiros LPs que lançou foram prensados e distribuídos pelo selo de esquerda *Plateselskapet Mai*. O povo Sami é formado por indígenas do norte da Finlândia, Suécia e Noruega e uma pequena parte da Rússia, e fala uma família de línguas também conhecida como sami.

JEUNES CSC
Bélgica

A ala jovem da Confederação dos Sindicatos Cristãos (*Confédération des Syndicats Chrétiens*) da Bélgica. Como muitas iniciativas lideradas por jovens nas décadas de 1960 e 1970, esse grupo tinha uma inclinação muito mais radical do que a organização principal (quando foi criada, em 1886, a CSC era um sindicato antissocialista). Em 1978, a *Jeunes CSC* lançou um compacto com faixas como "Syndicat de Combat" (Sindicato de Combate) e "Lutte por L'emploi" (Luta pelo Emprego), cuja capa se transformava num pôster com fotos de greves – ou seja, não era exatamente o sindicato cristão dos seus pais!

JEUNESSE DU FRONT DE LIBÉRATION NATIONALE
Argélia

A ala jovem da Frente de Libertação Nacional (FLN, Front de Libération Nationale), que teve êxito na luta contra os franceses na chamada Guerra da Argélia, forçando o poder colonial a assinar um cessar-fogo em 1962, iniciando a independência completa. Embora tenha se tornado autocrática depois de chegar ao poder, a FLN permaneceu ligada à Internacional Socialista, e a ala jovem demonstrou ser mais radical do que o núcleo do partido. A JFLN lançou alguns discos sem data, aparentemente dos anos 1960, que apresentam uma mistura de discursos (alguns de Ahmed Ben Bella, o carismático líder da guerra pela independência e primeiro presidente da Argélia) e de música cabila.

JEWISH STUDENTS' BUND
EUA

A ala jovem nova-iorquina de uma associação conhecida como The Worker's Circle. Lançou um único LP, em 1972: *Yiddish Songs of Work and Struggle*, gravado pelo grupo *Yiddish Youth Ensemble*. O disco é profundamente militante, com faixas que vão de "To the Women Workers" (Para as Mulheres Trabalhadoras) a "I Want No Iron Chains" (Não Quero Correntes de Ferro) passando por "Hey, Hey Down With the Police" (Ei, Ei, Abaixo a Polícia), todas cantadas em iídiche. O repertório é uma mistura de músicas mais novas e clássicos judaicos da classe trabalhadora.

JIHAD PRODUCTIONS
EUA

Nome de uma editora de livros e de um selo (de vida curta) de Newark, Nova Jersey, dirigido pelo poeta e militante negro Amiri Baraka (nascido LeRoi Jones). O selo lançou apenas um punhado de discos, incluindo um LP de Sonny Murray, em 1965, e dois álbuns de Jones, ambos em 1968: um deles foi um musical com a Sun Ra Arkestra como banda de apoio, intitulado *A Black Mass*, e o outro do seu grupo *The Jihad*, chamado *Black and Beautiful... Soul and Madness*.

JMPLA
Angola

A ala jovem do partido político MPLA (Movimento Popular de Libertação de Angola), que libertou Angola do colonialismo português em 1975. Em parceria com o grupo de solidariedade holandês Angola Comité, a JMPLA lançou o LP *A Vitória é Certa*, do grupo *Kissanguela*, um conjunto musical que apoiou a Revolução Angolana.

JOBS FOR A CHANGE
Reino Unido

Série de festivais de música organizados pelo *Greater London Council* (GLC), a partir de junho de 1984. Os shows eram gratuitos e foram um protesto contra o desemprego sob o governo Thatcher, mas também serviram como apoio à greve dos mineiros e contra os planos de Thatcher de retirar o financiamento do GLC. Grupos comunitários se apresentaram nos eventos, um pequeno teatro de agitprop foi realizado e diversos artistas politizados tocaram, como *Aswad*, Billy Bragg, *The Communards*, *The Flying Pickets*, Thomas Mapfumo, *The Pogues* e *Redskins*. Um *flexi disc* gratuito foi produzido em apoio à campanha, trazendo uma música dos *Flying Pickets*.

JOC-JOCF
França

JOC é o selo dos *jocistes*, membros da Juventude Operária Católica (*Jeunesse Ouvrière Chrétienne*), um movimento sindical católico, criado na Bélgica em 1925, tendo como principais integrantes os jovens da classe trabalhadora. JOCF é o braço feminino da organização. Coletivo e colaborativo, o movimento se espalhou pelo mundo, mas seu núcleo sempre foi francófono. Seus fundadores fizeram parte da resistência aos nazistas, e uma guinada ainda mais à esquerda ocorreu em 1969, abraçando a luta de classes na esteira dos protestos e movimentos revolucionários de 1968. A seção francesa lançou alguns 7 polegadas nos anos 1970. Destaco dois aqui: um registro de canções de protesto do movimento de aprendizes e um comemorativo do quinquagésimo aniversário do grupo.

JOHN PAUL RECORDS
EUA

Aparentemente, este selo lançou apenas um título: um compacto de Paul August, de 1982, com "Mindworker" no lado 1 e "We Teach the Children" no lado 2. As duas canções tratam das dificuldades de ser professor. "Mindworker" é uma jam no estilo *synth* new wave, e "We Teach the Children" é uma versão prog rock da música-tema da Associação Nacional de Educação.

DE JONGLEURS
Bélgica

O selo do grupo de teatro político *Kollektief Internationale Nieuwe Scene*, que mais tarde ficou conhecido apenas como *Internationale Nieuwe Scene*. Influenciados por Dario Fo e Bertolt Brecht, usavam a música e o teatro para abordar questões políticas com uma perspectiva revolucionária. O selo (cujo nome pode ser traduzido como "Os malabaristas") produziu ao menos dois vinis na década de 1980. O INS lançou vários discos por conta própria nos anos 1970 e início dos 1980, mas não parece ter usado o nome *De Jongleurs* antes de 1984.

JOTA JOTA
Chile

Selo da ala jovem do Partido Comunista do Chile, conhecida como Juventudes Comunistas do Chile (ou JJ.CC.). O nome escolhido fazia menção ao apelido do grupo, "La Jota". Em 1968, usaram o nome *Jota Jota* para produzir um disco da banda *Quilapayún*, chamado *Por Viet-Nam*, com o objetivo de arrecadar dinheiro para a banda viajar e se apresentar no Festival Internacional da Juventude, na Bulgária. Fizeram uma tiragem inicial de mil cópias, que rapidamente se esgotaram. Isto levou à conclusão de que não apenas existia um mercado para a música folclórica politizada, mas também que, ao manter um selo, poderiam aguçar as possibilidades de propaganda da música. De 1968 a 1970, a *Jota Jota* lançou cerca de dez títulos de *nueva canción* antes de mudar o nome para DICAP. Apesar de ter disponibilizado apenas discos de músicos chilenos, o internacionalismo da gravadora ficou evidente na escolha do seu lançamento inicial, *Por Viet-Nam*.

JULY 4TH COALITION
EUA

Foi uma coalizão de grupos de esquerda que organizou uma grande manifestação contra o bicentenário do 4 de julho, na Filadélfia, em 1976. Um dos slogans dizia: "*Carregamos os ricos há duzentos anos. Vamos tirá-los das nossas costas!*". Originalmente convocada pela organização Veteranos do Vietnã Contra a Guerra, a coalizão também incluía o Partido Comunista Revolucionário dos EUA e a Comissão Organizadora dos Trabalhadores Desempregados. No início de 1976, antes do protesto, o grupo lançou um compacto com duas canções ao vivo do cantor de trova porto-riquenho Roy Brown. "Song for the Bicentennial", a faixa do lado A, provavelmente foi composta como uma música-tema para a manifestação. O *single* foi lançado com a ajuda do selo Disco *Libre* e da rádio KPFA, que patrocinou o show do qual a gravação foi extraída.

JUMBO
Reino Unido

Dedicado exclusivamente a divulgar material relacionado a rádios piratas e offshore. Lançou coleções de LPs duplos documentando a *Radio Caroline* e a *Radio Nordsee*, e o disco que tenho é um belo compacto duplo com jingles de cem estações de rádio offshore.

JUNE APPAL
EUA

Gravadora criada pela *Appalshop*, em 1974. Uma organização dedicada às tradições folclóricas e culturais dos Apalaches. Lar da *Mountain Musicians Cooperative*, que lançou o LP beneficente *Brown Lung Cotton Mills* Blues (1975), além de diversos outros discos de *country* e folk abordando as lutas sociais dos Apalaches, particularmente em torno da mineração.

JUNGSOZIALISTEN IN DER SPD
Alemanha Ocidental

A juventude do Partido Social-Democrata da Alemanha. A partir de 1969, os Jovens Socialistas (Jungsozialisten) caminharam muito mais à esquerda do que o restante do partido, declarando um posicionamento feminista, socialista e internacionalista. Em 1972, ajudaram a organizar uma manifestação contra a instalação de uma fábrica de produtos químicos em Rheinberg, por razões ambientais, e lançaram um compacto com duas músicas que o grupo de folk-rock Kattong tocou no protesto.

JUSTICE UNLIMITED
JUSTICE UNLIMITED
EUA

Da cidade de Cincinnati, em Ohio, o selo de Leslie Isaiah Gaines, um *bluesman* de esquerda, palestrante motivacional, pregador e juiz (um personagem versátil). Gaines lançou uma série de *singles* (e um álbum) ao longo da década de 1980. No pacote, músicas como "Reaganomic Blues (Hard Times National Anthem)", "The Lord Don't Know Nothing 'Bout Unemployment (He's Working Overtime)" e "Jesse (Didn't Get No Justice) – The Jesse Jackson Blues", tema da eleição de 1988. Meu verso favorito na última música é: "*Assim como Rodney Dangerfield, Jesse não é respeitado*".

KA KKW

KA KKW-RECORDS
Áustria

Selo criado apenas para produzir o LP beneficente *1. Österr. Anti-Atomkraftwerksplatte*. Lançado em 1977, o disco tinha uma temática antinuclear, apresentando uma coleção de canções folk reunidas pelo grupo Anti-AKW, uma organização ativista contrária à energia nuclear.

KÄLLAN
Suécia

Outra pequena gravadora de *progg*, nos moldes da EKO. A *Källan* lançou três ou quatro discos no final dos anos 1970, incluindo um com temática explicitamente antinuclear.

KALAKUTA RECORDS
Nigéria

A superestrela do *afrobeat*, Fela Kuti, lançou seus álbuns na Nigéria por este selo, de 1976 a 1992. Foi nesse período que Fela se posicionou de modo mais crítico ao governo do seu país. Com a República Kalakuta, declarou independência da comuna em relação à Nigéria, mas foi brutalmente espancado e preso por sua música e seu ativismo. O viés político fica evidente nos nomes dos discos: *Authority Stealing* (Roubo de autoridade), *Coffin for Head of State* (Caixão para o chefe de Estado). Em sua maioria, esses discos agora são extremamente raros e foram relançados por várias gravadoras, incluindo *Barclay*, *Stern's Africa* e, mais recentemente, *Knitting Factory Records*.

KAMLUNGEFORSENS BRUS
Suécia

Nome usado para lançar o LP de folk escandinavo *Det spirar en upprorets blomma...* (Brota uma flor de rebeldia), do grupo *Folket i Ton*. Não consegui encontrar nenhuma informação ou tradução confiável para o nome do selo, mas o grupo foi fundado em 1970, em Norrbotten, a área mais ao norte da Suécia. Nasceram a partir da necessidade de um grupo musical para acompanhar os protestos contra a Guerra do Vietnã. Lançado em 1979, este álbum é o único registro da banda, misturando covers (Joe Hill, Fria Proteatern) e autorais. A capa do disco afirma que foi criado especificamente para as pessoas de Norrbotten.

KANAL
Alemanha Ocidental

Selo da cidade de Mainz, especializado em krautrock político. Ativo no início dos anos 1970, o *Kanal* lançou quatro ou cinco discos, de nomes como *Volks-Musik*, *KomKol* e *Graufabrik*, que foram distribuídos pela gravadora *Trikont*.

KANSANKULTTUURI OY
Finlândia

Fundada em 1940 como uma editora de literatura soviética na Finlândia, a *Kansankulttuuri* (cujo nome pode ser traduzido como "Cultura Popular") começou a produzir discos em 1969. Os primeiros álbuns traziam canções da classe trabalhadora ou músicas folclóricas da URSS e, depois de um tempo, todos os vinis começaram a ser prensados pela *Melodiya* na União Soviética. Embora fosse uma empresa privada, fica claro que o selo foi usado para disseminar a ideologia socialista na Finlândia e criar outro mercado para as gravações soviéticas. O "*Oy*" no final do nome significa "Ltda." em finlandês.

KARAXÚ
França

Grupo de jovens músicos chilenos exilados na França após o golpe de 1973, no Chile. Apoiavam o MIR (um grupo marxista adepto da luta armada) e usavam a *nueva canción* chilena como um veículo para divulgar sua política. Lançaram discos por selos como *Arbeiterkampf*, *Expression Spontanée*, *R-Edition* e *Trikont*. Em 1975, usaram o nome da banda para lançar a edição sueca do seu primeiro disco, que ganhou o título *Rebellisk Musik*.

KARIBE
Barbados

Em 1981, o selo *Karibe* lançou um 12 polegadas do cantor de *soca Flying Turkey*, celebrando a revolução marxista em Granada, em 1979. "Innocent Blood" e "Freedom Day" são faixas que apoiam a revolução e a classe trabalhadora dessa pequena nação caribenha.

KGM RECORDS
África do Sul

O selo do músico sul-africano Blondie Makhene. Nos anos 1980, Makhene fez muito sucesso no país, tornando-se uma estrela do *synth*/disco; no começo da década seguinte, montou o grupo *Amaqabane* ("Companheiros", na língua xhosa), que tocava um funk africano com consciência social. O segundo disco do grupo foi lançado pela KGM em 1991 e traz várias canções de apoio ao Congresso Nacional Africano (*African National Congress*, ANC), como "Woza ANC" ("Venha para o ANC") e "Joyin' Umkhonto We Sizwe" (*Umkhonto We Sizwe* era o braço armado do ANC).

KILL ROCK STARS
EUA

Um selo musical independente de Olympia, WA. O *Kill Rock Stars* aparece neste livro por ser o selo das progenitoras do *Riot Grrrl*, a banda *Bikini Kill*, além de outras artistas feministas como *Bratmobile*, *Mecca Normal* e *Penny Arcade*.

KING KONG RECORDS
Holanda

Selo de Roterdã capitaneado pelos *Rondos*, uma das bandas punk políticas holandesas mais influentes (ao lado do *The Ex*). O selo lançou apenas alguns títulos, incluindo discos dos *Rondos*, *Railbirds* e *Tändstickorshocks*. Se o *The Ex* representava o anarquismo na cena, os *Rondos* representavam o comunismo (inclusive adotando como logo o triângulo vermelho que os nazistas usaram para marcar os comunistas nos campos de concentração).

LE KIOSQUE D'ORPHÉE
França

Criado na década de 1950, o *Le Kiosque d'Orphée* era tanto um facilitador de lançamentos independentes quanto um selo. Embora tenha lançado discos com seu próprio nome, também ajudou a fabricar e distribuir uma grande variedade de lançamentos custeados por grupos políticos, músicos experimentais, cantores de *chanson* independentes e muito mais. Tenho vários discos que o *Kiosque* ajudou a produzir, incluindo polca antinuclear, folk comunista de Comores e *chanson* de protesto estudantil.

KKLA
Holanda

Com foco exclusivo na música latino-americana, a KKLA lançou cerca de 25 álbuns, do final dos anos 1970 ao final dos anos 1980. A maior parte da música estava ligada às lutas políticas na Nicarágua (os irmãos Mejía Godoy), El Salvador (Cutumay Camones), Guatemala (Kin-Lalat) e Uruguai (Numa Moraes). Os títulos da KKLA também foram lançados em outros países por selos como *Discos Pueblo*, *Ocarina*, *Paredon*, *Pläne*, dentre outros. KKLA significa *Kultuur Kollektief Latijns Amerika*, mas a meia dúzia de discos que tenho trazem apenas a sigla.

KOLEKSYON KOUKOUY
Haiti

Este foi o selo de Kiki Wainwright, um músico e compositor do Haiti. A tradução para o nome do selo é "Coleção Vaga-Lume". Em certos aspectos, há semelhanças no som de Kiki com o do amigo (e cantor de protesto) Manno Charlemagne. Wainwright usou o seu selo para lançar dois álbuns de folk acústico na língua crioula haitiana. Destaco o LP *Rozo* (1986), que saiu após a derrubada do regime de Duvalier e traz canções como: "Alelouya pou Revolisyon" (Aleluia para a Revolução), "Liberasyon" (Libertação) e "Senfoni pou Pitit Libete" (Sinfonia para o Filho da Liberdade).

KOFIA
Suécia

Selo da banda de mesmo nome, uma trupe sueca de solidariedade à Palestina, criada pelo cantor (palestino) George Totari e formada por diversos músicos suecos. Embora tenham saído com seu próprio nome, os três discos do *Kofia* – lançados entre 1976 e 1984 – foram produzidos e distribuídos pela *Plattlangarna*.

KOLEKTIF AYISYEN KONSEKAN OZETAZINI
EUA

Uma organização de exilados haitianos nos Estados Unidos. Em 1988, a KAKO lançou uma coletânea do cantor de protesto Manno Charlemagne, intitulada *Nou Nan Malè ak Òganizasyon Mondyal* (cuja tradução me parece ser algo como "O Desastre do Sistema Global").

KOMISTA
Alemanha

Começou no final dos anos 1980, como um selo experimental de cassetes; então, em 1991, passou a lançar vinis, incluindo uma coletânea de *anarco*punk e *noise*, no formato 7, chamada *Six Ways...* (cuja contracapa afirma: "Documentos de Música e Mudança #1"). O selo também lançou coisas como um *single* de John Cage e um compacto duplo do *Soul Side*, uma banda punk política de Washington, DC (esse material do *Soul Side* foi gravado ao vivo na Alemanha, em 1989).

KOMITEE FÜR FRIEDEN UND ABRÜSTUNG UND ZUSAMMENARBEIT
Alemanha Ocidental

Uma organização pela paz cujo nome pode ser traduzido como Comitê de Paz, Desarmamento e Cooperação. Na década de 1970, o *Komitee* lançou um disco ao vivo (com temática antinuclear) do ativista e cantor/compositor Fasia Jansen, com o título *"Los Kommt Mit": Ostermarsch-Lieder an der Abschussrampe* ("Venha Comigo": Músicas da Marcha de Páscoa na Plataforma de Lançamento).

Komitee zur Verteidigung der chilenischen Kultur, Zürich

KOMITEE ZUR VERTEIDIGUNG DER CHILENISCHEN KULTUR - ZÜRICH
Suíça

O Comitê de Defesa da Cultura Chilena foi uma das dezenas de organizações de solidariedade que surgiram em todo o mundo após o golpe fascista no Chile, em 1973. Como muitos outros, este grupo de Zurique usou a música como uma de suas principais ferramentas de organização, produzindo meia dúzia de discos entre 1978 e meados da década seguinte. Os lançamentos documentaram alguns festivais de música popular latino-americana, além de álbuns do *Gruppe Indoamerica*, uma banda formada por exilados latinos e músicos alemães, que tocava música andina e *nueva canción*.

KOMMUNISTISK UNGDOM
Suécia

O selo da ala jovem do Partido Comunista da Suécia. Em 1983, o *Kommunistisk Ungdom* produziu um compacto de Pierre Ström, um cantor de polit-folk (que também trabalhou com os selos *Intersound* e YTF). Os integrantes do grupo *Röda Kapellet* também faziam parte dessa organização, embora lançassem seus discos por outros selos (*Arbeitarkultur*, *Avanti* e *Fredsång*).

KOMOTION INTERNATIONAL

KOMOTION INTERNATIONAL
EUA

Clube, estúdio de gravação, galeria de arte e editora de fitas/revistas, com sede em São Francisco. Foi cofundado por Matt Callahan, que havia sido metade do duo folk comunista *Prairie Fire*. Embora não tenha sido um selo, o *Komotion* estava no centro da cena musical politizada da *Bay Area* no final dos anos 1980, ajudando a promover grupos como *The Disposable Heroes of Hiphoprisy* e *Pansy Division*.

KONKURREL
Holanda

Começou em meados dos anos 1980, como um lar para o punk politizado e experimental, incluindo nomes como *Dog Faced Hermans, De Kift* e *Social Unrest*. Também lançaram uma série de LPs beneficentes para lutas políticas em andamento no período: dois para o movimento antiapartheid na África do Sul e um em apoio à primeira Intifada na Palestina. A *Konkurrel* era uma subsidiária da gravadora maior (e menos nichada) *Konkurrent*.

KOREAN GRAMOPHONE RECORD
(조선레코드)
Coreia do Norte

A Coreia do Norte – ou República Popular Democrática da Coreia – montou a *Korean Gramophone Record* logo após o início da Guerra da Coreia, em meados dos anos 1950, inicialmente produzindo discos de goma-laca de 78 rpm. Entre os anos 1960 e 1990, lançou algumas centenas de vinis, em geral 10 polegadas, um formato também popular na gravadora estatal chinesa, a *Zhongguo Changpian*. O material lançado também guardava semelhanças com o caso chinês: bandas marciais, ópera revolucionária e as palavras do Benevolente e Grande Líder Kim Il-sung.

KPFA
Pacifica Radio presents

KPFA
EUA

Localizada em Berkeley, na Califórnia, a *KPFA* é a principal estação da rede *Pacifica Radio*, uma alternativa de esquerda à *National Public Radio* (NPR) nos Estados Unidos. A estação produziu diversos álbuns. O primeiro, em 1961, foi uma mistura de folk, discursos e poesia, que trazia uma música de Pete Seeger e o Rev. Ralph Abernathy discutindo o Movimento dos Direitos Civis. Depois, em 1964, a *KPFA* lançou um LP de gravações de campo do *Free Speech Movement* (Movimento da Liberdade de Expressão), intitulado *Is Freedom Academic*. Em seguida, disponibilizou uma série de discos de folk e poesia, em geral gravados na própria emissora.

KRONCHTADT TAPES
França
Um selo político de punk/noise/dub, criado em 1982 por Laurent Malfois, para lançar sua própria banda, *Kommando Holger Meins* (cujo nome era uma homenagem a uma unidade militar da Fração do Exército Vermelho, que realizou um ataque à embaixada da Alemanha Ocidental na Suécia, em 1975; esse comando de guerrilheiros, por sua vez, foi batizado em memória de Holger Meins, um dos membros originais da RAF, que morreu em decorrência de uma greve de fome em uma prisão alemã, em 1974). A *Kronchtadt* era um selo de cassetes, mas lançou uma meia dúzia de vinis, entre eles a compilação punk *Les Héros du Peuple Sont Immortels* (Os heróis do povo são imortais), em parceria com o selo punk *Gougnaf Mouvement*, em 1985.

KSF
Suécia
Sigla para *Kulturarbetarnas Socialdemokratiska Förening* (Associação Social Democrática dos Trabalhadores Culturais), uma organização que lançou pelo menos um disco, em 1968: um compacto com Monica Nielsen tocando canções de Joe Hill no lado 1, e Sandro Key-Åberg lendo o poema "Lyssnaren" no lado 2.

KVINDER FOR FRED
Dinamarca
Na tradução, *Mulheres pela Paz*, parece ser um selo (*ad-hoc*) que lançou, em 1980, a canção pop de mesmo nome, de Lone Kellermann. Ela é mais conhecida por seus vocais na banda de jazz-rock Blue Sun (que gravou um *single* em apoio a Christiania, pelo selo *Demos*).

LABRYS RECORDS
EUA
O selo do *Labrys*, de Connecticut. Uma dupla lésbica (e inter-racial) que fazia

um som synth/electro/funk e gravou dois discos em meados da década de 1980. Obscuros por anos, esses álbuns peculiares foram redescobertos por colecionadores e agora são vendidos por preços realmente altos. *Labrys* (*Lábris*, em português) é o machado de lâmina dupla que se tornou um símbolo do lesbianismo durante o movimento de libertação gay nos anos 1970.

LADYSLIPPER
EUA

Iniciou suas atividades no começo dos anos 1980, com o objetivo de disponibilizar materiais de artistas feministas e lésbicas de jazz e música clássica, tais como Debbie Fier, Sue Fink e Kay Gardner. Não demorou muito para expandir e incluir folk e rock no catálogo, começando a distribuir lançamentos correlatos, especialmente aqueles de selos ainda menores ou financiados pelas próprias artistas (como, por exemplo, os títulos do selo *Women's Wax Works* e a primeira fita cassete de Ani DiFranco, lançada pela própria cantora). Além disso, atuou na distribuição de música feminista internacional nos EUA, importando material de mulheres de toda a Europa, de selos como *Demos*, *Hexensaite* e outros.

LANDELIJK VIETNAMKOMITEE
Holanda

Traduzindo, *Comitê Nacional do Vietnã*, foi uma organização de solidariedade holandesa. Lançou um único LP, em 1972: um disco de jazz experimental composto por Konrad Boehmer. Na Holanda, o disco saiu como *Voor de Overwinning Van de Vietnamese Revolutie* (Pela Vitória da Revolução Vietnamita). Há também uma edição alemã desse álbum, com outro título: *Alles für den Sieg des Kämpfenden Vietnamesischen Volkes!* (Tudo pela Vitória do Lutador Povo Vietnamita!).

LARRIKIN RECORDS
Austrália

A *Folkways* australiana (ou, talvez mais apropriadamente, a *Rounder* australiana). A gravadora *Larrikin* foi criada por Warren Fahey, em 1974, como uma extensão de sua loja *Folkways* Music. Rapidamente, tornou-se um dos principais selos independentes de folk e country na Austrália. Lançou uma série de grupos politizados (como *Redgum* e *Black Diamond Corner*) e coletâneas como *On the Steps of the Dole Office Door* (1978) e *Rebel Chorus: A Concert of Contemporary Political Song* (1982). A *Larrikin* também foi uma das primeiras gravadoras a lançar discos de músicos aborígenes.

LAST FLASH RECORDS
EUA

Em 1982, este selo lançou uma coletânea de rock esquisito do sudoeste norte-americano, com uma temática de oposição à energia nuclear e à guerra. Intitulado *Ominous Clouds*, o disco foi produzido para o grupo de defesa *Citizens for a Non-Nuclear Future* e organizado por Clarke Rigsby, engenheiro de som e músico de Tempe, no Arizona. A maioria dos artistas do LP não gravou ou lançou mais nada, com exceção da banda Sun City Girls, de punk/noise experimental.

LENGUA ARMADA DISCOS
EUA

Fundada em Chicago pelo vocalista do *Los Crudos*, Martin Sorrondeguy, a *Lengua Armada* lançou cerca de oitenta discos desde 1993. Inicialmente focada no hardcore de língua espanhola, esta foi uma das primeiras gravadoras a dar voz às crescentes cenas chicana, latina e punk latino-americana nos Estados Unidos. A atuação do selo se estendeu para o punk politizado de Chicago e foi além disso, mas o foco tem sido em bandas com intenções políticas e internacionalistas.

LEONA RECORDS CORPORATION
EUA

Um pequeno selo da cidade de Corpus Christi, no Texas. Lançou vários discos importantes de música latina no final dos anos 1970, como *La Voz de Aztlan* (1977), de Little Joe y La Familia, e *El Corazon de la Nacion!* (1978), de Big Lu Valeny.

LESBIAN FEMINIST LIBERATION
EUA

Um grupo político nova-iorquino envolvido no lançamento e na distribuição da coletânea folk *A Few Loving Women* (1973), que apresentava uma congregação de artistas lésbicas, incluindo Lee Crespi, Jeriann Hilderley (também conhecida como Jeritree), Roberta Kosse, Margaret Sloan, Mary Solberg e Lucy & Martha Wilde.

LIBERATION MUSIC
EUA
Este foi o nome usado por Sid Brown para lançar o primeiro EP de sua *Peace, Bread & Land Band* (em português: Banda Paz, Pão e Terra). Em meados dos anos 1960, Brown fazia parte do *The Spike-Drivers*, uma banda folk-rock de Detroit. Depois disso, mudou-se para Berkeley (Califórnia) e se matriculou no *Ali Akbar College of Music*, e foi assim que o som psicodélico da *Peace, Bread & Land* nasceu. Altamente politizado, o 10 polegadas traz um poema de Ho Chi Minh musicado, além de *covers* de duas músicas escritas por Elaine Brown, líder dos Panteras Negras.

LIBERATION

LIBERATION RECORDS
Reino Unido
Um selo criado para disponibilizar as gravações do Congresso Dialética da Libertação, realizado em Londres, em julho de 1967. São registros de nomes como Allen Ginsberg, Paul Goodman, Stokely Carmichael e Herbert Marcuse. Quase todos os LPs possuem capas idênticas, com uma grade de fotos dos palestrantes impressa nas cores magenta e roxo. Na contracapa, a lista das 23 palestras/discos (os dados específicos do disco aparecem apenas nos rótulos dos vinis). Nem todas as 23 gravações foram lançadas: aproximadamente dezoito viram a luz do dia antes que o projeto perdesse força.

LIBERATION SUPPORT MOVEMENT
Canadá
Organização de solidariedade norte-americana, ativa entre 1968 e 1982. Marxista e anti-imperialista, procurou conseguir apoio nos EUA e no Canadá para os movimentos de libertação africanos. O LSM estabeleceu conexões diretas com representantes de movimentos de Angola, Moçambique, Namíbia, África do Sul, Zimbábue e muito mais. Com sua própria gráfica e um ambicioso programa político, produziu dezenas de panfletos, boletins, cartazes, broches e discos. Lançou um LP com seu próprio selo, *Africa in Revolutionary Music* (sem data), e depois cedeu suas gravações de campo para um álbum de canções angolanas lançado pela *Paredon*, bem como para algumas faixas de um LP de Charlie Haden.

Liège des Jeunes A.S.B.L.

LIÈGE DES JEUNES A.S.B.L.
Bélgica
Não consegui descobrir quem eram, mas o grupo *Liège des Jeunes* (Juventude de Liège, uma cidade da Bélgica) lançou um único LP da banda *Camanchaca*, de *nueva canción* chilena. É um disco composto de versões de músicas latino-americanas, em especial chilenas (Victor Jara e Violeta Parra).

LIGUE SUISSE POUR LA PROTECTION DE LA NATURE
Suíça
Em 1970, a *Liga Suíça pela Proteção da Natureza* (*Ligue Suisse pour la Protection de la Nature*) lançou um compacto chamado SOS *Nature*, que trazia quatro músicas com temática ambiental.

LIGA DE UNIDADE E ACÇÃO REVOLUCIONÁRIA
Portugal
Uma organização política portuguesa de esquerda radical, fundada no exílio nos anos 1960. A *Liga de Unidade e Acção Revolucionária* (LUAR) atuou como um grupo armado na clandestinidade até a Revolução dos Cravos. Depois da revolução, saiu da ilegalidade para se tornar uma das dezenas de novos partidos políticos. Como muitas das outras agremiações surgidas nesse período em Portugal, também lançou um disco: um compacto de José Afonso, com "Viva o Poder Popular" no lado A; e, no lado B, sua versão de "Foi na Cidade do Sado", uma tradicional canção folclórica.

LILLA RÄVEN RECORDS
Suécia
Em 1980, este selo lançou um LP do Energioperan (A Ópera da Energia). O disco apresenta uma orquestra de 23 integrantes e um coro de 48 pessoas tocando quinze canções contra a energia nuclear na Suécia.

LIMA BEAN RECORDS
EUA
Um selo de Washington, DC, criado apenas para lançar os trabalhos de Willie Tyson, uma cantora e compositora ligada ao feminismo lésbico. A *Lima Bean* assinou três discos de Tyson: o álbum *Full*

Count (1974); o autointitulado de 1979; e o *single* da faixa "You'd Look Swell In Nothing". Tyson também lançou um disco pela *Urana Records*.

LIMITED EDITION RECORDS
EUA

Selo criado apenas para lançar o vinil *Grenada: The Untold Story*, uma resposta da esquerda à invasão americana de Granada. Em grande parte, o LP é composto por gravações do ex-primeiro-ministro da nação insular, Maurice Bishop, com alguns trechos de notícias adicionados no início e no final. O projeto foi organizado por Filipe Sigidi Braudy (diretor musical da filial de Washington da *Pacifica Radio*) e distribuído pela Inter-American Communication Foundation, uma associação da qual não consegui encontrar menção em nenhum outro lugar.

LINCE PRODUCCIONES
Argentina

Um selo argentino que durou do final dos anos 1960 até os anos 1970. Lançou cerca de quarenta discos de *nueva canción*, *nueva trova*, discursos e poesias, todos voltados para a política latino-americana e espanhola, de posições de esquerda e populistas. No catálogo, muitos chilenos como Rolando Alarcón, *Quilapayún* e os Parras, além de discursos de Che Guevara e canções da Guerra Civil Espanhola.

LINEA ROSSA
Itália

Espécie de subselo da gravadora *I Dischi del Sole*, criado para lançar *singles*. Entre 1967 e 1974, a *Linea Rossa* (*Linha Vermelha*, em português) lançou aproximadamente vinte compactos. Não tenho 100% de certeza do que distingue esses lançamentos do restante do catálogo da "matriz" – muitos são anarquistas e comunistas, mas não na sua totalidade. O selo disponibilizou dois diferentes compactos com músicas sobre o anarquista Giuseppe "Pino" Pinelli, assassinado pela Polícia do Estado italiano, em 1969. Também lançou um 7 polegadas protestando pela libertação de Giovanni Marini, um jovem poeta anarquista preso no início dos anos 1970, sob a acusação de ter matado um estudante fascista em uma briga de rua. Ainda na década de 1970, a *Linea Rossa* produziu uma versão para *jukebox* de um de seus *singles*, alcançando um nível significativo de popularidade entre os jovens.

LINKS
Bélgica

Do neerlandês, *Esquerda*, é a versão abreviada de *S.V. Links*, uma organização de esquerda ou editora sediada em Gante, na Bélgica. Em 1972, lançou um LP de John Lundström chamado *Waar is de Tijd*. O disco apresenta um pop folk com temática trabalhista/comunista, em canções como "Den 1e Mei" (Primeiro de Maio), "De Staking" (A Greve) e "Klacht Van De Werkman" (Reclamação do Trabalhador). Depois, pela CBS Records, Lundström gravou discos muito menos engajados.

LION'S ROAR RECORDS
EUA

O selo do cantor, compositor e ativista Lenny Anderson. Nos anos 1980, usou esse nome para lançar dois discos: *A Song Would Be Better* e *Hot Off the Press*. A melhor definição de Lenny está na contracapa de um de seus álbuns: "Dezesseis anos atrás, comprei minha Gibson Hummingbird e comecei a dedilhar e cantar um monte de músicas de Dylan e Guthrie. Mais ou menos na mesma época, comecei a operar uma impressora offset para a *Draft Resistance*, imprimindo folhetos e panfletos. Tenho me dividido entre a música e a impressão desde então".

LIVE OAK RECORDS
EUA

Eis o selo que lançou o álbum *Texas Oasis: Environmental Songs for Texas and the World* (1982), de Bill Oliver, uma ode *country* ao mundo natural do Texas. O disco foi produzido e distribuído pelo *Lone Star Sierra Club* com o apoio de dezenas de outras organizações ambientais da região. (Não confundir com a outra *Live Oak Records* do Texas, uma gravadora cristã.)

LOCAL 1199 DRUG AND HOSPITAL UNION
EUA

Originalmente criado para dar suporte aos trabalhadores sindicalizados de farmácias, o *Local 1199* era um sindicato de esquerda radical (com sede em Nova York) que começou a organizar os trabalhadores negros e porto-riquenhos da área da saúde nos anos 1960. A entidade lançou um LP com trechos de um discurso que Martin Luther King Jr. fez no sindicato, em 10 de março de 1968, menos de um mês antes do seu assassinato. Intitulado *At Local 1199*, o disco apresenta excertos abordando e enaltecendo o próprio sindicato. Nos anos 1980, o *Local 1199* havia se espalhado por mais de meia dúzia de estados americanos; ao mesmo tempo, estava se distanciando da sua base inicial, conectada ao Sindicato do Varejo, Atacado e Lojas de Departamento (RWDSU, na sigla em inglês). Por fim, a maioria dos distritos acabou se juntando ao Sindicato Internacional dos Empregados de Serviços (SEIU), criando o 1199SEIU.

este selo, lançou o álbum *Songs of the FDR Years* (1979), que trazia temas sobre o mundo do trabalho e a Grande Depressão, também conhecida como Crise de 1929. Berkeley era um cantor folk, mas também teve uma breve carreira no rockabilly e no bluegrass (tocando na *Old Reliable String Band*, com Tom Paley). Trotskista na juventude, Berkeley deu uma guinada à direita nos anos 1990, juntando-se à Associação Nacional do Rifle (NRA, na sigla em inglês) e se tornando um vice-xerife local.

LONGO MAÏ

LONGO MAÏ
Suíça
Um selo suíço capitaneado pelo politizado músico folk Willi Stelzhammer. Lançou alguns discos nos anos 1970, incluindo um álbum duplo de canções antifascistas, chamado *Antifaschistische Lieder*. Stelzhammer fazia parte de um grupo de estudantes antiautoritários da Suíça que comprou um terreno nos Alpes, em 1973, para estabelecer uma cooperativa agrícola e comuna anticapitalista, conhecida como *Longo Maï*.

LOONY TUNES
Reino Unido
A *Loony Tunes* começou em 1986, como o selo da banda anarcopunk *Active Minds*. Na leva inicial de lançamentos: várias coletâneas; o compacto *Destroy Fascism!*, do *Antidote* (uma espécie de supergrupo formado por membros do *Chumbawamba* e *The Ex*); e bandas anarcopunk britânicas, como *Alternative Attack*, *Atavistic* e *Generic*. O selo tem se empenhado na missão de lançar apenas em vinil: são 52 discos em mais de 35 anos de vida.

LONGVIEW RECORDS
EUA
Gravadora de Roy Berkeley, criada depois que se mudou para Shaftsbury, em Vermont, no início dos anos 1970. Com

LOTTA CONTINUA
Itália

Foi um grupo extraparlamentar de esquerda radical ativo na Itália desde o final dos anos 1960 até o final da década seguinte. Embora tivesse sua importância como organização, a *Lotta Continua* ficou mais conhecida por seu jornal, que circulou diariamente entre 1972 e 1974. No período de 1969 a 1974, a organização produziu em torno de quinze compactos, a maioria de Pino Masi, um cantor engajado que fazia parte do *Gruppo del Canzoniere Pisano*. Muitos dos discos parecem ser de temas de campanhas políticas da *Lotta Continua*, como "Prendiamoci la Città" (Vamos Tomar a Cidade) e "L'Anno del Fucile" (O Ano do Fuzil). Alguns dos compactos foram lançados como suplementos do jornal. Também estava envolvida com o selo *Circolo Ottobre*.

LOVE RECORDS
Finlândia

Foi uma das maiores gravadoras independentes da Finlândia. Fundada em 1966 pelos músicos Otto Donner e Christian Schwindt e pelo produtor e crítico Atte Bloom, a gravadora funcionou por quatorze anos e lançou mais de setecentos discos de vinil. Ela prensava e distribuía alguns selos menores, como *Cuba* e *Eteepain!*, mas também produziu sua própria cota de material político. Nos anos 1960 e início dos 1970, a *Love* lançou discos em solidariedade ao Vietnã e à América Latina, tanto da trupe de teatro político кoм-*Teatteri* quanto do grupo de folk marxista *Agit-Prop*.

LOVE CONQUERS ALL
Reino Unido

Um interessante projeto da pequena gravadora britânica тмт, especializada em disco music. Aparentemente, lançou apenas um título: um compacto da faixa "Thank You, We Love You", do *The Power of Love*, um deep funk misturado com trechos de discursos de Nelson Mandela e Oliver Tambo (Congresso Nacional Africano). O disco não tem data, mas creio que seja do início dos anos 1990 e que coincidiu com a época em que Mandela foi libertado da prisão.

MACONDO
Uruguai

Uma pequena gravadora independente, ativa entre 1968 e 1979. Lançou bastante coisa de música latino-americana, incluindo folk psicodélico politizado, blues, bandas de rock (*El Sindykato* e *Montevideo Blues*), o cantor chileno Rolando Alarcón, um compacto do poeta Pablo Neruda, além de vários artistas de cúmbia. É muito provável que o nome do selo tenha sido tirado da cidade fictícia do romance *Cem Anos de Solidão*, de Gabriel García Márquez, publicado pela primeira vez em 1967.

MANCHESTER GREENHAM COMMON WOMEN'S SUPPORT GROUP
Reino Unido

Em 1983, essa organização de solidariedade lançou um compacto de folk feminista, como forma de apoiar as mulheres que protestavam contra as armas nucleares na base militar de Greenham Common.

MANIFEST
Suécia

Selo de rock e folk, que lançou mais de trinta discos entre 1975 e 1985. Os primeiros lançamentos tinham um viés político, com foco no *progg*, bem como na música folk nórdica. O *Manifest* contava com suporte e distribuição de uma *major*, a MNW.

MANIFESTO
Grécia/Itália

Projeto greco-italiano que lançou alguns discos no final dos anos 1970. Ao que parece, os vinis eram prensados na Itália com a intenção de distribuí-los na Grécia. No catálogo, coisa como: um álbum de canções revolucionárias internacionais (*Chants de la Revolution des Peuples*, com uma foto de Che na capa); uma gravação de campo do levante antifascista que teve início no Instituto Politécnico de Atenas, em 1973, quando a Grécia ainda era governada por uma junta militar de direita; e alguns discos de música grega de protesto.

il manifesto

IL MANIFESTO
Itália

Uma pequena gravadora coordenada por um jornal de esquerda com o mesmo nome. Quase todo o catálogo foi lançado apenas em CD, mas o disco inaugural foi um compacto em solidariedade à Palestina, de um grupo chamado *Coro Al Aqsa*. Esse disco vinha encartado na edição 298 do jornal.

MARX-DISC
Alemanha Ocidental

Selo usado pelo Partido Comunista Alemão (DKP) para lançar um *flexi disc* do fictício grupo de rap *Kohl and the Gang*. O disquinho tirava sarro do então chanceler Helmut Kohl por participar de jogos enquanto a população estava desempregada e sem perspectivas. O *flexi* tinha uma capa moderna para um partido comunista tão tradicional. No encarte, a seguinte afirmação: "Dançar é bom, diz Marx. 'O homem deve forçar esses relacionamentos petrificados a dançar, dando-lhes sua própria melodia'".

MARY RECORDS, INC.
EUA

O selo de Mary Lou Williams. A artista usou este selo para lançar quatro álbuns e alguns compactos entre 1964 e 1975. Williams se destacou como uma das poucas mulheres envolvidas na cena jazz pós-bop; embora seja relativamente desconhecida fora dos círculos do jazz, os músicos para os quais ela compôs e arranjou (bem como tocou junto) são nomes muito famosos: Duke Ellington, Charlie Parker, Miles Davis, Thelonious Monk, Dizzy Gillespie e muito outros. Pianista, ela escreveu e tocou um jazz que era mais religioso do que político, mas lançou (pela *Mary Records*) o LP *Music For Peace* [Música Pela Paz], em 1970.

MASARWA
Inglaterra

Selo criado apenas para lançar um projeto internacional: um compacto gravado por um grupo radical de rock alternativo escandinavo, que se autodenominava *Intifada*. Em 1989, esse grupo lançou no Reino Unido o *single* beneficente em prol de Machmoud Masarwa, um trabalhador e militante palestino que era ligado a dois grupos trotskistas: Comitê por uma Internacional dos Trabalhadores (CIT) e Alternativa Socialista (SA, na sigla em inglês). Na época, essa ala sectária do trotskismo seguia uma estratégia chamada "entrismo": ou seja, abrir caminho secretamente em organizações de esquerda maiores, a fim de tentar dominá-las por dentro. Provavelmente por causa disso, os nomes dos grupos listados no encarte do disco são claramente organizações de fachada: "Campanha do Movimento Trabalhista pela Libertação de Machmoud Masarwa" e "Campanha em Defesa de Masarwa". Masarwa havia sido preso em 1988, durante a Primeira Intifada, acusado de terrorismo e espionagem, e esse compacto foi produzido para apoiar e financiar sua defesa. Nenhum dos músicos desse disco parece ter gravado mais nada, e só posso presumir que eram artistas de esquerda que queriam apoiar a causa. Talvez até fossem trotskistas também, mas, para adicionar ainda mais estranheza para esse disco, o lado B traz a faixa "The Wobblies", dedicada ao sindicato Trabalhadores Industriais do Mundo (IWW, na sigla em inglês), mais conhecido por suas atividades entre 1910 e 1930. E, decididamente, sem o menor traço trotskista.

MASCARONES
México

Ao que tudo indica, existiram dois selos chamados *Mascarones* no México, na década de 1970, e é muito difícil separá-los. Um deles era um grupo de teatro da Cidade do México, que lançou uma combinação de gravações de músicas e apresentações teatrais (e, em diferentes momentos, colaborou com *o El Teatro Campesino*). O outro era um selo, editora e projeto do *Centro Cultural Mascarones*, em Cuernavaca, capital do estado de Morelos. O Centro era conduzido pelas ideias do revolucionário mexicano Emiliano Zapata e pelo espírito do radicalismo latino-americano mais amplo, incorporado tanto por Che Guevara (com sua imagem usada como logotipo – na verdade, Che foi usado por ambos os *Mascarones*) Quanto por Salvador Allende e sua Unidade Popular (UP) no Chile.

MEDISCH KOMITEE ANGOLA
Holanda

Não era um selo, mas sim uma das organizações que ajudou a produzir uma série de discos de solidariedade holandesa com a África Meridional, durante os anos 1970. Estava conectada ao *Anti-Apartheids Beweging Nederland* (Movimento Antiapartheid da Holanda) e, quando não era usada como um nome de selo, aparecia com frequência como uma das beneficiárias dos lucros obtidos com as vendas dos discos holandeses de solidariedade à África Austral.

MEK RECORDS
Inglaterra

Um selo da segunda metade dos anos 1980, focado no folk tradicional de dissidentes ingleses, como os *Diggers* (Escavadores) e os *Levellers* (Niveladores), algo evidenciado na coletânea *The English Rebels*. Também lançou músicas mais modernas da classe trabalhadora, como é o caso do disco *Sharpen the Sickle*, do *Fieldwork*.

MELODIYA (МЕЛОДИЯ)
URSS

Fundada em 1964, esta gravadora estatal monopolizou o funcionamento da indústria fonográfica na União Soviética. Em seus trinta anos de exclusividade no enorme território, lançou mais de 20 mil títulos. A grande maioria não cabe no recorte deste livro, mas nesse oceano havia ilhas de insurgência política em forma de disco, incluindo *nueva canción* e música folclórica anti-imperialista da América Latina e da África – de Victor Jara a Amandla, o grupo cultural do Congresso Nacional Africano.

MENYAH
EUA

Este selo lançou apenas um disco: *¡Huelga en General!* (1976), uma gravação do *El Teatro Campesino* interpretando canções do *United Farm Workers*.

MERENGUE
Angola

O conjunto *Merengue* (também conhecido como *Merengues*) era a banda de estúdio da gravadora CDA. Em 1973 ou 74, a CDA criou este selo para lançar compactos de cantores que usaram os *Merengues* como grupo de apoio nas gravações (eles também trabalharam muito como banda de estúdio para o selo *Movimento*). No fim das contas, o selo *Merengue* lançou noventa compactos em meados dos anos 1970. Grande parte do catálogo não tinha conotação diretamente política, mas a comoção pela independência de Angola pode ser sentida nos discos, especialmente em canções de apoio ao MPLA (Movimento Popular para a Libertação de Angola), à libertação das mulheres, à vigilância revolucionária e muito mais.

METRO-SOM
Portugal

A *Metro-Som* foi criada em 1974 pelo músico e produtor Branco de Oliveira, mais ou menos na mesma época da Revolução dos Cravos. Muitos dos primeiros lançamentos foram produtos diretos da revolução, como o álbum *Canções para a Liberdade*, de Arlindo de Carvalho, e alguns compactos do Coro Nacional em nome do MFA (Movimento das Forças Armadas, os generais de esquerda que lideraram o movimento que lançou a revolução).

MICHGA
EUA

Um selo especializado em música haitiana. A *Michga* lançou diversos discos de músicos críticos à ditadura de Duvalier, entre eles *Les Freres Parent*, grupo do qual participava Jean Jacques Parent, uma figura de oposição ao regime, que depois se tornou senador. O disco que o grupo lançou em 1986, chamado *Operation Dechoukaj*, que celebra a greve geral em fevereiro daquele ano contra o regime de Duvalier.

MICHIGAN INTERCHURCH COMMITTEE ON CENTRAL AMERICAN HUMAN RIGHTS
EUA

Em 1982, este grupo ativista inter-religioso de Detroit lançou um *single*. O 7 polegadas traz duas canções folk autorais, dedicadas a El Salvador e à Nicarágua. Os músicos são todos amadores, com carreiras como assistentes sociais, educadores e religiosos.

MILKYWAY
Holanda

Um selo controlado pelo clube *Melkweg*, de Amsterdã. No final dos anos 1970 e início dos anos 1980, lançou cerca de uma dúzia de discos documentando apresentações realizadas no local. Alguns destaques: um álbum ao vivo da edição de 1979 do *Vrouwenfestival* (Festival das Mulheres); uma série de coletâneas chamada *Africa Roots*, reunindo artistas de *highlife*, *soukous* e *Zulu jive*; e um LP duplo de poesia política, com nomes como Ed Sanders (dos *Fugs*), Linton Kwesi Johnson e Diane di Prima.

MINER HITS RECORDS
Reino Unido

Este selo foi montado apenas para produzir um compacto da *Kellingley Colliery Band*, em 1984. O 7 polegadas foi gravado e lançado em homenagem a Joe Green, um mineiro de North Yorkshire, morto em um piquete durante a greve da categoria naquele ano.

MINISTRY OF POWER

MINISTRY OF POWER
Reino Unido

Foi o selo do *Test Dept.*, uma banda londrina de industrial e *noise*. Embora a banda tivesse acordos de produção e distribuição com outras gravadoras independentes (como *Invisible*, *Jungle* e *Some Bizzare*), usou a etiqueta MOP na maioria de seus lançamentos nos anos 1980 e início dos anos 1990, começando em 1985, com o LP *Shoulder to Shoulder*, gravado com o *South Wales Striking Miners Choir*, em apoio à greve dos mineiros do Reino Unido. O *Test Dept.* foi uma das bandas industriais britânicas mais engajadas dos anos 1980, gravando músicas com títulos incríveis como: "Long Live British Democracy Which Flourishes and Is Constantly Perfected Under the Immaculate Guidance of the Great, Honourable, Generous and Correct Margaret Hilda Thatcher, She Is the Blue Sky in the Hearts of All Nations, Our People Pay Homage and Bow in Deep Respect and Gratitude to Her, The Milk of Human Kindness" (Viva a democracia britânica que floresce e se aperfeiçoa sob a imaculada orientação da grande, honrada, generosa e correta Margaret Hilda Thatcher. Ela é o céu azul nos corações de todas as nações. Nosso povo presta homenagem e se curva em profundo respeito e gratidão a ela. O leite da bondade humana). A faixa de título gigante se encontra no disco *A Good Night Out*, com o número de catálogo MOP 3.

THE MINORITY OF ONE

THE MINORITY OF ONE
EUA

O selo de Menachem S. Arnoni e sua revista de mesmo nome. Em 1965, lançou um LP com a gravação do discurso de Arnoni na Universidade da Califórnia, em Berkeley, contra a intervenção dos EUA na Guerra do Vietnã. Arnoni foi um filósofo e ativista que sobreviveu aos campos de concentração nazistas e se tornou um defensor declarado da paz. Era uma figura frequente nos encontros antiguerra nas universidades americanas, mas também dava um show paralelo como fã das teorias da conspiração envolvendo o assassinato de John F. Kennedy.

MINOS
Grécia

Fundada em 1960, a *Minos* foi a primeira gravadora na Grécia a lançar o gênero musical rebético. O rebético tem vários pontos de origem, mas é uma música folclórica grega da classe trabalhadora que se desenvolveu em bairros urbanos pobres nos anos 1950 e 1960. Dá para dizer que é o equivalente grego à *nueva canción* da América Latina. A gravadora recebeu o nome do seu fundador, o compositor Minos Matsas, e lançou discos de artistas como Panos Tzavelas, Manos Hatzidakis e Mikis Theodorakis.

Em 1991, foi comprada pela EMI e se tornou um selo pop e comercial, sem simpatias políticas.

MISEREOR
Alemanha Ocidental

Um pequeno selo religioso da Alemanha, do final dos anos 1970 e início dos anos 1980. O *Misereor* nasceu de um estúdio de gravação com o mesmo nome e lançou música folclórica politizada na tradição da teologia da libertação. Eu tenho um disco do selo – uma coleção de canções de Soweto, chamada *How Long Must We Suffer?* –, mas encontrei referências de pelo menos outros seis discos, principalmente de material das Américas (*nueva canción*, MPB, música haitiana) e um compacto com música das Filipinas.

MMM RECORDS
Holanda

Selo usado para lançar um LP de punk satírico chamado *Miljoenen Magen*, de *Verz Ed*. *Verz* fazia parte da cena punk da cidade de Wormer, na província da Holanda do Norte, e tinha ligações com a banda *The Ex*. Este disco veio encartado numa edição da revista anarquista *Gramschap* e foi produzido em parceria com o selo da publicação, *Disaster Electronics*.

MNW
Suécia

A *Musiknätet Waxholm* (quase sempre identificada apenas como MNW) foi uma das maiores gravadoras independentes da Suécia. Surgiu em 1969, a partir de um estúdio em Vaxholm (fora de Estocolmo), e começou como um empreendimento cooperativo. Desde o início, a MNW foi a principal plataforma para o *progg* sueco (rock e folk com letras políticas e socialmente engajadas). Logo após sua fundação, a MNW fez uma parceria com a gravadora *Silence* para montar a SAM-*Distribution*. Como parte de sua filosofia antiautoritária, estabeleceu a proposta de descentralizar a indústria musical sueca, ajudando a semear selos com ideias similares em outras partes do país, como a *Nacksving* em Gotemburgo, a *Amalthea* em Malmö e a *Manifest* no norte da Suécia. A SAM distribuía esses selos independentes, mas os vinis eram prensados na fábrica de discos da MNW. (Em 1975, a MNW fundou a *Ljudpress*, uma fábrica de produção de vinil na cidade de Östersund.) A MNW acabaria adquirindo e absorvendo os selos *Nacksving* e *Manifest*, mas não antes do final dos anos 1980. Em sua primeira década, a gravadora lançou nomes importantes da cena escandinava de folk e rock politizados, como os grupos *Södra Bergens Balalaikor*, NJA-*Gruppen*, *Fickteatern* e *Røde Mor*, além do exilado chileno

Francisco Roca. Nos anos 1980, trilhou um caminho similar ao da *Rough Trade* no Reino Unido, convertendo-se em um canal privilegiado para o punk e a new wave, e tornando-se o distribuidor escandinavo dos selos independentes europeus, especialmente os britânicos, incluindo 4AD, *Beggars Banquet*, *Factory* e *Rough Trade*. Por volta do ano 2000, a gravadora foi vendida a uma empresa de investimentos e parece ter sido absorvida pela *Universal Music Group*, encerrando trinta anos de independência.

MOBILIZATION FOR SURVIVAL
EUA

Criada em 1977, a *Mobilization for Survival* (MFS, mas também conhecida como *The Mobe*) foi uma coalizão de grupos e indivíduos organizados contra a energia nuclear e as armas. Era antimilitarista e, no início dos anos 1980, trabalhou em conjunto com grupos que se organizavam contra a intervenção dos Estados Unidos na América Central. Em 1981, a seção de Boston, em parceria com a filial de Boston de um comitê de apoio ao povo de El Salvador (CISPES, *Committee in Solidarity with the People of El Salvador*), lançou um compacto intitulado *Para El Salvador*. No lado A, a faixa "No More Vietnams", do artista folk Fred Small; e o lado B é "Tarde Obrera", do grupo imigrante latino-americano Ñancahuazú, com músicos adicionais do porto-riquenho *Cimarrón*. As vendas do disco ajudaram a financiar ambas as organizações (MFS e CISPES). A capa do compacto possui uma arte bem elaborada, produzida pela *Brushfire Graphics*; Keith McHenry, cofundador da *Food Not Bombs*, fazia parte da *Brushfire*.

MOKER
Holanda

Este selo de Amsterdã foi criado apenas para lançar um compacto, em algum momento dos anos 1970. *Moker* significa *Marreta*, mas também é um trocadilho com o termo *Mokum*, um apelido local para a cidade de Amsterdã. O 7 polegadas foi produzido numa colaboração entre indivíduos envolvidos em ocupações e os residentes de longa data do bairro operário de Jordaan. Essas pessoas lutaram em conjunto contra as desocupações e a construção de um metrô, que atravessou parte do distrito.

MONITOR
EUA

A gravadora *Monitor* foi criada em 1956, por Michael Stillman e Rose Rubin. Uma das metas era fornecer aos EUA acesso à produção musical do Leste Europeu, mas isso rapidamente se expandiu para músicas de todo o planeta. Em termos de política, a grande contribuição da *Monitor* foi disponibilizar os discos de Victor Jara e *Inti-Illimani* para o público americano, além de outros artistas engajados, como as canções da cantora de protesto brasileira Zélia Barbosa.

ria da segunda onda de grupos anarcopunk do final dos anos 1970/início dos anos 1980. O *Mortarhate* também organizou coletâneas, inclusive uma em apoio ao *Animal Liberation Front* (Frente de Libertação Animal). O selo ainda existe, principalmente para lançar os discos do *Conflict*.

MORE RECORD COMPANY
EUA

Em 1968, lançou uma gravação do discurso de Eldridge Cleaver na Universidade de Syracuse (com o criativo título *Eldridge Cleaver Recorded at Syracuse*). Depois, em 1970, relançou-o com um nome mais cativante, *Soul on Wax*, um trocadilho com o título do seu livro mais vendido, *Soul on Ice*.

MORTARHATE
Reino Unido

Fundado pela banda anarcopunk *Conflict*, em 1983, depois que saíram do selo *Corpus Christi*, da banda *Crass*. As atividades iniciais do selo ocorreram entre 1983 e 1995: além de vários discos do *Conflict*, também lançou vinis do *Icons of Filth*, *The Apostles*, *Hagar the Womb* e um punhado de outras bandas, a maio-

MOUVEMENT CONTRE L'ARMEMENT ATOMIQUE
França

Esta organização produziu um 10 polegadas em 1966, com um discurso contra as armas nucleares proferido por Jean Rostand, um filósofo, biólogo experimental e presidente honorário do MCAA. O *Mouvement Contre l'Armement Atomique* (MCAA, Movimento Contra as Armas Atômicas) foi fundado em 1963, como uma alternativa socialista ao controle exercido pelo Partido Comunista sobre o movimento pacifista. Evoluiu para uma organização pacifista mais ampla, conhecida como *Le Mouvement pour le Désarmement, la Paix et la Liberté* (MDPL), algo parecido com o CND do Reino Unido e com a *War Resisters League* dos EUA. Rostand também lançou vários registros pelo selo *Les Disques* ICEM-CEL.

MOVIMENTO
Angola

Dentre os pequenos selos angolanos que produziram discos logo após a descolonização, o *Movimento* era o mais abertamente político. Assim como a *Merengue*, lançava apenas *singles*, com produção e distribuição controladas pela *Companhia de Discos de Angola* (CDA). O selo *Movimento* lançou menos de dez compactos, mas alguns deles são documentos incríveis da música anticolonial, incluindo as faixas "O Guerrilheiro", de David Zé, e "Viva Cabral", de Maiuka.

MOVIMENTO DEMOCRÁTICO DE MULHERES
Portugal

Organização feminista portuguesa, fundada em 1968 para promover os direitos das mulheres. Em 1974, após a Revolução dos Cravos, o MDM assumiu um papel mais relevante na sociedade, lutando por licença maternidade, creches acessíveis, salários iguais e direito ao aborto. Em 1975, lançou um compacto do engajado músico José Barata Moura, com as canções "Apelo às Mulheres na Revolução" e "No Ano Internacional da Mulher".

Esse 7 polegadas foi produzido e distribuído pela *Guilda da Música*.

MOVIMENTO FEMMINISTA ROMANO
Itália

Um coletivo feminista romano que lançou dois LPS nos anos 1970. O álbum *Canti Delle Donne in Lotta*, de Fufi Sonnino e Yuki Maraini, foi lançado pelo coletivo em 1976 e reprensado pela gravadora *I Dischi dello Zodiaco* mais tarde naquele ano. Alguns anos depois, em 1980, Sonnino gravou um disco com temática feminista e lésbica (*Ma... Un Giorno Di Luna Ancor Piena*) pelo selo MFR.

MOVIMIENTO AL SOCIALISMO
Venezuela

Foi uma dissidência do Partido Comunista da Venezuela. Quando o PC foi banido e passou à clandestinidade, formou-se o MAS (em 1971), que decidiu tentar uma estratégia eleitoral para chegar ao poder. Com o tempo, se transformou em um partido social-democrata e, em 1988, fundiu-se com os remanescentes do MIR, o movimento revolucionário de esquerda. Inicialmente, o MAS apoiou Hugo Chávez e o movimento bolivariano, mas acabou rompendo e se unindo à oposição. Bem antes disso, em 1981, o MAS lançou um 12 polegadas com quatro músicas, do *Conjunto Pueblo Zuliano*, com o título *Gaitas de Protesta y Esperanza* (Gaitas de Protesto e Esperança – a *gaita* é um gênero musical venezuelano, originário do estado de Zulia). Curiosamente, o disco traz um presépio na capa, então é possível que tenha sido lançado para coincidir com o Natal.

MOVIMIENTO DE LA CULTURA POPULAR
El Salvador

Era uma organização que fazia parte do Partido Revolucionário dos Trabalhadores Centroamericanos (PRTC). O PRTC, por sua vez, foi um partido marxista-leninista que se separou do Exército Revolucionário do Povo (ERP), em 1975. Os militantes do MCP eram guevaristas que queriam construir um grupo revolucionário com atuação na América Central, criando estruturas partidárias na Costa Rica, Guatemala, Honduras, Panamá, bem como em El Salvador. Em 1980, o MCP ajudou a estruturar a Frente Democrática Revolucionária (FDR), a coalizão da sociedade civil alinhada com a armada FMLN. Em algum momento no início dos anos 1980, o MCP lançou um álbum dos baluartes revolucionários salvadorenhos, o *Yolocamba I Ta*, intitulado *El Salvador – Su Pueblo, Su Lucha, Su Canto*.

MPLA/DIP
Angola/Moçambique

O selo do Departamento de Informação e Propaganda do MPLA (Movimento Popular de Libertação de Angola), a ala de propaganda do grupo político que libertou o país do domínio português. Produziu (do outro lado da fronteira, em Moçambique) alguns compactos e um LP durante o auge do movimento de independência de Angola, em 1974. Embora não conste um logotipo de gravadora nos discos, há sempre uma versão entrelaçada de um V e um C, que representam o slogan do MPLA: "A Vitória é Certa!".

AL-MU'ASSASA AL-FANNIYA AL-ALAMIYA
Líbano

Uma gravadora libanesa que lançou vários discos – durante a Guerra Civil Libanesa – em apoio à Palestina, ao internacionalismo e aos partidos políticos de esquerda armados.

MUHAMMAD'S MOSQUE OF ISLAM
EUA

Este selo de Chicago foi um dos muitos coordenados pela Nação do Islã. Todavia, o *Muhammad's Mosque of Islam* foi usado para lançar (nos anos 1960) uma série de sermões religiosos do líder do grupo, Elijah Muhammad.

M.W.I.C.
(Multicultural Women In Concert)

MULTICULTURAL WOMEN IN CONCERT
Canadá

Também conhecido como *M.W.I.C. Records*. Este selo (com sede em Toronto) pertencia a Faith Nolan, uma cantora e compositora da classe trabalhadora, cujas raízes familiares apontavam uma mistura entre África, Irlanda e a etnia indígena Micmac, do leste do Canadá. Com este selo, ela lançou três álbuns de folk politizado nos anos 1980, antes de gravar um LP para a *Redwood Records*, em 1989. Seu disco *Africanville* (1986) consiste em um conjunto de canções que contam a história de como os povos africanos chegaram ao Canadá e como eram suas vidas.

MUNDO NOVO
Portugal

Um selo do final dos anos 1970, com foco em artistas portugueses inspirados na *nueva canción* latino-americana, incluindo a *Brigada Victor Jara* e o *Grupo Trovante*.

MUSANGOLA
Angola

Um pequeno selo angolano, especializado em 7 polegadas, que lançou uma dúzia de discos em meados da década de 1970. Na sua maioria, compactos de merengue, com temas relacionados ao anticolonialismo e à independência de Angola. O viés político é fortalecido pelas capas marcantes, trazendo imagens de protestos montadas com cartazes e faixas listando os músicos e os nomes das canções (como "Independência" e "Neto", por exemplo).

MUSIC FOR H-BLOCK
Irlanda

Um projeto lançado em 1978 por músicos irlandeses que usaram sua influência cultural para apoiar as pessoas que faziam greve de fome na Irlanda do Norte. Foram produzidos um LP e um compacto, com músicas de nomes como Francie Brolly, Mick Hanly (*Moving Hearts*), Matt Molloy (*The Chieftains*) e Christy Moore. Todos os royalties do projeto foram para o *Relatives Action Committee* (RAC), uma organização de familiares de presos políticos republicanos, criada em 1976, que assumiu um papel de liderança no apoio às greves de fome usadas pelos prisioneiros para chamar a atenção para suas péssimas condições de vida e também como uma ferramenta política na luta pela independência da Irlanda do Norte.

MUSICIANS UNITED FOR SAFE ENERGY, INC. (MUSE)
EUA

Em 1979, esta organização planejou e realizou o show *No Nukes* (em tradução livre, Sem Armas Nucleares), um grande evento de cinco noites no Madison Square Garden. Os shows resultaram em um disco ao vivo triplo, lançado pela *Asylum Records*, com alguns dos maiores nomes da música da época, como Bruce Springsteen, James Taylor, Carly Simon, Chaka Khan, *Crosby, Stills & Nash* e os *Doobie Brothers*. Gil Scott-Heron e *Sweet Honey in the Rock* também aparecem no disco, com uma música cada. Por conta própria, o MUSE também produziu um LP promocional de entrevistas (com o título MUSE Views) para *spots* de rádio, com trechos de depoimentos críticos às armas nucleares, de artistas como James Taylor, Bonnie Raitt e Jackson Browne. O vinil ainda conta com um cover de Bob Dylan: "The Times They Are A-Changin", interpretado por James Taylor, Carly Simon e Graham Nash. Na década de 1990, o selo do MUSE também foi usado para lançar uma série de coletâneas em CD, com temática ambiental.

MUSIC IN CRISIS
França

Nome usado pela compositora Roberta Settels para lançar seu disco experimental, *Isolation! Meinhof In Memoriam*, em 1985. Settels cresceu nos EUA, mas morou a maior parte de sua vida na Suécia e na França. Embora tenha trabalhado com a organização *Fylkingen* (uma espécie de agrupamento de música/arte experimental), *Isolation!* foi o seu único material solo lançado. O álbum é uma paisagem sonora bastante intrincada, dedicada à memória de Ulrike Meinhof, uma militante do grupo alemão de guerrilha urbana conhecido como Fração do Exército Vermelho. Meinhof morreu na prisão em 1976, mas não se sabe ao certo se cometeu suicídio ou foi assassinada pelo Estado.

MUSIC IS LIFE
Jamaica

Nome do selo escolhido para lançar o disco beneficente *Land of Africa*, em 1985, uma espécie de *We Are the World* do reggae. O *single* serviu para arrecadar dinheiro para as vítimas da fome na Etiópia. Vários pesos pesados do reggae participaram dessa gravação, como David Hinds (Steel Pulse), Gregory Isaacs e Mutabaruka.

MUSIKANT
Alemanha Ocidental

Este selo roqueiro alemão de médio porte se apresenta como um caso interessante para avaliar o que é ser "político". Se por um lado a gravadora não parece ter nenhuma inclinação ideológica específica, a grande maioria do seu catálogo tem. Foi a casa original do BAP, uma banda de rock alemã de grande sucesso que canta em Kölsch, um dialeto de Colônia; do cantor e compositor social-democrata Klaus Lage; e do *Bots*, um grupo de folk politizado de esquerda. A *Musikant* também lançou discos de *Wolf Biermann*, do artista Joseph Beuys e do grupo de krautrock *Schroeder Roadshow*.

MUSIKERINITIATIVE OSTWESTFALEN-LIPPE
Alemanha Ocidental

Iniciativa dos Músicos da Vestfália Oriental-Lippe (MOL, na sigla em alemão) foi o nome utilizado para lançar cinco LPs (incluindo dois discos duplos) documentando os festivais anuais *Umsonst & Draussen*, realizados em Vlotho, na Alemanha, de 1975 a 1978. Nos moldes dos festivais de Stonehenge, no Reino Unido, os eventos em Vlotho eram grandes encontros contraculturais da juventude. Esses festivais reuniram uma série de artistas de krautrock, em especial da cena dos selos *Schneeball* e *April Records*, passando por grupos de jazz-rock intenso (como *Embryo*) até aqueles mais políticos (Checkpoint Charlie, Sparifankal). Os discos apresentavam produções bastante luxuosas, com capas *gatefold*, livretos, pôsteres e impressão com tinta metálica.

MUSIKPRES
Dinamarca

Selo de Copenhague que lançou uma lista pequena, porém eclética, de projetos locais. Alguns destaques: uma compilação em comemoração ao espaço político comunitário *Folkets Hus* (Casa do Povo), um 7 polegadas do grupo ativista *Nørrebro Beboeraktion* e um LP com canções de Brecht/Eisler, produzido pelo *Husets Teater*.

A MUSLIM SINGS
EUA

Por um curto período, esta foi a gravadora da Nação do Islã. No final dos anos 1950/início dos anos 1960, o selo produziu uma série de compactos de calipso do ministro Louis Farrakhan, então conhecido como Louis X – um deles traz a canção "A White Man's Heaven Is a Black Man's Hell". Ver também *Salaam Records*.

NABATE
Bélgica

Selo anarquista da terceira onda do punk, fundado por Al Plastic e Manu, ambos integrantes da banda *Unhinged*. O *Nabate* lançou cerca de duas dúzias de discos entre 1987 e 2000, incluindo material de nomes como *The Ex*, *Hiatus*, *Los Crudos* e *One by One*. Uma parte importante da cena punk DIY anarquista pós-*Crass* na Europa.

NACKSVING
Suécia

Mais uma gravadora sueca de *progg* político. A *Nacksving* lançou os discos de importantes bandas locais de folk engajado e *progg*, como *Nationalteatern* e *Text & Musik*. Além disso, também produziu um 7 polegadas da música "Song for Leonard Peltier", do cantor/compositor americano Jim Page.

NADIYA
Reino Unido

Selo capitaneado por Hilton Fyle, um músico e apresentador de rádio da BBC *Network Africa* (Fyle nasceu em Serra Leoa). O selo se concentrava mais no funk com toques eletrônicos de Fyle, mas também lançou um LP de canções antiapartheid da África do Sul e um discurso do bispo Desmond Tutu.

NARREN
Suécia

Trupe de teatro político da Suécia, semelhante ao *Collettivo Teatrale La Comune*, de Dario Fo, na Itália. Lançaram alguns discos usando o nome da trupe, como um LP do exilado chileno Francisco Roca e um compacto de Dario Fo e *La Comune*.

NATIONALE KOORDINATION DER AKW-GEGNER
Suíça

Uma coalizão de organizações suíças contrárias à energia nuclear (também conhecida como *Nationale Koordination der Schweizer Atomkraftgegner*). Em 1979, essa liga lançou um disco: o compacto *Atom-Alarm*, do projeto *D'Gift-Lobby*, formado por Daniela e P. J. Wassermann, um casal que trabalhou junto nas bandas de synth-pop *Matterhorn Project* e *Schaltkreis Wassermann*, bem como no *Eternal Bliss*, de *trance*.

NATIONALES VIETNAMKOMITEE
Alemanha Ocidental

Organização de solidariedade ao Vietnã que lançou *Alles für den Sieg des Kämpfenden Vietnamesischen Volkes!* (Tudo pela Vitória do Lutador Povo Vietnamita!), a edição alemã de um disco de jazz experimental composto por Konrad Boehmer. A versão original holandesa foi lançada pelo *Landelijk Vietnamkomitee*, em 1972.

NATURFREUNDEJUGEND
Alemanha Ocidental

Numa tradução livre, Jovens Amigos da Natureza. Em novembro de 1974, essa organização da Alemanha Ocidental realizou um concerto em solidariedade ao Chile e prensou um compacto para documentar o evento. O disco vinha numa enorme capa *gatefold*, repleta de informações, e trazia uma faixa da banda *Floh de Cologne*, uma lenda do krautrock politizado. O selo *Pläne* ajudou na produção desse compacto.

NEG FX
França

Um pequeno e politizado selo punk de Grenoble, na França, que lançou meia dúzia de discos em meados dos anos 1980. No catálogo, nomes como *Power Age* (uma das primeiras bandas punk da África do Sul) e *Rattus* (banda finlandesa obcecada com os perigos da guerra nuclear).

NEMESIS RECORDS
EUA

Um selo punk criado por Big Frank Harrison em 1988, com um catálogo de bandas de hardcore (*straight edge*) com consciência social, incluindo nomes como *A Chorus of Disapproval*, *Reason to Believe*, *Vision* e *Visual Discrimination*. Em geral, o material lançado pelo selo era o hardcore típico do final dos anos 1980/início dos anos 1990 com acenos para a política (por exemplo, "Badge Happy Cop", do *Visual Discrimination*), mas a *Nemesis* também produziu itens de *merchandise* com slogans mais incisivos: "Acabe com o racismo de qualquer maneira", "Não há justiça: somos apenas nós" e "Castração para os estupradores: é a única maneira de ter certeza".

NEUE WELT SCHALLPLATTEN
Alemanha Ocidental

Começou em meados dos anos 1970 lançando discos ligados às lutas políticas: músicas do PAIGC (Partido Africano para a Independência de Guiné e Cabo Verde), canções com temática antinuclear e um compacto exigindo a libertação de Horst Mahler, um prisioneiro que na época fazia parte da Fração do Exército Vermelho. O selo fechou em 1978 ou 1979, depois de lançar cerca de uma dúzia de discos. Parte da equipe administrativa do selo fundou a *Eigelstein Musikproduktion*, em 1979.

NEW ARMY RECORDS
Reino Unido

Foi o selo usado pela banda anarcopunk *Conflict* para lançar discos beneficentes. Em 1986, o grupo londrino gravou o álbum ao vivo *Only Stupid Bastards Help EMI*, usado para arrecadar fundos para o *Riot Defense Fund*. Tanto o nome do selo quanto o nome do disco faziam referência à banda punk *New Model Army*, que havia assinado com a EMI em 1985 (algo que causou muita controvérsia no meio punk, pois a EMI também fabricava mísseis guiados). A contracapa do disco afirma que é o segundo LP lançado pela *New Army*, mas ainda não encontrei o primeiro ou quaisquer discos subsequentes.

NEW CLEAR RECORDS
EUA

Um pequeno selo californiano de folk. A maioria dos seus lançamentos era do cantor e compositor Mark Levy, e todos os discos (em torno de seis) tinham temas antinucleares e pró-ambientais pesados. O primeiro lançamento do selo foi um compacto do grupo *Rick Kirby and The Vigilantes*, com as canções "Radiation Nation on a 3 Mile Isle" e "Overexposed".

NEW DAWN PRODUCTION COMPANY (N.D.P.C.)
Líbia/Malta

Espécie de selo de propaganda da Líbia. A *N.D.P.C.* lançou meia dúzia de vinis de synth-pop e disco *music* malteses, com uma temática dedicada ao pan-arabismo, ao *Livro Verde* de Muammar Gaddafi e à libertação da Palestina. São discos interessantes, pois não se enquadram em nenhuma das categorias usuais da música política. A *N.D.P.C.* tinha alguma conexão com o *Voice of Friendship and Solidarity*, outro selo de propaganda da Líbia, com um catálogo muito semelhante.

NEW DIRECTION RECORDS
EUA

Selo usado para lançar o *single* de 12 polegadas da música "Win Jesse Win", do Touch of Magic (Cool Carl e MC J). Uma das diversas canções gravadas para apoiar a malfadada campanha presidencial de Jesse Jackson, em 1988.

NEW DOVE PRODUCTIONS
EUA

No final dos anos 1980 e início dos anos 1990, este selo do Brooklyn – capitaneado pelo dramaturgo e professor Aduke Aremu – produziu uma série de discos políticos, enraizados em questões importantes para muitos setores da comunidade negra, como a campanha presidencial de 1988 de Jesse Jackson e a libertação de Nelson Mandela da prisão e sua visita à cidade de Nova York. *Jump For Jesse!* é um disco para a campanha eleitoral, com um gigante do calipso, Mighty Sparrow, e *Welcome Mandela* é um interessante registro de funk/electro de um coral infantil do Brooklyn.

NEW MORNING RECORDS
EUA

Foi o selo novaiorquino que lançou *City Dreams* (1977), um LP de Michael Glick, cantor e compositor de esquerda. O disco traz temas autorais, mas também canções de protesto de José Afonso, Ewan MacColl e Pablo Milanés.

NEW VISTA ARTS
EUA

Lançou apenas um vinil, no começo da década de 1980: um compacto de protesto de Naomi Cohen, interpretando "*Hell No, We Won't Go*" e "*Saigon Waitress*", duas músicas compostas por Phil Wilayto. Essa dupla também lançou fitas cassete sob o nome New Vista Arts: *Songs of Struggle* (1982) e *Songs of Struggle II* (1983), as duas com encartes generosos, incluindo as notas de Cohen e as partituras musicais de Wilayto. Ambos filiados ao *Workers World Party* (Partido Mundial dos Trabalhadores).

NEW WAVE RECORDS
França

Selo punk criado por Patrice Lamare e Aline Richard, em 1983. No catálogo, muitas bandas de esquerda, como *Agent 86*, *Kronstadt*, *Revolucion X* e *Verdun*. O selo também lançou bandas do Leste Europeu, como Abaddon (Polônia), e uma coletânea (em 7 polegadas) de bandas húngaras, intitulada *Vilag Lazadoi Harcra Fel*.

NEXUS RECORDS
EUA

Um selo folk de Olympia, Washington, ativo nos anos 1980. Lançou meia dúzia de álbuns de folk com temática feminista, incluindo discos do Motherlode e *The Righteous Mothers*. O selo também disponibilizou o début de Geoffrey Morgan, um dos primeiros músicos do folk a defender pautas feministas: ele cantava sobre a vida afetiva dos homens, violência masculina contra as mulheres e abuso sexual.

NGOMA
Moçambique

Enquanto Angola tinha uma infinidade de pequenas gravadoras lançando música pró-independência nos anos 1970 (MPLA, CDA, Movimento, Merengue etc.), selos com essas características eram muito mais raros em Moçambique. Criada no final dos anos 1970, a *Ngoma* lançou mais de três dezenas de discos durante a década seguinte. No catálogo, coisas como: um álbum de canções *a cappella* do grupo coral da FRELIMO (Frente de Libertação de Moçambique), LPs com conteúdo político de nomes como Conjunto 1º de Maio e do trio Awendila, Wili & Aníbal e alguns álbuns da cantora sul-africana Miriam Makeba. A *Ngoma* também produziu uma história documental da FRELIMO (em parceria com o Instituto Nacional do Livro e do Disco) e um álbum contendo os discursos proferidos pelas duas partes envolvidas nos Acordos de Lusaca, de 1974, que definiram as condições do processo de independência de Moçambique (o disco foi coproduzido pela Rádio Moçambique).

NICOLE GOING TO AFRICA
Jamaica

A *Nicole Records* foi uma gravadora de reggae dos anos 1980 que fabricava seus discos na Jamaica, mas fazia a distribuição por meio da VP Records, uma enorme gravadora independente de Nova York. Dos trinta e poucos discos da *Nicole*, a maioria é de Carlene Davis. Numa época em que muitos artistas engajados cantavam sobre Nelson Mandela, Davis lançou um compacto de sua canção "Winnie Mandela" (1986), uma homenagem à esposa de Mandela, que se tornou uma liderança do ANC por mérito próprio. A música fez muito sucesso na Jamaica e, em 1987, usando o nome *Nicole Going to Africa*, Carlene lançou uma versão em 12 polegadas, incrementada por um remix dub de "Nelson Mandela Chant". Esse disco é o único que apresenta essa variação no nome da gravadora.

NIKOS PRODUCTIONS
Grécia

Pequeno selo que lançou uma série de LPs políticos nos anos 1970, incluindo uma coleção de músicas partidárias gregas e um álbum folk de Alexandros Panagoulis, um importante ativista contra a junta militar. Em 1968, Panagoulis tentou assassinar o chefe da junta, Georgios Papadopoulos.

NILS SATIS
Inglaterra

Lançou uma coletânea antirracista e antifascista para a Anti Nazi League, bem como um *single* dos Nutty Boys (ex-Madness). A compilação *Never Again!* conta com os suspeitos de sempre (Tom Robinson Band, The Redskins, Fun-Da-Mental), mas também algumas surpresas (Pop Will Eat Itself, The Shamen, The Proclaimers).

NIMBUS WEST
EUA

A *Nimbus West* começou em Los Angeles, em 1979. A gravadora se tornou o lar de Horace Tapscott e do The Pan-Afrikan Peoples Arkestra, pioneiros do jazz afrocêntrico. Esses artistas estavam tentando se posicionar com as linhas políticas do pan-africanismo e do nacionalismo negro. Em alguns discos, o nome da gravadora aparece como *Nimbus Recordings, Ltd.* Ver também *Union of God's Musicians and Artists Ascension* (UGMAA).

NÔ CANTA NÔ LIBERDADI
Guiné-Bissau

Selo do Conselho Nacional de Cultura de Guiné-Bissau. Em 1974, logo após a independência, lançou uma excelente coletânea chamada *Uma Cartucheira Cheia de Canções*.

NOISE AGAINST REPRESSION
Alemanha

Criado apenas para lançar um disco duplo, em 1991. Com o título *Noise Against Repression*, era uma coletânea internacional de bandas punk politizadas, incluindo Active Minds (Reino Unido), The Ex (Holanda) e Verdun (França). O projeto nasceu como uma ação de solidariedade aos membros da Fração do Exército Vermelho que faziam greve de fome, mas evoluiu para uma abordagem mais ampla da repressão política. Além de informações sobre as bandas, o LP duplo também trazia um volumoso jornal sobre solitárias, presos políticos e repressão de ideias políticas.

NO MASTER'S VOICE
Inglaterra

Selo punk ligado ao anarquismo verde. Lançou três discos em 1987 e 1988, incluindo uma compilação em apoio ao Animal Liberation Front e um LP com temática ecológica (*Hymn to Pan*) da banda The Apostles, baluartes do anarcopunk.

NONANTZIN RECORDINGS
EUA

Da cidade de Sacramento, na Califórnia, lançou apenas um LP: *Chicano Music All Day* (1985), um disco de *corridos* e *rancheras* com temáticas sociais, do Trio Casindio com o Royal Chicano Air Force. O Royal Chicano Air Force é mais conhecido por seu setor gráfico, que foi um dos principais produtores de cartazes políticos chicanos nos anos 1970 e 1980.

NON SERVIAM PRODUCTIONS
EUA

Selo de uma banda de Detroit dos anos 1980, The Layabouts, que misturava jazz, punk e funk com uma temática antiautoritária. A banda tinha conexões com o jornal anarquista *Fifth Estate* e também lançou sua própria publicação, *Urbane Gorilla*, que incluiu nos encartes dos seus discos.

NOONA MUSIC
Canadá

O selo pessoal de David Campbell, um cantor folk nascido na Guiana (de ascendência Aruaque) que se estabeleceu em Vancouver. Suas canções giram em torno da vida indígena e falam da história das muitas tribos cujas terras agora são chamadas de "Canadá". Campbell gravou vários álbuns por grandes gravadoras nos anos 1960 e início dos 1970; então, em 1974, começou a lançar uma série de discos pela *Noona* em parceria com o Development Education Center de Toronto, com produção da Columbia Special Products, um braço da *Columbia Records*.

NÔ PINTCHA
Guiné-Bissau

Jornal da Guiné-Bissau, do período pós-independência, produzido pelo Comissariado de Estado de Informação e Turismo do governo. Em 1974, o jornal lançou um LP, trazendo o hino nacional da República da Guiné-Bissau e uma gravação do último discurso público do principal revolucionário anticolonial do país, Amílcar Cabral – sua "Mensagem de Ano Novo" de 1973.

NØRREBRO BEBOERAKTION
Dinamarca

Grupo político organizado pelos moradores de Nørrebro, em Copenhague. Há muito tempo, Nørrebro é o lar de uma grande comunidade de esquerda apoiada por várias instituições de base, incluindo a Folk Haus. A *Nørrebro Beboeraktion* (numa tradução livre, *Ação dos Moradores de Nørrebro*) contava com uma banda própria, chamada NAM (NB's Akustiske Musikgruppe). Em 1977, a NAM lançou um compacto pelo selo do grupo, com músicas sobre o direito à moradia e contra a gentrificação. Depois, a banda lançou mais dois compactos, um pela *Demos* e outro pela *Musikpres*.

NOURPHONE
NOURPHONE
França

Misterioso selo que parece ter lançado apenas um *single* de 7 polegadas, em algum momento do final dos anos 1960 (não há data no disco): *La Poésie de la Résistance Palestinienne*, de Abed Azrié. Ele é um compositor sírio que vive há muitos anos na França. Azrié possui uma extensa discografia, mas seu primeiro LP (*Le Chant Nouveau des Poètes Arabes*) saiu em 1972 pelo selo *Le Nouveau Chansonnier International*, uma coleção da gravadora Le Chant du Monde.

LE NOUVEAU CHANSONNIER INTERNATIONAL
França

Numa tradução livre, o nome deste selo significa *O Novo Cancioneiro Internacional*. Foi um projeto político da gravadora *Le Chant du Monde*: uma coleção de discos de artistas politizados que estavam reinventando a música popular em todo o mundo. Entre eles, nomes como José Afonso (Portugal), Zélia Barbosa (Brasil), Mikis Theodorakis (Grécia), Marcel Khalifé (Palestina) e Imanol (País Basco).

LE NOUVEAU CLARTÉ
França

Selo socialista dos anos 1960, cujo nome significa *A Nova Claridade*. Lançou ao menos dois compactos: um de Mikis Theodorakis, intitulado *Dans la Clandestinité: Chante la Lutte du Peuple Grec Contre le Fascisme* (Na clandestinidade: canta a luta do povo grego contra o fascismo), e outro lido e cantado pelo ator Laurent Terzieff, chamado *Poèmes et Chants – Viet Nam* (Poemas e canções – Vietnã).

NR PRODUZIONI
Itália

Um dos primeiros selos criados por Dario Fo, Franca Rame e o Collettivo Teatrale La Comune para lançar um compacto chamado *Settimo: Ruba un Po' Meno*, em 1964. O disco foi relançado pela gravadora I Dischi del Sole no final daquele ano.

NTYE
Gabão/França

O selo de Pierre Akendengue, um poeta, cantor e guitarrista gabonês. Akendengue é conhecido por suas canções impregnadas de política pan-africana (por exemplo, "Salut aux Combattants de la Liberté" e "Afrika Salalo", músicas sobre os assassinatos de revolucionários africanos como Patrice Lumumba e Amílcar Cabral e a espera pela verdadeira libertação africana). Embora NTYE pareça ser uma sigla, não tenho certeza do que significa e não encontrei pistas em nenhum disco. Em outros casos, Akendengue também usou o nome do selo NTCHE, compartilhando tanto o logotipo (um tambor dentro de um triângulo) quanto a sigla misteriosa.

NUESTRO CANTO
Peru

Foi complicado rastrear informações básicas sobre este pequeno selo peruano focado em *nueva canción*. Acredito que o *Nuestro Canto* pertença a outro selo chamado EPOCAP. Este, por sua vez, parece ter nascido – em algum momento dos anos 1980 – a partir da operação peruana da gravadora DICAP. O *Nuestro Canto* lançou pelo menos meia dúzia de discos, incluindo uma banda peruana de *nueva canción*, Tiempo Nuevo, um LP do Inti-Illimani e um álbum do grupo Vientos del Pueblo.

NUEVA TROVA
Internacional

Não era exatamente um selo, mas sim um logo criado pela gravadora Areito para colocar em todos os seus lançamentos de *nova trova*. Depois, esse logotipo foi usado como uma espécie de carimbo de *nova trova* por vários selos europeus, como *Gong* (Espanha) e *I Dischi dello Zodiaco* (Itália).

NUEVA VOZ LATINO AMERICANA
México

Este selo produziu algo entre dez e vinte discos nos anos 1970 e 1980. A maioria de José Molina, um engajado cantor de *nueva canción/corrido*. Aparentemente, o selo lançou todos os títulos de Molina, com exceção de um álbum, que saiu por um selo de esquerda da Alemanha, *Neue Welt*.

NUEVO ARTE
Porto Rico

Selo do porto-riquenho Andrés Jiménez, um cantor e compositor de *jíbaro* e música folclórica. Com este selo, Jiménez lançou meia dúzia de álbuns, recheados com suas versões das canções de outras pessoas, misturando *nueva canción* e vários estilos de música latina. Seus discos também saíram pelas gravadoras *Disco Libre* e *Paredon*.

UN NUEVO AMANECER DEL 30 DE AGOSTO
Porto Rico

Uma organização política criada para apoiar os militantes independendistas porto-riquenhos que foram presos em 30 de agosto de 1985, por participação no ataque a um banco Wells Fargo em Hartford, Connecticut, em 1983. Todos faziam parte do grupo armado Los Macheteros e reivindicavam a condição de presos políticos nos Estados Unidos. A organização de apoio lançou uma coletânea de trova, salsa e música folclórica porto-riquenha, chamada *A Traves de las Rejas* (Através das Barras). O disco não tem data, mas é provável que tenha saído logo após as prisões.

N'ZAJI
Angola

Pequeno selo angolano dos anos 1970, do qual tenho um compacto do Mário Gama, com duas faixas de merengue politizado. Além desse, a *N'Zaji* lançou outros quatro ou cinco títulos, incluindo: um *single* do cantor português António Beja, em apoio ao Movimento Popular de Libertação de Angola (que foi reprensado na Holanda pelo *Angola Comité*), e três compactos do músico Pedrito (que também gravou pelo selo *Batuque*). A gravadora não deve ser confundida com o Conjunto N'Zaji, um grupo ligado ao MPLA que lançou um LP pela *Eteenpäin!* e produziu por conta própria um 10 polegadas na República Democrática do Congo.

OCARINA
Nicarágua

Primeira gravadora que surgiu após a Revolução Sandinista. Foi fundada pelo Ministério da Cultura em 1979 e era distribuída pela estatal ENIGRAC (também criada pelo Ministério da Cultura no final daquele ano). Diria que a *Ocarina* estava para a ENIGRAC como a Areito estava para a EGREM em Cuba. A gravadora se concentrou na música da Nicarágua, mas também lançou discos de *nueva canción* e *nueva trova* de países como Chile, Cuba, México e Uruguai. Em 1988, faliu junto com o Ministério da Cultura, em razão do enfraquecimento da revolução, minada pelos Contras (com financiamento dos EUA) e pela intromissão eleitoral.

OHR
Alemanha Ocidental

Embora tenha durado pouco tempo, esse selo de música experimental foi muito influente e produziu 45 discos em apenas quatro anos (de 1970 a 1973), ainda que muitos deles tenham sido reprensados e relançados diversas vezes. Os títulos iam do free jazz ao krautrock, passando pelo som experimental abstrato. A lista incluía discos políticos fundamentais do grupo *Floh de Cologne* e importantes registros experimentais de nomes como Ash Ra Tempel, Embryo e Xhol.

OIHUKA
País Basco

Criada em 1987, a *Oihuka* era especializada em música popular basca. Foi a casa da banda de punk/ska *Kortatu*, militante na causa do nacionalismo basco, bem como da sua sucessora, a *Negu Gorriak*. A *Oihuka* também lançou discos da Barricada, uma politizada banda de rock, e licenciou os dois primeiros álbuns do *Chumbawamba*, introduzindo o grupo para os ouvintes do País Basco.

OIR
Argentina

Selo militante da *nueva canción*, que lançou cerca de dez discos no final dos anos 1960/início dos anos 1970, incluindo um álbum de músicas da resistência chilena e um de trova cubana de Carlos Puebla.

OKTOBER
Noruega

Em 1971, esta editora de livros marxistas lançou um único LP de polit-folk, dos grupos Front-Teatret e Visegruppa PS, intitulado *Slutt Opp, Kamerat!* (em português, algo como "Cala a boca, camarada!").

OKTOBER
Suécia

Um dos vários selos da esquerda radical escandinava (como Demos, Plateselskapet Mai, Forlaget Tiden, Nacksving, dentre outros). Lançou cerca de 35 discos entre 1972 e 1982, incluindo Pete Seeger, Mikis Theodorakis, Fria Proteatern, compilações comemorativas do 1º de Maio e interpretações suecas de canções socialistas internacionais.

OLD LADY BLUE JEANS
EUA

O selo pessoal de Linda Shear, uma pioneira cantora e compositora lésbica (que se apresentou no primeiro show lésbico nos EUA, em 1972). Linda criou o selo em meados dos anos 1970 quando morava na cidade de Northampton, em Massachusetts. Embora tenha se promovido como um sistema de distribuição e produção para a música lésbica, o selo lançou apenas dois discos, ambos de Linda Shear: o début *A Lesbian Portrait: Lesbian Music for Lesbians* (1975) e uma reprensagem com um título levemente modificado, *A Lesbian Portrait: Lesbian Music for Lesbians Only* (1977). A prensagem inicial vinha com um aviso: "Para ser compartilhado e vendido apenas para mulheres". Na contracapa da segunda edição, afirmações como "Esta música é apenas para lésbicas" e "Este álbum é dedicado às lésbicas que internalizaram os fundamentos da teoria chamada Separatismo Lésbico, e que se esforçam para ultrapassar os seus próprios limites".

OLIVIA
EUA

A *Olivia* começou em 1973 em Washington, DC, fundada por dez mulheres (entre elas, Meg Christian e Cris Williamson). No período inicial, a gravadora era coordenada por integrantes dos grupos Furies Collective e Radical Lesbians. A *Olivia* mudou-se para a Costa Oeste, passando um tempo em Oakland e Los Angeles. Nos seus quinze anos de atividades, lançou cerca de cinquenta discos, permanecendo comprometida com um pequeno grupo de artistas (como o Berkeley Women's Music Collective), e ainda assim vendendo mais de 1 milhão de discos durante sua trajetória. Em algum momento da década de 1990, a gravadora se transformou em uma empresa de cruzeiros exclusivos para mulheres, que apresentava celebridades lésbicas em suas viagens.

One Spark Music

ONE SPARK MUSIC
EUA

O selo da banda *Prairie Fire*, um grupo de folk político que levava no nome uma citação de Mao: "Uma única faísca pode iniciar um incêndio na pradaria".[3] Apesar do nome idêntico, a banda não estava ligada à organização política Prairie Fire, um grupo de fachada do Weather Underground. Em vez disso, funcionava como uma espécie de "banda da casa" da Bay Area Revolutionary Union, de São Francisco (que deu origem ao Partido Comunista Revolucionário dos EUA). Em geral, a banda se apresentava como um duo marido e mulher (Mat e Sandy Callahan), e a *One Spark* funcionava menos como um selo tradicional e mais como um nome que usavam para publicações, gestão de direitos, etc. Em razão de sua militância, muitos discos foram financiados pelo partido e distribuídos em manifestações políticas e livrarias da agremiação, em vez de canais de música tradicionais.

---

[3] Em inglês, *Prairie Fire* significa "fogo na pradaria" [N. T.]

Depois, Mat Callahan formou a banda Looters (que lançaria pela *Alternative Tentacles* e *Island Records*) e cofundou o clube/estúdio/selo *Komotion International*. Ver também *Direct Hit Records*.

ONEWORLD PEACESONGS
Reino Unido

Este selo foi criado apenas para lançar o LP beneficente *We Have a Dream*, em 1984. Trata-se de uma compilação internacional de canções pacifistas interpretadas por mulheres, em apoio ao movimento internacional de mulheres pela paz. A arte e as músicas do álbum fazem referência clara ao antigo acampamento antinuclear exclusivo para mulheres em Greenham Common, mas o LP não parece ter qualquer conexão direta com Greenham.

ONS SURINAME
Suriname

Nos anos 1970, este selo lançou um LP de músicas e poemas anticoloniais e nacionalistas, do poeta R. Dobru (*aka* Robin Ewald Raveles), com o título *Strijdliederen uit Suriname* (Canções de Batalha do Suriname). O Suriname foi uma colônia holandesa até 1975. O selo e o próprio Dobru estavam ligados ao Partido Nacionalista Republicano, uma agremiação política social-democrata que existiu até o golpe militar de 1980 no Suriname, após o qual foi banido.

ON THE LINE
Canadá

Selo de Arlene Mantle, uma artista folk canadense. Ela usou este nome para lançar uma série de LPs e *singles* ao longo dos anos 1980. Com temáticas relacionadas ao mundo do trabalho e à solidariedade, esses discos muitas vezes eram feitos em colaboração com sindicatos trabalhistas canadenses.

OPEN DOOR RECORDS
EUA

Um selo com foco *queer*, capitaneado por Ginni Clemmens, uma artista lésbica de folk e blues. Em 1980, a *Open Door* lançou a prensagem inicial da coletânea *Gay & Straight Together*, que ganhou uma nova edição da *Folkways* no final do mesmo ano.

OPÉRATION W
França

Não era propriamente um selo, mas sim um projeto social ou político. Lançou ao menos um compacto, intitulado *Apartheid* (ao que parece, nos anos 1960 ou 1970; como o disco não tem data, fica difícil bater o martelo). Não consegui obter nenhuma informação sobre a *Opération W*, ou sobre a organização que a conduzia, a Mobilisation Mondiale de la Jeunesse (Mobilização Mundial da Juventude), mas os músicos eram religiosos, o que me faz pensar que esse disco foi um registro antiapartheid feito por uma instituição de caridade cristã.

OPPONER
Suécia

Foi um grupo de *progg* e folk politizado. Usando o nome da banda como selo, lançaram alguns discos, incluindo um compacto, em 1975, para apoiar os grevistas da Alfa Laval (a Alfa Laval AB é uma empresa sueca especializada na produção de soluções químicas utilizadas na indústria pesada).

OPPRESSED RECORDS
País de Gales

Este selo foi criado pela banda The Oppressed para lançar os seus primeiros materiais, em 1983 e 1984. O grupo galês não apenas era identificado com a classe trabalhadora (algo comum para as bandas Oi! dos anos 1980), mas também foi um dos primeiros a abraçar o antifascismo e a rejeitar o Partido Nacional Britânico (BNP, na sigla em inglês).

OPTIMUM RECORDS
Inglaterra

Um selo criado em 1989 para se opor ao *poll tax* (imposto comunitário ou imposto regressivo) de Margaret Thatcher. A *Optimum* lançou dois discos: a coletânea *The Rise of the Phoenix: Artists Against the Poll Tax*; e um 12 polegadas com uma entrevista com a banda The Farm (muito popular na época). Todos os lucros foram destinados à organização contra os impostos. As capas dos dois discos foram criadas por Jamie Reid, o artista por trás da arte e do design dos Sex Pistols.

L'ORCHESTRA
Itália

Também conhecida como *Cooperativa L'Orchestra*, esta gravadora foi criada em 1974 como um canal para o que era considerado música não comercial. O selo era capitaneado por músicos (algo raro na época), incluindo a Stormy Six, uma famosa banda experimental de folk e rock progressivo. Aliás, o primeiro lançamento da *L'Orchestra* foi um álbum conceitual e político da Stormy Six sobre os *partisans* italianos, chamado *Un Biglietto del Tram*. A gravadora se tornou a casa de uma música que era política tanto na forma quanto no conteúdo, e também fez parte do movimento "Rock *in Opposition*", um coletivo de bandas de rock progressivo independentes, como Stormy Six, Henry Cow (Reino Unido) e Etron Fou Leloublan (França).

ORGANISATIONEN TIL OPLYSNING ON ATOMKRAFT
Dinamarca

Um grupo antinuclear que organizou um LP de polit-folk em 1976, com vários artistas do catálogo da Demos (*Agitpop*, *Jomfru Ane*), bem como outras bandas dinamarquesas de folk-rock engajado, como *Totalpetroleum*.

ORIGAMI RECORDS
EUA

Este selo foi criado para lançar o LP de folk feminista *Sweet Sorcery*, da dupla Cathy Winter e Betsy Rose. Em parte, o LP gira em torno de uma personagem protofeminista do século XIX chamada *Amazon Dixie*. O disco é dedicado "Ao espírito de aventura, persistência e sobrevivência em todas as mulheres".

OSAGYEFO
Gana

O selo *Osom* escolheu o nome *Osagyefo* para o lançamento de uma edição especial (assinada por Kwame Nkrumah) de um compacto de *highlife* do grupo King Pratt and His African Revolution Band. O 7 polegadas também foi lançado pelo selo *Essiebons*, mas esta versão conta com fotos de Nkrumah nos rótulos. Na língua fante, *Osagyefo* significa "redentor", um termo com o qual Nkrumah foi aclamado no início da década de 1960.

OSIRIS
Portugal

Uma pequena gravadora de fado, cujos fundadores foram politizados pela Revolução dos Cravos em Portugal e lançaram uma pequena pilha de discos políticos e folclóricos na segunda metade dos anos 1970. Entre eles, alguns *singles* que exaltam as virtudes e a relação benevolente entre os militares de esquerda – que desencadearam a revolução – e o povo ("Soldados e Povo").

OUT & OUT BOOKS
EUA

A *Out & Out Books* foi uma editora feminista fundada em 1975 pela poeta Joan Larkin. Em 1977, a editora do Brooklyn (Nova York) lançou um LP intitulado *A Sign/I Was Not Alone*, com poesias de Larkin, Audre Lorde, Honor Moore e Adrienne Rich. Este foi o único disco lançado pela *Out & Out*.

OUTLET RECORDS
Irlanda do Norte

Um selo de Belfast que lançou muita música tradicional irlandesa, mas também produziu uma série de compactos – em 1969 e 1970 – que foram respostas diretas ao levante republicano em Derry, conhecido como Batalha do Bogside. Além disso, lançou uma quantidade razoável de gravações de canções revolucionárias irlandesas, músicas de James Connolly e compilações com títulos como *Rifles of the IRA*. Em parceria com a Release Records (de Dublin), a *Outlet* ajudou a montar um selo explicitamente republicano, a *R&O Records*.

OUTPUNK
EUA

Começou como um fanzine editado por Matt Wobensmith sobre a questão de ser homossexual na cena punk e, em 1992, a *Outpunk* passou a lançar discos. O primeiro compacto foi *There's a Dyke in the Pit*, com faixas do Bikini Kill, Lucy Stoners, Tribe 8 e 7 Year Bitch. (Um compacto-irmão, *There's a Faggot in the Pit*, saiu pelo selo Bobo Records) A *Outpunk* lançou outros dezesseis discos, entre 1992 e 1998, todos eles de bandas *queer*, como God is My Co-Pilot, Mukilteo Fairies, The Need, Pansy Division e Team Dresch.

OUT ON VINYL
Reino Unido

Um selo de *deep house* de Manchester, comprometido em lançar música para a cena gay da cidade. Lançou várias versões de "Free, Gay & Happy", do Coming Out Crew, em meados dos anos 1990, bem como vinis 12 polegadas de nomes como Hot Drum e T-Empo.

PALESTINE LIBERATION ORGANIZATION – CULTURAL ARTS SECTION
Líbano

A *Cultural Arts Section* (Seção de Artes Culturais) lançou ao menos um compacto no período em que a OLP (Organização para a Libertação da Palestina) tinha sede no Líbano: um *single* de Zeinab Shaath, intitulado *The Urgent Call of Palestine* (O Chamado Urgente da Palestina).

PALM
França

A *Palm* foi uma gravadora de jazz experimental, que era mais política na forma do que no conteúdo. Estabeleceu parcerias com a *Expression Spontanée* e a *Disques Vendémeire*, gravadoras explicitamente de esquerda.

PAMOJA
EUA

Selo que lançou o álbum *Oracy* (1977), do grupo The Positive Force e Ade Olantunji, uma *crew* de free jazz e poesia de Detroit. As notas do encarte do disco foram escritas por Chinyeré Abubakari, então ministro da Informação da República da Nova África.

PAN AFRICAN RECORDS
Reino Unido

Nome usado pela cantora liberiana Miatta Fahnbulleh para lançar seu LP *The Message of the Revolution*, trazendo um afrobeat com temática de libertação. Embora não tenha data, é provável que o disco tenha saído por volta de 1980. O álbum foi produzido por Dennis Bovell, um dos principais membros da cena dub londrina do final dos anos 1970/início dos anos 1980 e conhecido por trabalhar com Linton Kwesi Johnson e por suas colaborações com The Slits e The Pop Group.

PAN-AMERICAN RECORDS
EUA

Criado apenas para lançar o LP *Sí Se Puede* (1976), um disco beneficente em prol do sindicato United Farm Workers. O álbum apresenta diversos vocalistas, todos acompanhados pelo grupo Los Lobos em início de carreira (na época, era conhecido como Los Lobos del Este de Los Angeles).

PANIC RECORDS
Inglaterra

Este foi o selo que Tom Robinson montou depois da dissolução da banda que levava o seu nome. Pela *Panic Records* saíram vários discos da carreira solo do músico, bem como material da banda Sector 27, formada após o fim da Tom Robinson Band. Talvez não seja possível classificar o selo como político apenas por lançar o pop politizado e pró-gay de

Robinson, mas a *Panic* também disponibilizou a coletânea dupla *Let the Children Play* (1983): no disco 1, canções de protesto contra a guerra e a energia nuclear, de nomes como Billy Bragg, The Flying Pickets, Peter Gabriel, Madness e Poison Girls; e no disco 2, esquetes cômicos de dezessete comediantes britânicos (não conheço nenhum deles). Foi uma ideia interessante e estabeleceu um paralelo com a fusão de música e comédia que aconteceria um pouco mais tarde, com a campanha *Red Wedge*.

PANOPTIKUM
Alemanha Ocidental

Selo de comédia política de vida curta (1968-1969), que lançou discos de comediantes de esquerda e artistas de cabaré como Wolfgang Neuss, Volker Kühn e do teatro Reichskabarett, de Berlim.

PANTHER MUSIC
Alemanha Ocidental

O Panther foi uma engajada banda de krautrock de Ahrensburg, na Alemanha. Em 1974, lançaram por conta própria o LP *Wir Wollen Alles!*, usando o nome *Panther Music*. A banda se autodenominava "*volksrock*" (rock popular) e era inspirada tanto pelo krautrock do Ton Steine Scherben quanto por influências norte-americanas como MC5 e o White Panther Party de John Sinclair, com sua mistura de rock'n'roll, maconha e luta armada.

A PARADOX PRODUCT
PARADOX
Inglaterra

Nome utilizado para lançar o disco ao vivo *Live in Sheffield/Solidarność*, do The Pressure Company. Pseudônimo adotado pela banda Cabaret Voltaire, que fez esse show beneficente para o então insurgente sindicato polonês Solidariedade, mas por razões contratuais não pôde usar seu nome real na gravação. Não está claro se a própria banda lançou o disco e parece impossível desvendar quem estava por trás da *Paradox*.

PAREDON
EUA

Uma experiência de quinze anos (1970-1984) e cinquenta álbuns de música política. A Paredon foi fundada pela cantora de *northern soul* Barbara Dane e seu marido Irwin Silber (que editou a revista *Sing Out!*). Dane e Silber faziam parte da Line of March, um grupo do Novo Movimento Comunista dos anos 1970.

O comprometimento do casal com o internacionalismo e o marxismo fica evidente no catálogo da gravadora, uma das mais variadas coleções de música política em vinil. Os países representados incluem Angola, Argentina, Chile, China, Cuba, República Dominicana, Equador, Grécia, Haiti, Itália, Nicarágua, Irlanda do Norte, Palestina, Filipinas, Porto Rico, El Salvador, Tailândia, Uruguai, EUA, México e Vietnã. Os primeiros discos do selo foram embalados no mesmo formato da *Folkways Records* – e produzidos pela mesma empresa –, com capas de papelão embrulhadas por uma folha (colada) e um pedaço extra de papel *cardstock*. Outro diferencial da *Paredon* é que os álbuns não eram distribuídos apenas em lojas de discos ou por correspondência, mas também vendidos em mesas de eventos políticos organizados ou apoiados pela Line of March.

organizado pelo SINAMOS (Sistema Nacional de Apoio à Mobilização Social). O SINAMOS foi uma tentativa do governo militar de criar um movimento de massa que pudesse apoiar o seu ideário social-democrata. O evento Inkari impulsionou o desenvolvimento de uma cultura jovem e libertadora no país, e o LP *Linkari* foi o registro de sua ala musical.

PARTI COMMUNISTE RÉUNIONNAIS

PARTI COMMUNISTE RÉUNIONAIS
Reunião

O Partido Comunista da Reunião lançou dois LPs em 1976 para comemorar seu Quarto Congresso Nacional. Ambos discos são coleções de *sega* e *maloya*, gêneros tradicionais da Reunião, uma pequena ilha e colônia francesa (ou "departamento de ultramar", no jargão burocrático atual) a leste de Madagáscar.

PARTICIPACIÓN
Peru

Em 1973, o Governo Revolucionário da Força Armada do Peru (instituído por uma revolução de esquerda em 1968) usou o nome *Participación* para lançar um compacto documentando o evento Inkari e também um LP de pop com toques psicodélicos chamado *Linkari*, inspirado pelo evento. O Inkari foi um encontro político e cultural de trabalhadores, camponeses, estudantes e artistas

PARTIDO AFRICANO DA INDEPENDÊNCIA DA GUINÉ E CABO VERDE
Guiné-Bissau

O PAIGC liderou uma luta armada bem-sucedida contra o colonialismo português, mas foi também o nome usado em alguns discos de canções e poesias de libertação da Guiné-Bissau e das ilhas de Cabo Verde. Estes discos incluem um álbum do Kaoguiamo (grupo cultural do PAIGC) prensado na Alemanha (em parceria com o selo *Neue Welt*) e um destinado à África (produzido na Itália), bem como uma coleção de poesia que parece ter sido prensada nos Países Baixos, mas a capa indica os endereços dos escritórios do PAIGC na Guiné e no Senegal.

PARTIDO COMUNISTA DA VENEZUELA
Venezuela

Até onde eu sei, o *Partido Comunista da Venezuela* lançou apenas um LP: uma compilação pirata de canções do mártir chileno, Victor Jara, intitulada *Cantante Popular y Heroe de Chile*. O fato de um partido venezuelano escolher um músico chileno para o seu único lançamento diz muito sobre a popularidade de Jara. Na época, meados dos anos 1970, o PCV estava na clandestinidade, o que torna este disco ainda mais surpreendente: um partido político proibido usa seus limitados recursos para lançar um LP de Victor Jara.

PARTIDO SOCIALISTA
Portugal

Tal como o Partido Comunista Italiano e o Partido Socialista Italiano, o *Partido Socialista* português tentou lançar discos (de discursos e musicais) em meados dos anos 1970.

PARTIDO SOCIALISTA OBRERO ESPAÑOL
Espanha

O PSOE foi banido durante o regime de Franco. Em 1976, o músico Julio Matito lançou um álbum psicodélico de polit-folk dedicado ao PSOE (levando o nome do partido como selo). O disco teve sua distribuição proibida na Espanha. Ver também *Partido Socialista Popular*.

PARTIDO SOCIALISTA POPULAR
Espanha

O PSP foi criado em 1974 e operou como um partido clandestino na Espanha franquista, principalmente em campi universitários. O partido foi legalizado em 1977 e logo conquistou várias cadeiras nas eleições regionais. Em 1978, fundiu-se com o Partido Socialista Obrero Español (PSOE) e, em 1979, o fundador do PSP, Enrique Tierno Galván, foi eleito prefeito de Madri. Em 1977, o partido lançou um compacto com duas faixas: "Vive en la Libertad" e "La Internacional".

PARTI SOCIALISTE
França

O principal partido social-democrata da França lançou discos usando os nomes *Parti Socialiste du Livre* e *Club Socialiste du Livre*, ambos grupos de fachada. Entre os lançamentos, um de Mikis Theodorakis para encorajar os eleitores nas eleições de 1978, e outro de Marcel Amont promovendo a campanha de François Mitterand, em 1981.

PARTITO COMUNISTA ITALIANO
Itália

O PCI lançou cerca de uma dúzia de discos nas décadas de 1960 e 1970. Muitos deles traziam discursos do líder do partido, Palmiro Togliatti, outros apresentavam canções do bardo viajante Franco Trincale. Numa tentativa de conquistar a juventude, lançou um compacto com o grupo Stormy Six, de folk político/rock progressivo.

PARTITO SOCIALISTA ITALIANO
Itália

Tal como o PCI, o *Partido Socialista Italiano* (PSI) lançou discos tanto como propaganda como para angariar apoio popular. A maioria dos compactos parece ter sido promocional e creio que a distribuição pode ter ocorrido por meio do jornal do partido. Os discos traziam um discurso de um lado e uma música (folk ou pop) do outro, incluindo uma faixa dos "Beatles italianos", a banda Equipe 84.

PASQUINADE MUSIC CO.
EUA

O selo de Lu Mitchell, cantora texana de folk/comédia política. Mitchell lançou vários vinis pela Pasquinade, incluindo um LP ao vivo, *Chant of the Rat Race* (1970), com músicas como "The Inflation Lament", "Secretary's Stomp" e "Bigger is Better".

PASS-OP PRODUKTION
Alemanha

Um selo radical que produziu ao menos dois discos. Em 1977, lançou uma coletânea de folk com temática antinuclear, chamada *Bauer Maas – Lieder Gegen Atomenergie*. E, em 1982, uma compilação de rock alternativo em apoio aos *squats*, com o título *Schöner Wohnen – Abber Fix!*.

PATRICIO WEITZEL
Suécia

Criado para lançar a prensagem sueca de um álbum da cantora chilena de *nueva canción* Charo Cofré, em 1975. Na versão sueca, *El Canto de Chile* ganhou o título *Kampsång für Chile*. Cofré é uma artista de esquerda no mesmo espírito de Isabel Parra e Victor Jara, e buscou exílio na Itália após o golpe de 1973. O nome usado para o selo conta uma história adicional: Patricio Weitzel (cujo nome completo era Patricio Lautaro Weitzel Perez), um militante de 26 anos da Juventude Radical Revolucionária (JRR), foi detido em 1º de outubro de 1973 pelos militares chilenos, junto com outros dois jovens. Weitzel foi torturado, morto e teve seu corpo jogado debaixo de uma ponte. A JRR era uma organização jovem, socialista e antifascista que, em 1969, separou-se da mais conservadora Juventude Radical do Chile. Depois do golpe, tornou-se um grupo clandestino. Na opinião de muitas pessoas, Weitzel é um mártir antifascista.

LES PAUL PRODUCTIONS
EUA

O selo pessoal do músico haitiano Erick Paul. Durante o seu exílio em Nova York, Paul lançou alguns discos que misturavam *compas*, *cadence*, jazz e ritmos afro-cubanos em músicas com temática relacionada à justiça social. O trabalho mais conhecido do artista é o álbum *Justice Sociale* (1990), no qual ele conseguiu reunir uma ampla gama de músicos haitianos populares pela primeira vez em um LP.

PEACE RECORDS
Suécia

Selo de um disco só. A *Peace Records* lançou um *single* da Fredsbandet (A Banda da Paz, em tradução livre), um supergrupo dinamarquês formado por artistas do pop e do jazz, que gravaram algumas canções pela paz. "Freds Hymnen", a faixa do lado A, foi composta por Leif Sylvester Petersen, ex-integrante da banda Røde Mor.

PEACE PIE
Holanda

Uma divisão folk do selo *Xilovox*. A *Peace Pie* lançou uma série de discos cantados no dialeto brabantiano, bem como um LP do Toneelwerkgroep Proloog, um grupo holandês de teatro político/folk.

LA PEÑA CULTURAL CENTER
EUA

Um famoso centro comunitário e casa de shows em Berkeley, na Califórnia, fundado em 1975 por exilados chilenos e ativistas latino-americanos. O centro lançou dois LPs de *nueva canción* chilena em 1987: um do Quilapayún e outro do Illapu. Além disso, um disco do grupo Compañeros (formado no La Peña em 1980) foi gravado lá, mas lançado por conta própria e prensado em Toronto pela Rebellion Records, selo do Chile Solidarity Information Services.

PEOPLE GENERATING ENERGY

PEOPLE GENERATING ENERGY
EUA

Selo criado em 1978 apenas para lançar um compacto de folk blues de Ede Morris, com "Must Never Be" no lado A e "Radiation Blues" no lado B. O disco apoiava a ocupação da Usina Nuclear de Diablo Canyon, na Califórnia.

PEOPLES WAR
EUA

Um dos diversos selos ligados a Amiri Baraka e lançou um compacto do grupo Advanced Workers with the Anti-Imperialist Singers. Mais funkeado do que o seu jazz habitual, este projeto apresentou músicas com títulos maravilhosos: "You Was Dancin Need to be Marchin So You Can Dance Some More Later On" e "Better Red Let Others Be Dead".

PEASANT'S REVOLT RECORDS
Reino Unido

Um projeto paralelo do Chumbawamba. Com este nome de selo, a banda organizou duas coletâneas beneficentes em oposição ao *poll tax* (imposto comunitário ou imposto regressivo): *A Pox Upon the Poll Tax* (1989), com Chumbawamba, Dan, Dog Faced Hermans, Stretch Heads, Thatcher on Acid, Wat Tyler e outros; e *Greatest Hits: A Benefit for the Trafalgar Square Defence Campaign* (1990), com Stitch, Shelley's Children, Robb Johnson Band, The Ex e, claro, Chumbawamba. O primeiro disco foi pensado para se parecer com um remake punk de um tratado da Revolução Inglesa; já o segundo disco tinha uma arte mais distinta, com sua capa preenchida por um texto (em fonte serifada) em primeira pessoa sobre os protestos na Trafalgar Square.

PEGAFOON
Holanda

Lançou uma dúzia de discos de esquerda radical, do final dos anos 1960 até o final dos anos 1970. No catálogo, canções de manifestações e ocupações de moradias e temas em solidariedade à Espanha.

PEÑA DE LOS PARRA
Chile

Criado em 1968 por Isabel e Ángel Parra (filhos da lenda da música folclórica chilena, Violeta Parra), recebeu o nome do espaço fundado por sua mãe para ser um centro nacional de educação e história da música folclórica. A partir de 1970, o selo foi produzido e distribuído pela DICAP, e lançou trabalhos da família Parra e também de outros músicos chilenos ligados ao centro. Fechou as portas em 1973, logo após o golpe de Pinochet.

PEÑON RECORDS
EUA

Criado por um grupo de solidariedade do Brooklyn (Nova York) para lançar o disco *¡El Salvador: Su Canto, Su Lucha, Su Victoria, Amaneciendo!*, da militante banda folclórica salvadorenha Yolocamba I Ta. O LP traz músicas escritas pelo poeta guerrilheiro Roque Dalton e também pelo nicaraguense Luis Enrique Mejía Godoy.

PENTAGRAMA
México

Pequeno selo mexicano dos anos 1980. Embora não fosse totalmente político, lançou um LP do engajado grupo Tribu, de folk/jazz/fusion. Também disponibilizou edições mexicanas de artistas cubanos, discos de Billy Bragg e um álbum duplo de Mejía Godoy, com músicas em apoio aos sandinistas na Nicarágua.

THE PEOPLE'S MUSIC WORKS
EUA

Selo do grupo The People's Victory Orchestra and Chorus. Uma banda um tanto misteriosa de Long Island, em Nova York, que gravou três LPs e um compacto de blues-rock psicodélico com simpatias comunistas nos anos 1970. Pouco se sabe sobre eles, já que os discos continham informações limitadas, mas os aficionados pela música dos anos 1970 identificaram os membros principais como Carla Lund e R. Alt, artistas que trabalharam com uma lista rotativa de amigos e músicos locais para as gravações da banda.

PEOPLE'S NATIONAL PARTY
Jamaica

Sob a liderança de Michael Manley, o Partido Nacional Popular (PNP) foi o partido dominante na Jamaica nos períodos 1972–1980 e 1989–2007. Manley direcionou o PNP para a esquerda nos anos 1970, usando cada vez mais a retórica marxista em discursos públicos e aderindo à Internacional Socialista. O partido instituiu uma série de reformas significativas de inspiração socialista, incluindo salário-mínimo, reforma agrária e educação pública gratuita. Manley era popular entre os mais pobres e a classe trabalhadora, mas essas reformas – e a estreita relação de Manley com Fidel Castro – não agradavam os EUA, o que levou a CIA a se envolver na desestabilização do seu regime, fosse incentivando tentativas de golpe ou até mesmo armando gangues de traficantes para provocar violência em massa. Em 1976, o PNP lançou dois volumes do disco *We Know Where We Are Going!*, que intercalava os discursos de Manley com faixas de reggae gravadas por um grupo musical ligado ao partido, The PNP Pioneer Band.

PEOPLE UNITE
Reino Unido

Selo capitaneado pelo grupo de reggae britânico Misty in Roots. O catálogo era formado principalmente por reggae e dub engajados, mas o selo também lançou o primeiro compacto da banda punk política The Ruts. No final dos anos 1970, o Misty in Roots costumava tocar nos eventos Rock Against Racism.

PERFECT PAIR RECORDS
EUA

Uma gravadora de Nova Jersey, lar do The Coming Out Crew. Lançou várias versões do seu hino "Free, Gay & Happy".

PGP RTB
Iugoslávia

Gravadora estatal da Iugoslávia, de 1959 até seu colapso em 1992. A sigla significa *Produkcija Gramofonskih Ploča Radio Televizije Beograd*. Ao lado da soviética *Melodiya*, foi a maior e mais avançada gravadora do Leste Europeu, lançando milhares de discos, incluindo uma ampla gama de folk, jazz, música clássica, rock e muito mais. Também produziu muitos LPs com os discursos do líder iugoslavo Josip Broz Tito. E, diferentemente de outras gravadoras estatais comunistas, disponibilizou um vasto material de música pop ocidental para o público iugoslavo, de ABBA a John Coltrane, passando por Michelle Shocked e The Jam.

PHILO RECORDS
EUA

A gravadora *Philo* foi criada em 1973 no estado de Vermont, nos EUA, para lançar e distribuir música folk norte-americana. Guardava semelhanças com a Flying Fish e a Rounder Records, outras gravadoras surgidas nos anos 1970, na segunda onda de *revival* do folk, blues e outras músicas tradicionais dos EUA. No caso da *Philo*, o ponto político que me interessa é a relação com Utah Phillips, o bardo viajante do sindicato Trabalhadores Industriais do Mundo (IWW, na sigla em inglês) e herdeiro da tradição musical de Joe Hill e outros cantores e compositores do IWW. Entre 1973 e 1983, Phillips lançou quatro discos pela *Philo*, incluindo *We Have Fed You All a Thousand Years*, uma coleção de músicas e histórias do IWW. A *Philo* foi vendida para a Rounder em 1982.

PHOENIX RECORDS
Irlanda

Em 1975, a banda *The Wolfhound* lançou um compacto em homenagem ao IRA por este selo. No lado A, "The Sniper's Promise"; no lado B, "He Died to Be Free".

PHYSICAL RECORDS
EUA

Este pequeno e eclético selo entrou neste livro por ter lançado dois discos do Red Shadow, "a banda de rock'n'roll dos economistas". E eles eram exatamente isso: uma banda composta por membros da Union for Radical Political Economists (União dos Economistas Políticos Radicais, em tradução livre), um grupo de economistas anticapitalistas fundado em 1968, que emergiu da nova esquerda e ainda existe. Isso fica bastante evidente em músicas com títulos como "Commodity Fetishism" (Fetichismo da Mercadoria), "Stagflation" (Estagflação) e "Labor is Value" (O Trabalho é Valor). O selo também lançou o primeiro LP da Laduvane, uma banda folclórica dos Balcãs formada apenas por mulheres.

PIRANHA
Alemanha Ocidental

Uma gravadora independente fundada em 1987, em Berlim, com foco em *world music* socialmente engajada. O primeiro lançamento da Piranha foi uma compilação intitulada *Beat Apartheid!*, sendo grande parte da produção da gravadora politizada (e, muitas vezes, expressamente política), incluindo discos da Orquestra Marrabenta Star (Moçambique), Stella Chiweshe (Zimbábue) e Mzwakhe (África do Sul). Minha banda favorita no *cast* do selo é Carte de Séjour, um grupo franco-argelino antirracista que mistura os estilos *raï* e pós-punk. Infelizmente, como muitas gravadoras que só começaram no final dos anos 1980 e início dos anos 1990, uma parte significativa do seu catálogo está disponível apenas em CD.

PINCÉN
Argentina

Um pequeno selo populista de esquerda, com um catálogo dividido entre LPs de *spoken word* (de Che Guevara, do poeta peronista Alfredo Carlino, poemas contra a Guerra do Vietnã) e de música (do cantor e compositor uruguaio Tabare Etcheverry, canções anarquistas argentinas da primeira metade do século XX).

LOS PIRINEOS
Argentina

Também conhecido como *Ediciones Los Pirineos*, este selo argentino lançou um punhado de discos de vinil na década de 1970, incluindo canções da Guerra Civil Espanhola e poemas de Pablo Neruda. Um dos lançamentos trazia várias músicas extraídas do álbum *Canciones de la Resistencia Española Año 1963*, de Chicho Sánchez Ferlosio (embora ele não tenha sido creditado).

PLÄNE
Alemanha Ocidental

Prolífica gravadora de esquerda de Dortmund, na Alemanha, que lançou pelo menos quinhentos discos. O seu nome (cuja tradução é *Planos*) foi derivado de uma proibida revista antifascista da década de 1930, editada pela Youth Bund (Liga da Juventude). Nos anos 1950, a revista foi reativada e, na década seguinte, o grupo editorial voltou-se para a produção de discos. Embora a informação seja escassa, parece que a maior parte do financiamento para a gravadora vinha do DKP (Partido Comunista Alemão), que, por sua vez, era financiado secretamente pela RDA. Desde o início, o foco estava na produção musical de esquerda, particularmente nos novos cantores alemães como Dieter Süverkrüp, bem como na recuperação da música folclórica pan-europeia que poderia ser interpretada como antifascista, dos temas dos *partisans* italianos às músicas da Guerra Civil Espanhola, passando pelas canções da Revolução Francesa. Após o golpe de 1973 no Chile, a *Pläne* produziu dezenas de álbuns de *nueva canción* em solidariedade com as lutas latino-americanas, assim como fizeram muitos outros selos europeus de tendência radical. No final dos anos 1970, a gravadora começou a disponibilizar krautrock politizado e protopunk alemão (*Floh de Cologne, Lokomotive Kreuzberg*); e, no início dos anos 1980, um pequeno sortimento de LPs de solidariedade africana e com temática antiapartheid (*Jabula, Miriam Makeba, Bongi Makeba*). Havia também uma interessante conexão com o mundo da música anglo-americana, já que o selo produziu edições alemãs de música pop politizada do Canadá e do Reino Unido, incluindo discos de Bruce Cockburn, The Parachute Club e Robyn Hitchcock. A *Pläne* encerrou atividades em 2011.

THE PLANE LABEL
Reino Unido

Um selo folk britânico de curtíssima duração. Entre 1979 e 1981, lançou dois LPs: um com temática antinuclear, chamado *Nuclear Power, No Thanks!!?* (Energia Nuclear? Não, Obrigado!); outro com temática feminista, *My Song Is My Own: Songs From Women* (Minha Música É Minha: Canções de Mulheres).

PLATESELSKAPET MAI
Noruega

Uma gravadora comunista que funcionou de 1973 a 1983. Mais prolífico e bem-sucedido do que muitos outros selos progressistas escandinavos, seu catálogo de cem títulos está repleto de folk político, *progg*, rock, new wave e punk, bem como discos de solidariedade com o Chile e a Palestina. A *Plateselskapet Mai* também prensava e distribuía os LPS da DICAP na Noruega, e os primeiros discos do selo *Jår'galæd'dji*. Um dos nomes mais ligados à gravadora era o Vømmøl Spellmannslag, uma famosa banda de folk-rock maoísta, alinhada com o AKP (M-L), o Partido Comunista dos Trabalhadores. Como muitas agremiações similares do Novo Movimento Comunista nos EUA, o AKP (M-L) enviou seus militantes, em grande parte com formação universitária, para trabalhar em fábricas e tornar-se "proletarizados". O partido também estava ligado à editora e gravadora *Oktober Forlag*.

PLATTLANGARNA
Suécia

Não era uma gravadora, mas sim uma distribuidora e agregadora de selos *progg* e folk suecos, como Amalthea, Avanti, Kofia, Nacksving e Proletärkultur.

PLEIADES RECORDS
EUA

Criada em 1976 pela cantora e compositora lésbica e pianista de jazz Margie Adam para lançar o seu primeiro LP, *Songwriter*. Quase tudo nesse disco inaugural foi criado e produzido por mulheres. Adam continuou a usar o selo para lançar mais sete álbuns até o início dos anos 2000.

PLUF
Holanda

O selo pessoal do cantor e compositor holandês Nico Denhoorn. Ele tinha envolvimento com os Kabouters, um grupo político e contracultural posterior ao movimento Provo, que assumiu uma forte postura ambiental, se opôs ao envolvimento holandês no militarismo e tentou converter Amsterdã em uma cidade sem carros. O primeiro disco de Denhoorn foi em 1970, com uma banda de folk psicodélico, que ele chamou de *Kabouter Chismus*, e depois, no final dos anos 1970, lançou dois LPS solo recheados com gravações caseiras.

Poètes du Temps Présent

POÈTES DU TEMPS PRÉSENT
França
Um selo que lançou meia dúzia de discos em meados dos anos 1970, todos misturando poesia politizada com canções folclóricas básicas. O lançamento inaugural foi *Chants Pour Un Peuple En Lutte* (Músicas para um povo em luta), do uruguaio Marcos Velásquez. Na contracapa, a seguinte afirmação: "A poesia é uma arma do futuro".

POGO PLATTAN
Suécia
Ativo na segunda metade dos anos 1970. O *Pogo Plattan* lançou aproximadamente uma dúzia de LPs de folk e poesia, com ênfase na cultura sueca e no folk de esquerda.

POLEMIC RECORDS
EUA
Gravadora de hip-hop da Bay Area fundada por Walter Riley, pai de Boots Riley, da *crew* ultraesquerda de hip-hop The Coup. Em 1991, o selo produziu o primeiro lançamento do The Coup, um 12 polegadas intitulado *The EP*. Dois anos depois, em 1993, a *Polemic* lançou uma fita cassete do rapper local Pointt Blankk Range, e ficou inativa até 1998. Depois que o The Coup gravou alguns LPs pelo selo indie de rap Wild Pitch, a gravadora ressuscitou para lançar o terceiro disco do grupo, *Steal This Album*, em 1998.

POLITIQUE hebdo

POLITIQUE HEBDO
França
Jornal semanal francês, que circulou entre 1970 e 1978. Era um veículo não-sectário e aberto a muitos pontos de vista de esquerda e progressistas. Teve também o seu braço discográfico: o único álbum que eu tenho – e possivelmente o único lançado – é uma coletânea intitulada *Chants de Luttes du Chili*, com artistas da *nueva canción* chilena. Além disso, o jornal organizava um encontro anual de música e política chamado La Fête, do qual a gravadora *Spontanée* lançou alguns álbuns de documentação.

portents...

PORTENT RECORDS
EUA
Lançou apenas um LP, a coletânea *Poems for Peace* (1966), com a poesia *beat* e pós-*beat* de nomes como Allen Ginsberg, o anarquista Jackson MacLow, o integrante dos Fugs (e futuro Yippie) Ed Sanders, Walter Lowenfels, entre outros. O disco foi produzido pelo historiador mu-

sical Samuel Charters, que também foi produtor do grupo Country Joe and The Fish. Em 1967, o disco foi relançado pela *Broadside Records*. E, sim, o selo se chamava *Portent Records*, embora o logotipo indique *portents*.

PORTUGAL-SPANIEN-GRUPPE BERLIN
Alemanha Ocidental

Em 1975, este grupo de solidariedade lançou um LP beneficente para cooperativas em Portugal, intitulado *Poder Popular*. O disco trazia três cantores portugueses e uma banda de apoio alemã, tocando músicas popularizadas durante a Revolução dos Cravos, incluindo quatro composições de José Afonso. Uma edição diferente deste mesmo LP também foi lançada pela *Trikont*.

POSITIVE ACTION
Reino Unido

Este selo lançou um 7 polegadas beneficente chamado *Bread Not Bombs* no ano de 1986, com temática antimilitarista e de combate à pobreza.

POWER NOIZE RECORDS
África do Sul

Um dos primeiros selos de punk rock da África do Sul, o *Power Noize* foi criado pelos integrantes da banda Power Age, de Durban. Além dos discos da própria banda, o selo também lançou os conterrâneos do Screaming Foetus e um compacto antiapartheid da banda punk americana White Flag.

PRAGMAPHONE
França

Um pequeno e eclético selo dos anos 1970 que lançou aproximadamente vinte LPs. O catálogo tinha *chanson* politizada, jazz tradicional, folk experimental da Catalunha e um excelente disco com canções anarquistas da Guerra Civil Espanhola. A bandeira negra do logo e o conteúdo do catálogo me fazem suspeitar que anarquistas estavam envolvidos no selo, mas não consegui confirmar isso.

PRODUCCIONES DUPUY

PRODUCCIONES DUPUY
Argentina

Ao que parece, o material deste selo saiu ao final dos anos 1960. Foram aproximadamente doze discos, entre compactos e LPs. Todos os lançamentos tinham um viés político, mas possuíam uma característica curiosa: eram divididos entre gravações de discursos peronistas, de um lado, e discursos de Che e *nueva trova* e *nueva canción* guevaristas, do outro. É possível que este selo tivesse alguma conexão com o músico Alfredo Dupuy, que também lançou por outras gravadoras de esquerda argentinas, como *Lince* e *OIR*.

PRODUCCIONES JAOSBE
Venezuela

Um selo criado apenas para lançar o vinil triplo *Martires de la Resistencia* (1988), que narra a história de três ativistas pró-democracia na Venezuela: Leonardo Ruiz Pineda, Alberto Carnevali e Andrés Eloy Blanco. Todos eram ligados ao grupo de esquerda Ação Democrática (AD), que foi fundamental para o estabelecimento de práticas democráticas na Venezuela, mas acabou forçado à clandestinidade durante uma década de ditadura, entre 1948 e 1958. Esse álbum triplo marcou a celebração pelos trinta anos desde que o partido saiu do exílio. Embora bastante radical no seu período inicial, a AD já estava contaminada pela corrupção em 1988.

PRODUCCIONES MATUS
Argentina

Este foi o selo do músico Manuel Oscar Matus, fundador do movimento conhecido como Novo Cancioneiro (uma versão específica da Argentina da *nueva canción*, com foco na criação de um cancioneiro nacional de música folclórica). Matus era marido de Mercedes Sosa. O selo lançou cerca de uma dúzia de discos de poesia e música folclórica do início dos anos 1960 até meados da década seguinte, incluindo alguns álbuns de Mercedes Sosa.

PRODUCCIONES P.I.C.A.
Porto Rico

Tenho que admitir que desconheço o significado da sigla *P.I.C.A.*, nome do selo que lançou o LP *Los Trece*, de Willy Padin, um fervoroso apoiador do Partido Independentista Portorriquenho (PIP). Quando esse disco foi gravado (no início da década de 1970), o PIP ainda era um partido socialista bastante radical, com sua atenção focada tanto na independência dos Estados Unidos quanto no combate à pobreza e à corrupção na ilha. Mais tarde, ainda na mesma década, o partido sofreu uma divisão, que acabou gerando o atual – e mais moderado – PIP de verniz social-democrata e o muito mais militante Partido Socialista de Porto Rico (que viria a criar o selo *Disco Libre*).

PRODUCTION PAYSAGES
França

Temos aqui o nome escolhido para lançar o LP *Generation* (1988), de François Tusques. Músico e marxista, o francês é pianista de free jazz e compositor. Antes da Production Paysages, Tusques já havia fundado o selo *Le Temps des Cerises* e também gravado para os selos de Jean-Pierre Graziani, *Disques Vendémiaire* e *Edizione Corsica*.

LES PRODUCTIONS DU POING FERMÉ
Quebec

Em tradução livre, o nome deste selo significa *As Produções do Punho Fechado*. Pertencia a Pierre Fournier, um cantor folk de Quebec. Por este selo, Fournier lançou dois álbuns de folk internacionalista francófono no início dos anos 1980.

PROFANE EXISTENCE
EUA

Por uma década (1989-98), a *Profane Existence* foi a principal gravadora e distribuidora de anarcopunk nos EUA, assegurando sua importância com lançamentos de nomes como Nausea, Doom e Hiatus, e também com compilações beneficentes como *In the Spirit of Total Resistance*, em apoio à ocupação Mohawk de Kanesatake, em 1990. Também conhecida como Crise de Oka, a disputa teve início em 1989, quando um campo de golfe anunciou planos de expansão para terras reivindicadas pela comunidade Mohawk no sul de Quebec, no Canadá, levando a uma ocupação de 78 dias e um conflito violento entre a Nação Mohawk e o governo canadense. Além disso, a Profane Existence publicou um jornal anarcopunk amplamente distribuído, com informações regulares sobre política na América do Norte e movimentos sociais autônomos na Europa. A gravadora foi remodelada em 2000 e continua lançando discos.

PROGRAM RECORDS
Escócia

Um selo criado para lançar o compacto instrumental *Protest and Survive* (1980), da dupla de synth-pop Final Program. É difícil precisar quão engajado o duo era, mas usaram o popular slogan da Campanha pelo Desarmamento Nuclear como título e incluíram um folheto ativista (intitulado "Energia Nuclear: Os Fatos") em cada cópia do 7 polegadas.

PROGRESSIVE LABOR PARTY
EUA

O Progressive Labor Party (Partido Trabalhista Progressista, em tradução livre) é o grupo trotskista mais antigo dos EUA. O PLP lançou dois discos nos anos 1970. O primeiro foi *Power to the Working Class*, que trazia um pouco de folk dos Apalaches e um pouco de soul amador, a maioria sendo covers com mudanças politizadas nas letras. Minha faixa favorita é "Challenge, it's the Communist Paper!", cujo título é cantado por crianças no refrão. O segundo lançamento foi *A World to Win*, uma seleção mais tradicional de temas comunistas e trabalhistas clássicos, com interpretações de Joe Hill, Woody Guthrie, "Bella Ciao" e "The International". A contracapa deste segundo LP afirma: "Temos um longo caminho a percorrer antes que o nosso trabalho cultural se iguale à linha avançada e correta do nosso partido, mas este álbum representa um progresso nessa direção".

PROLETÄRKULTUR
Suécia

A *Proletärkultur* começou em 1973 com a proposta de lançar música especificamente comunista; no final dos anos 1970/início dos anos 1980, ampliou o escopo para incluir discos politizados e da classe trabalhadora em geral. Era o selo da Liga Comunista Marxista-Leninista (revolucionários) – KFML(r) – e lançava artistas ligados ao partido, como Dan Berglund e Knutna Nävar. Na década de 1980, os lançamentos se tornaram mais esparsos e menos focados ideologicamente, com discos de folk e *world music*. O selo era distribuído pela *Plattlangarna*.

PROMAUCA
Suécia

Em 1978, este grupo de exilados chilenos na Suécia lançou, por conta própria, um disco de *nueva canción* politizada, intitulado simplesmente *Chile*.

PROMECIN
Venezuela

A *Promecin* foi uma produtora venezuelana de discos chilenos lançados pela DI-CAP. No final dos anos 1960 e início dos anos 1970, o selo lançou Los Curacas, Inti-Illimani, Victor Jara, Angel Parra, Quilapayún e muito mais.

PRØV DÆ
Noruega

Selo norueguês que lançou um único disco, em 1980: *Vi Vil Tænde!* (*Nós Vamos Iluminar!* em tradução livre), do *Sosialistisk Kor I Sør-Varanger* (Coro Socialista de Sør-Varanger).

PUEBLO
França

Um eclético selo de folk, chanson e zouk, que lançou em torno de vinte discos entre 1970 e 1975. Muitos títulos não eram abertamente políticos, mas o primeiro lançamento foi um compacto do grupo Los Argentinos em homenagem a Che Guevara.

PUTRID
EUA

A Putrid prensou um compacto da banda Benedict Arnold and the Traitors: "Kill the Hostages" no lado 1, "Red Alert" no lado 2. De acordo com a contracapa do disco, o endereço do selo em Pomona, na Califórnia, também serviu como caixa postal para a seção local do Rock Against Racism.

QUÉBÉKISS
Quebec

Título de uma popular canção separatista quebequense dos anos 1970, de Marie Savard. Em 1971, este nome foi usado em um LP de canções e poemas separatistas. O álbum foi lançado pelo selo *Les Disques Zodiaque* (além deste disco, o catálogo não era político), mas a capa indicava que o disco poderia ser o pontapé inicial de um projeto maior, dando um endereço próprio para a *Québékiss*. A capa também é muito original: uma folha impressa frente e verso, dobrada e colocada sobre uma capa de disco marrom. Nenhum outro lançamento da *Les Disques Zodiaque* tinha um acabamento assim, então é possível que este fosse um projeto independente na origem, mas que acabou acolhido pela gravadora mais estruturada. Não creio que outros discos tenham sido disponibilizados pelo subsolo. O mesmo álbum foi lançado em 1977 na França pela Vendémiaire, sob o título *Québec: 200 Ans de Résistance*.

R & O RECORDS

R&O RECORDS
Irlanda

Um projeto conjunto dos selos Release Records e Outlet Records. Lançou cerca de meia dúzia de LPs de música irlandesa republicana no início dos anos 1970, incluindo a coletânea *Smash Internment and Injustice*, que foi gravada ao vivo na prisão de Long Kesh e contrabandeada para fora.

RADICAL RECORDS

RADICAL
EUA

Nome utilizado pela banda Dicks para lançar o seu primeiro 7 polegadas, *The Dicks Hate the Police*, em 1980. Era uma banda marxista e o vocalista do grupo, Gary Floyd, foi um dos primeiros gays assumidos numa banda punk popular.

RADICAL CHANGE
Inglaterra

Selo anarcopunk da cidade de Norwich, que lançou oito compactos e quatro LPs entre 1981 e 1988. Era capitaneado por integrantes da banda Disruptors.

RADICAL WALLPAPER RECORDS
Reino Unido

Um selo do início dos anos 1980 que lançou cinco compactos de *spoken word*, poesia e música experimental. Entre eles, a poesia punk de Attila the Stockbroker, o poeta dub Benjamin Zephaniah e Little Brother (também conhecido como Jon Langford, das bandas The Mekons e The Waco Brothers). O selo também lançou um disco do International Pen Pals, grupo no qual tocava Red Saunders, um dos fundadores do Rock Against Racism.

RADIOACTIVE RECORDS
EUA

Nome usado em um LP produzido em 1978 por um grupo de pessoas que protestavam contra a construção da Usina Nuclear Black Fox, em Oklahoma. Com o título *Black Fox Blues: Music from the Movement*, a coletânea apresentava artistas locais de folk, country e blues-rock. As vendas do vinil foram revertidas para a campanha. Iniciativas como esse disco, bem como ocupações em grande escala dos terrenos previstos para a construção, levaram ao cancelamento do projeto em 1982.

RÁDIO MOÇAMBIQUE
Moçambique

A agência estatal de rádio de Moçambique no período pós-independência. Trabalhou em parceria com o selo *Ngoma* para lançar uma série de álbuns, incluindo gravações de campo dos Acordos de Lusaca (que formalizou a independência de Moçambique em 1974), alguns compactos de canções revolucionárias do grupo *a cappella* Coral das Forças Populares de Libertação de Moçambique, e uma história documental da FRELIMO (Frente de Libertação de Moçambique).

RAG BABY

RAG BABY RECORDS
EUA

A Rag Baby, que começou como uma revista, foi um projeto do artista Country Joe McDonald. Em 1965, lançou uma edição especial da revista (*Talking Issue*) para ser uma espécie de aquecimento para um protesto contra o alistamento, realizado na Bay Area, na Califórnia. Essa edição também se desdobrou em um compacto, com duas canções de McDonald acompanhado por sua banda The Fish (incluindo a canção de protesto "I-Feel-Like-I'm-Fixing-To-Die Rag"), e outras duas de Pete Krug. Na capa, um aviso: "*Canções de Oposição*". A edição foi um sucesso e, um ano depois, o primeiro *single* de Country Joe and The Fish saiu pelo selo *Rag Baby*. Um terceiro *single*, intitulado *Resist*, apresentava na capa a ilustração de um punho de protesto atingindo um capacete militar (desenhado por Jane Fonda). O selo permaneceu inativo por oito anos, até que o nome foi retomado por McDonald em 1979, como um canal para distribuir sua música. Embora grande parte desse material posterior não tenha sido orientado para o protesto, um pequeno número de discos politizados foi lançado, incluindo o LP duplo *Vietnam Experience*, de 1985.

RAINBOW RECORDS
EUA

Este selo de Ann Arbor, em Michigan, era uma extensão da comuna de John Sinclair (embora estivesse na prisão durante os dois anos em que o selo funcionou). A *Rainbow* lançou dois *singles*: um da banda de garage rock Up e outro do Lightnin', de Detroit (que fazia parte da mesma cena do MC5, dos Stooges e do Up).

RAIZER X RECORDS
EUA

A *Raizer X* foi um pequeno selo de São Francisco que lançou discos das politizadas bandas punk The Witnesses e The Looters (com participação de Mat Callahan, ex-integrante do Prairie Fire), e uma compilação documentando o espaço de performance política *Komotion International* (com faixas de Beatnigs, Peter Plate e Yeastie Girlz).

RAINBOW SNAKE RECORDS
EUA

Um pequeno selo folk de Massachusetts, ligado à banda de esquerda Bright Morning Star. Entre o final dos anos 1970 e meados da década seguinte, lançou cerca de dez LPs, todos de folk e pop politicamente progressistas, com canções pró-*queer*, antinucleares e de solidariedade à América Latina.

RAUBBAU
Alemanha Ocidental

Um antigo selo de folk, krautrock e punk, da região de Hamburgo. O *Raubbau* lançou algumas dezenas de discos no início dos anos 1980, incluindo títulos politizados de nomes como Antropos e Slime (uma das mais famosas bandas punks da Alemanha).

RAVEN RECORDS
EUA

O selo pessoal de Paul Metsa, um cantor e compositor de Minnesota (mas que fixou residência em Minneapolis desde o final dos anos 1970). Metsa faz um folk-rock temperado por blues, com uma consciência social muito arraigada. Com a *Raven*, lançou em 1984 o LP *Paper Tigers* (creio que este título possa ter relação com a descrição que Mao fez dos EUA), e também um compacto que trazia as faixas "59 Coal Mines" e "*Stars Over the Prairie*". Na sua região, Metsa é conhecido por se apresentar (e organizar) concertos beneficentes relacionados a uma ampla gama de questões políticas.

RAW ASS RECORDS
Reino Unido

Em 1989, este selo foi criado com um único objetivo: lançar o compacto beneficente *Smash the Poll Tax!* cujos lucros foram revertidos para a resistência da comunidade ao tão odiado imposto. Numa brincadeira com os discos beneficentes das majors, a banda se chamava Punk Aid e era um "supergrupo" formado por membros de bandas anarcopunk populares, como Active Minds, Chumbawamba e Oi Polloi. O logo é uma clara reformulação do estilo gráfico do jornal anarquista *Class War*.

RĒ RECORDS
Reino Unido

Tanto a *Rē* quanto a Recommended foram selos criados em 1978 por Chris Cutler e Nick Hobbs. De inclinação socialista, Cutler é conhecido por ser figura-chave na banda de prog Henry Cow. Junto com os italianos do Stormy Six, Cutler e o Henry Cow foram os principais articuladores da entidade política de rock progressivo chamada Rock In Opposition, organizada contra a indústria fonográfica convencional. Nick Hobbs foi o vocalista da banda britânica de indie rock The Shrubs, e tocou em discos do The Ex e do Laibach. A *Rē* foi criada para cuidar dos lançamentos da Art Bears, a banda de Cutler pós-Henry Cow. Também conhecida como ReR Megacorp.

REBELLION RECORDS
Canadá

Nome usado pela antiga banda de *world music* Compañeros para lançar seu álbum *Blazing Frontiers*, em 1979. O grupo era formado por músicos chilenos e gregos exilados no Canadá, e suas canções falavam da solidariedade internacional e da experiência do imigrante.

RECOMMENDED RECORDS
Reino Unido

Criada pelo músico Chris Cutler na mesma época em que ele montou a *Rē Records*. Em teoria, a *Recommended* deveria ser usada para lançar trabalhos de bandas nas quais ele não tocava, mas na prática os dois selos se misturavam. A produção de ambos tinha um carimbo *avant-garde*, mas há pepitas claramente políticas no catálogo, como um 12 polegadas dedicado aos mineiros em greve em 1984.

RECORD EXECUTIVE
Itália

Lançou meia dúzia de discos entre o início dos anos 1970 e o começo dos anos 1980, em geral ligados ao Gruppo Dimensione Teatro, incluindo registros de suas produções de Maiakóvski, Gramsci e Neruda. O selo também lançou a coletânea *Europa Cavalca un Toro Nero – Antifascismo nella Poesia D'avanguardia* (A Europa cavalga um touro negro – O antifascismo na poesia de vanguarda), organizada por Adriano Spatola, que tinha conexões com os selos *RadioTaxi* e *Edizioni Lotta Poetica*.

RECORDIAU ANHREFN
País de Gales

Gravadora galesa fundada em 1983 por Rhys Mwyn para lançar os discos de sua banda punk Yr Anhrefn. O selo produziu quinze discos entre 1984 e 1988, todos de grupos antiautoritários ligados à contracultura e cantando na língua galesa, incluindo nomes do punk, do indie rock e a primeira banda de hip-hop galesa, Llwybr Llaethog. A gravadora lançou vários discos beneficentes, tanto para o movimento antiapartheid do Reino Unido quanto para a Cymdeithas yr Iaith Gymraeg (Associação da Língua Galesa), uma campanha nacionalista pela educação na língua galesa.

RECORDIAU AR LOG
País de Gales

Um minúsculo selo galês, que lançou dois discos: um álbum do grupo Ar Log, em 1984; e, no ano seguinte, um compacto intitulado *Dwylo Dros y Môr* (Mãos sobre o mar), um projeto beneficente para as vítimas da fome na Etiópia.

RECORDS AGAINST THAATCHISM!
Holanda

Selo holandês criado para distribuir um LP em apoio à greve dos mineiros no Reino Unido. Na coletânea: The Ex, Morzelpronk e Zowiso. Todas as faixas foram gravadas ao vivo em 1984. O disco trazia informações e um cartaz de apoio à greve. É muito provável que a *Records Against Thaatchism!* (Ou RAT) fosse outra alcunha para a Ex Records, e este LP foi lançado pela banda.

RED AIR PRODUCTIONS
Holanda

O selo de Bertus van der Horst e seu grupo Bertus and the Posters. Não há muita informação disponível sobre o artista, mas sei que usou o nome da banda para lançar dois *singles* de protesto no final dos anos 1970/início dos anos 1980. O primeiro *single*, de 1979, é um disco de solidariedade aos estivadores em greve no porto de Roterdã. É um soco na cara, que traz no lado A a faixa "Oh, M.E., Wat Doe Je Nou" – uma denúncia da violência policial da Mobiele Eenheid (Unidade Móvel, uma espécie de tropa de choque) na sua repressão aos trabalhadores. A música começa com o canto desse slogan por estivadores do lado de fora da prisão de Roterdã e depois evolui para uma alegre canção de protesto folk-rock. No lado B, "Kom op Mensen, Maak een Vuist!", um chamado à rebelião dos trabalhadores, em oposição direta aos dirigentes sindicais corruptos que sempre falharam com eles. Um segundo disco foi lançado alguns anos depois e, embora tenha características políticas, é muito menos contundente do que o primeiro *single*.

R-EDITION
Dinamarca

Selo dinamarquês ativo do final dos anos 1970 até o início dos anos 1980. Era especializado em música folclórica e militante da América Latina, como Karaxú (Chile), Pablo Milanés (Cuba) e Yolocamba I Ta (El Salvador).

REDWOOD RECORDS
EUA

Localizado na Bay Area, este selo de folk foi criado pela cantora Holly Near, em 1972. Pela *Redwood*, lançou todos os seus álbuns políticos (inclusive *Hang In There*, em apoio aos norte-vietnamitas), além de artistas chilenos, como Inti-Illimani e Victor Jara.

REFILL RECORDS
Reino Unido

Este é o selo da banda The Desperate Bicycles. Ao lado do Crass, foram pioneiros do espírito "faça você mesmo" no punk. O lema do grupo era o seguinte: "Foi fácil, foi barato – vá e faça". Acreditavam que formar uma banda e lançar discos era apenas o primeiro passo para os jovens recuperarem suas vidas do controle corporativo. Para provar como era fácil produzir um disco, imprimiram os custos nas contracapas de seus primeiros compactos. Entre 1977 e 1980, a banda lançou seis *singles* (um deles usando o nome *The Evening Outs*) e um LP pelo selo *Refill*.

REIGNING RECORDS
EUA

Selo do cantor folk Dana Lyons, cuja sede ficava em Seattle. A *Reigning* lançou, entre outros títulos, o 12 polegadas da música "Our State is a Dumpsite" (1985), de temática antinuclear.

RELEVANT RECORDS
EUA

Usado por Matt Jones para lançar seu material: nos anos 1970, um compacto de funk rock com duas faixas ("Hell No! I Ain't Gonna Go!" E "Supersam"); e, na década seguinte, um disco de folk chamado *Then and Now*. Jones foi organizador do SNCC e diretor dos Freedom Singers durante o Movimento dos Direitos Civis nos Estados Unidos.

RÉSISTANCE
Quebec

Lançou uma série de coletâneas em vinil, no início dos anos 1970, sob o título *Poèmes et Chants de la Résistances*, apresentando uma ampla variedade de *chanson* francófona, poesia, comédia stand-up e free jazz.

RESISTANCE RECORDS
Irlanda

Não confundir com o selo supremacista branco de mesmo nome. Este é o selo do militante grupo nacionalista da Irlanda do Norte, Men of No Property (que também lançou um LP pela *Paredon*). Na década de 1970, a *Resistance* produziu uma série de LPs, com títulos como *Ireland: The Fight Goes On* (Irlanda: a luta continua) e *England's Vietnam* (O Vietnã da Inglaterra).

REVO
Suriname
Selo nacionalista desta pequena nação da América do Sul. Lançou alguns discos com temas revolucionários, incluindo uma compilação intitulada *W'e Wakti Den: Mek den Kon* (1983), que acredito estar no idioma sranan (assim como a maioria dos títulos das músicas). O disco também apresenta gravações do controverso Dési Bouterse, que liderou um levante militar de esquerda em 1980, mas solidificou seu poder através de uma repressão brutal. O álbum parece uma tentativa de caracterizar o levante como uma revolução; e, curiosamente, como está todo em sranan, sem traduções, é claramente dirigido ao público nacional.

REVOLUM
França
Uma gravadora folk de Toulouse, que funcionou do início dos anos 1970 até meados dos anos 1990. Mirava na música enraizada nas diferentes tradições culturais do sul da França, incluindo o basco e o occitano. O direcionamento político da *Revolum* era um produto das lutas pela autonomia regional e pela independência na Europa. Por exemplo, a gravadora lançou um antigo LP da cantora e compositora catalã Jacmelina (Jacqueline Conte), que traz uma faixa dedicada a Salvador Puig Antich, um anarquista catalão assassinado pelo regime de Franco (além de uma canção de protesto contra o golpe chileno).

RIATON
Alemanha Ocidental
Um selo ligado à editora Verlag Roter Morgen (Editora Manhã Vermelha, em português), com sede em Hamburgo. Editora e selo eram divisões de propaganda do Partido Comunista da Alemanha/Marxista-Leninista (KPD/ML). No início da década de 1970, lançaram alguns compactos do grupo musical do partido, o *Münchner Arbeitersinggruppe* (Grupo de Canto dos Trabalhadores de Munique). Inicialmente, o KPD/ML era

uma divisão maoísta do maior e mais dominante KPD; depois, no final dos anos 1970, saiu da órbita chinesa e caiu no colo de Enver Hoxha e da Albânia.

RICORDU
Córsega

Esta gravadora disponibilizou uma ampla coleção de música gravada na língua corsa (parte significativa era música pop sem uma temática política evidente). Fundado em meados dos anos 1970, *Ricordu* lançou uma série de discos focados na autonomia e liberdade da Córsega.

RIDDUM DISTRIBUTION NETWORK
Trindade e Tobago

Como o próprio nome indica, tratava-se de uma rede de operações que fizeram parte da criação da música rapso (uma fusão de rap e soca), em Trindade e Tobago, no final dos anos 1980. Grande parte desse movimento tinha a ver com o artista Brother Resistance. Esses projetos incluem: a Riddum Distribution Network (distribuidora), a Network Productions (produtora), a Uprising Records (loja de discos) e a Masimba Connection (editora de direitos autorais). Há uma falta de clareza em torno desses projetos, pois estão creditados com funções diferentes em discos diferentes.

RISE RECORDS
EUA

A gravadora de Haki R. Madhubuti (conhecido como Don L. Lee), poeta e autor ligado ao nacionalismo negro. Com este selo, lançou o LP *Medasi/Thank You* (1984). O seu disco anterior com o Afrikan Liberation Art Ensemble, chamado *Rise Vision Comin*, algumas vezes é atribuído à Rise Records, mas o nome do selo não aparece nem nos rótulos, nem na capa.

RISE UP RECORDS
EUA

Selo da banda de jazz afrocêntrico Spirit of Life Ensemble, de Jersey City, no estado de Nova Jersey. Em 1986, a Rise Up lançou o agora cobiçado LP *Journey into Freedom Music*, que traz canções como "Ronnie Got a Ray-Gun" e "Soweto".

RIVAL
Quebec

Selo de um disco só: a coletânea *Le Disque L'Automne Show/On Va Passer A Travers*, lançada em 1975. Este LP é o registro de um show realizado para os trabalhadores em greve da United Aircraft em Longueuil, na província de Quebec.

R.K.F.A.

RKFA
França

O nome do selo usou as iniciais combinadas de Reynald Keller e Fernand Antunes (guitarrista e cantor, respectivamente). Em 1989, lançaram por conta própria um *single* de power-pop em apoio aos trabalhadores em greve da Peugeot. O vinil era vendido em eventos dos trabalhadores, e os lucros eram revertidos para o fundo de greve. A música soa estranhamente não francesa, numa mistura exagerada de vibrações da classe trabalhadora com a sensibilidade pop dos anos 1980. A sonoridade vai muito mais na direção de uma versão de segunda linha de Bruce Springsteen do que qualquer coisa na tradição da *chanson* de protesto.

ROBIN HOOD
Holanda

Ao que parece, lançou apenas um álbum: *Christiania-Vores Musik* (1977), uma compilação em solidariedade à Christiania, a cidade livre e autogestionada no centro de Copenhague.

ROCK AGAINST RACISM
Reino Unido

Durante um show em agosto de 1976, um embriagado Eric Clapton disse para o seu público "manter a Grã-Bretanha branca"; isso veio logo após seu primeiro grande sucesso, um cover de "I Shot the Sheriff", de Bob Marley. Em resposta, Roger Huddle (membro do Partido Socialista dos Trabalhadores do Reino Unido), Red Saunders (um artista de teatro agitprop) e David Widgery (um autor, organizador e também militante do Partido Socialista) escreveram uma carta à revista *New Musical Express* denunciando Clapton e anunciando um novo movimento: Rock Contra o Racismo (em inglês, Rock Against Racism, RAR). Organizaram uma série de shows, sempre com um equilíbrio entre artistas "brancos" e "negros" no *lineup*, bem como algumas das poucas bandas racialmente integradas, como The Specials. Artistas de renome como The Clash, Elvis Costello, Buzzcocks e Aswad atraíram até 100 mil pessoas para esses eventos. Em 1979, o grupo do RAR da cidade de Stevenage (44 km ao norte de Londres) produziu um *split* compacto com as bandas Restricted Hours e The Syndicate. Depois, lançaram mais dois compactos: outro *split*, dessa vez com Proles e Condemned; e um *single* do Alien Kulture, uma das poucas bandas punk britânicas com integrantes asiáticos. Em 1980, o grupo central do RAR compilou e lançou um LP apresentando catorze bandas que fizeram shows nos eventos e apoiaram o movimento, incluindo The Clash, Gang of Four, Tom Robinson Band, Elvis Costello, Steel Pulse e X-Ray Spex. Embora tenha sido lançado de forma independente pela RARecords, o LP foi distribuído pela Virgin. O disco também saiu em outros países, em colaboração com selos políticos locais em alguns lugares (por exemplo, a Nacksving na Suécia).

ROCK GEGEN RECHTS
Alemanha Ocidental

Em 1980, o Rock Against Racism lançou a sua coletânea no Reino Unido, com bandas renomadas e distribuição de gravadora grande; um ano antes, em Hannover, na Alemanha, um grupo menor e de nome parecido também mostrou serviço. O Rock Gegen Rechts (Rock Contra a Direita) lançou um registro do concerto de solidariedade realizado em 1979, com faixas antinazistas de nomes como *Misty in Roots*, além de bandas locais de *progg* político, krautrock e protopunk. Também parece ter se tornado uma espécie de selo de "código aberto", pois várias bandas alemãs de punk e rock lançaram discos por conta própria com o logo do *Rock Gegen Rechts* no vinil, provavelmente devido à popularidade do sentimento contido nesse nome.

ROCK AGAINST RECORDS
Holanda

Um dos primeiros selos punk holandeses, a *Rock Against* lançou cerca de uma dúzia de discos de punk político de 1980 a 1983, incluindo uma compilação de bandas punk feminista intitulada Rock Tegen de Rollen e vários discos cujas vendas beneficiaram squats e ações de ocupação.

ROCK RADICAL RECORDS
França

Selo punk francês das antigas e de vida curta. A *Rock Radical* foi fundada por membros da banda The Brigades e lançou nove títulos entre 1982 e 1984. No catálogo, discos do Bérurier Noir e a maioria do material dos Brigades, incluindo o compacto *Riot and Dance* e o 12 polegadas *Bombs n'Blood n'Capital*.

RØDE MOR MUSIKFORLAG
Dinamarca

A popular banda comunista Røde Mor (em português, Mãe Vermelha) lançou a maioria dos seus álbuns pela gravadora Demos. Porém, em 1976, quando esse selo teve uma divisão política, a banda passou a distribuir seus discos por conta própria.

ROSETTA RECORDS
EUA

Este selo produziu diversos LPs no início dos anos 1980, principalmente compilações de artistas (mulheres) de jazz e blues. Foi fundado por Rosetta Reitz, que fez parte de muitos grupos feministas, incluindo a NY Radical Feminists. O conceito por trás da gravadora era mostrar mulheres negligenciadas e dar a elas seu lugar de direito na história da música.

ROTE RILLE
Alemanha Ocidental

Aparentemente, a *Rote Rille* foi um projeto de apenas um lançamento: um LP intitulado *Live*, de 1971. Nesse disco, o cantor e compositor esquerdista Franz Josef Degenhardt cantava suas próprias canções e as do colega (também de esquerda) Dieter Süverkrüp, além de leituras de poetas ligados ao movimento pacifista, como Peter Schütt e Uwe Wandrey.

ROUGH TRADE
Reino Unido

A *Rough Trade* começou como uma loja de discos em Londres, em 1976, e passou a prensar discos em 1978. Embora seu foco estivesse em um amplo espectro de músicas e estilos independentes, a *Rough Trade* lançou discos importantes de bandas políticas de punk e pós-punk, como Stiff Little Fingers, Angelic Upstarts, Scritti Politti, The Slits, Pop Group, Robert Wyatt e Zounds. A gravadora não se limitou apenas ao pop ocidental e lançou álbuns de Tapper Zukkie e Thomas Mapfumo. A *Rough Trade* também desempenhou um papel fundamental na distribuição de títulos independentes no Reino Unido, primeiro como cofundadora da distribuidora The Cartel, uma aliança de distribuidoras regionais e selos independentes, que se formou no início dos anos 1980 para fornecer um sistema de distribuição alternativo que ajudasse a música independente a competir com as grandes gravadoras. Em algum momento, a *Rough Trade* também criou a Rough Trade Distribution, paralela ao Cartel, e o alcance excessivo da ala de distribuição colaborou para o colapso do selo, em 1991. Foi então vendida em partes, algumas terminaram nas mãos das *majors*, outras foram para a gravadora *One Little Indian*.

ROUNDER RECORDS
EUA

A *Rounder* lançou uma ampla gama de música de raiz norte-americana, bem como alguns discos internacionais. Fundada em 1970 por Ken Irwin, Bill Nowlin e Marian Leighton Levy (Nowlin foi ativo no movimento anarquista dos EUA nas décadas de 1960 e 1970), a *Rounder* pode ser considerada uma espécie de substituta da *Folkways*, como principal reduto para o blues, o bluegrass, a música dos Apalaches e outros estilos folk recheados de temática social. Também disponibilizou alguns LPs antiapartheid: um documento da estação pirata do Congresso Nacional Africano, Radio Freedom; e uma compilação de punk e new wave sul-africano contra o recrutamento militar, chamada *Forces Favorites* (lançada pelo selo sul-africano *Shifty*). A gravadora também teve (1985-87) um subselo com sede no Reino Unido, chamado *Rounder Europa*, que prensou e distribuiu seus lançamentos na Europa (no final dos anos 1990 foi relançado na Holanda como *Rounder Europe*).

RPM
EUA

Um selo de jazz de São Francisco (EUA), ativo na década de 1980. A RPM lançou meia dúzia de LPs, incluindo dois do pianista asiático-americano Jon Jang e dois do grupo político de free jazz United Front (que deu às suas músicas títulos como "There is Nothing More Precious than Independence and Freedom" e "Ballad of the Landlord", esta última baseada em um poema de Langston Hughes).

R RADICAL
EUA

Selo punk capitaneado por Dave Dictor, do MDC (Millions of Dead Cops). Durante a década de 1980, lançou discos do MDC, mas também registros de bandas como D.R.I., B.G.K., além da influente coletânea beneficente P.E.A.C.E., com temática antinuclear. (Dictor adora siglas, pelo jeito.)

RUGGER BUGGER
Reino Unido

Um selo punk altamente politizado do final dos anos 1980. Ao contrário da maioria de seus antecessores, a *Rugger Bugger* recusava-se a se levar muito a sério. Bandas mais pop, como Snuff e Wat Tyler, compõem a maior parte do catálogo, bem como nomes associados ao Chumbawamba, como Credit to the Nation, Danbert Nobacon e Passion Killers. O selo funcionou até 2003, e depois de 1995 se tornou uma mistura mais geral de pop punk menos politizado e relançamentos (e novos títulos) de bandas punk mais antigas, dos anos 1980, como The Mob, Subhumans e Zounds.

RUNDFUNK DER DDR
Alemanha Oriental

Uma gravadora administrada pela estação de rádio estatal da RDA. Assim como outros selos da Alemanha Oriental (*Amiga*, *Eterna*, etc.), o catálogo é diversificado e não inteiramente político. A gravadora lançou vários LPs de solidariedade internacional, incluindo um documentando um discurso de Angela Davis em Berlim, em 1973. Outro disco, intitulado *Solidarität* (também de 1973), apresenta uma série de cantores da Alemanha Oriental falando sobre o Vietnã, Angela Davis e a solidariedade.

RUPTURA
Venezuela

Este selo lançou apenas um LP, em 1970: uma coletânea em memória do líder guerrilheiro venezuelano Fabricio Ojeda, que cofundou as Forças Armadas de Libertação Nacional (FALN) em 1962 e morreu sob custódia do Estado em 1966.

SAFCO RECORDS
EUA

O selo do Comitê de Liberdade da África do Sul, que lançou um LP chamado *Liberation: South Africa Freedom Songs*. Trata-se de um disco de jazz sul-africano repleto de estrelas, como Abdullah Ibrahim (Dollar Brand) e Sipo Mzimela. Ibrahim, aliás, foi fundamental na organização do álbum.

ŠAFRÁN 78
Suécia

Este selo foi criado pelos exilados checos Jirí Pallas e Jaroslav Hutka como uma válvula de escape para a prensagem de discos de outros músicos e escritores exilados ou banidos da Tchecoslováquia. *Šafrán* significa açafrão, e nasceu em 1978. O selo lançou cerca de duas dúzias de discos entre 1978 e 1985, incluindo uma peça de rádio de Václav Havel, cinco LPs de Karel Kryl (um cantor e compositor que emergiu da Primavera de Praga e foi exilado na Alemanha Ocidental depois que seu primeiro LP foi banido) e uma série de discos de apoio ao movimento polonês Solidariedade.

SAIN
País de Gales

Fundada em 1969 pelos músicos Dafydd Iwan e Huw Jones, a *Sain* teve um papel central no renascimento da música na língua galesa, em particular da música folk. O selo começou pequeno, lançando uma série de compactos de Iwan, Jones e um seleto grupo de músicos folk galeses – na verdade, o selo só lançou seu primeiro LP em 1972. Esses discos eram politizados por usar a língua galesa, mas muitos deles também continham críticas sociais e apoio à militância entre os mineiros galeses, como no compacto *Who Will Cast A Stone? Songs For The Miners Strike 1972*, do grupo The Hennessys (esse também foi um dos primeiros vinis a incluir informações em inglês). A *Sain* tornou-se uma operação em grande escala, atingindo seu auge na década de 1980, quando lançava mais de cinquenta discos por ano.

SALAAM RECORDS
EUA

Uma gravadora dos anos 1960, conectada à Nação do Islã. A *Salaam* lançou compactos de Louis X (também conhecido como Louis Farrakhan) e de outros músicos afiliados ao grupo.

"SALAMANSA RECORD'S"
SALAMANSA RECORDS
Holanda

Nome utilizado para lançar a versão holandesa de um LP do músico cabo-verdiano Nhô Balta. O LP original saiu pelo selo *A Voz de Cabo-Verde* com o título *Mel d'Abelha*. A edição holandesa é muito mais politizada: na capa, o artista aparece com o codinome "Nhô Balta ma Voz d'Pove"; o título do disco foi alterado para *Terra Livre*; e a foto na capa é de Amílcar Cabral, líder do PAIGC (Partido Africano para a Independência de Guiné e Cabo Verde).

SALSA
EUA

Selo nova-iorquino especializado em música latina, ativo entre 1971 e 1982. Como era comum no período, boa parte da música apresentava temas de liberdade e libertação, bem como referências à independência de Porto Rico. O grande destaque do catálogo é o grupo Ghetto Brothers. Nascido na cultura de gangues, esse grupo de sete adolescentes misturou salsa, funk e rock, criando um som reconhecido como precursor do hip-hop. Ligado ao Partido Socialista de Porto Rico, o Ghetto Brothers oscilava entre salsas com temática de independência ("Viva Puerto Rico Libre"), o toque de rock em "Ghetto Brothers Power" e os tipos de letras que você esperaria de um grupo de estudantes do ensino médio (como na faixa "Girl from the Mountain").

SAMSPILL
Noruega

Este selo de esquerda, do início dos anos 1970, tinha muita ênfase na missão de manter a Noruega fora da Comunidade Econômica Europeia, a precursora da atual União Europeia. Por fim, o *Samspill* se fundiu com o selo *Plateselskapet Mai*.

S AND M RECORDS
EUA

Nos anos 1970, lançou um *single* de jazz-poesia ligada ao nacionalismo negro: "Invitation to Black Power", do Shahid Quintet.

SAOIRSE RECORDS
Irlanda do Norte

Em 1973, este selo lançou um compacto: *Ballad of Joe Cahill/Lynch's Merry Men* do James Connolly Folk Group. Joe Cahill foi um dos fundadores do Exército Republicano Irlandês Provisório (Provisional IRA) e foi preso em 1973 por importar armas para a Irlanda do Norte.

SAVE THE MOUNTAIN ALBUM PROJECT
EUA

Foi criado, em 1980, apenas para lançar uma coletânea folk, como parte de uma campanha política para defender uma montanha do Minnewaska State Park Preserve, no Hudson Valley, em Nova York. A área corria risco de destruição e exploração pela rede de hotéis Marriott.

SAVE THE CHILDREN
Internacional

Uma ONG internacional que já se envolveu com inúmeros projetos musicais: muitas gravadoras lançaram discos beneficentes para ajudar a organização, mas a própria ONG soltou alguns vinis. Em 1974, disponibilizou um LP do *Minehead Save the Children Choir* e, durante cerca de uma década, entre o final dos anos 1970 e o início dos anos 1980, produziu anualmente um compacto de *spots* de rádio de serviço público para serem distribuídos para as estações norte-americanas. Em 1985, a Red Barnet (braço dinamarquês da Save the Children) lançou um LP beneficente intitulado *Red Barnet* (que significa "Salve as crianças" em dinamarquês).

ṢAWT AL-ĀṢIFA
Egito

O selo da estação de rádio palestina com o mesmo nome (cuja tradução aproximada seria algo como O Som da Tempestade), localizada no Cairo e dirigida pelo braço Fatah da Organização para a Libertação da Palestina (OLP). Em 1969, lançou uma série de compactos, todos com canções de um grupo coral masculino, al-Firqa al-Marakziyya. Os discos foram produzidos e distribuídos pela gravadora *Sono Cairo*.

ṢAWT AL-'AWDA
Líbano

Selo criado pela Frente Popular para a Libertação da Palestina – Comando Geral (FPLP-CG). Uma tradução aproximada para *Sawt al-'Awda* seria *O Som do Retorno*. Em 1968, a FPLP-CG se separou da Frente Popular para a Libertação da Palestina (FPLP) por questões de militância: o Comando Geral exigia menos conversa e mais ação. Aparentemente, apenas um compacto foi lançado, da faixa قسم الفداء (Juramento de Redenção), composta por Nayef Ali, com letra do poeta Samih Hamada e cantada por Wadad. O disco não tem data, mas foi lançado no Líbano, portanto é provável que tenha sido no período da Guerra Civil Libanesa, quando a FPLP-CG era uma das milícias em luta.

SCAB AID
Inglaterra

Scab Aid foi o nome escolhido pelo Chumbawamba para lançar "anonimamente" seu *single* "Let It Be", em 1987. O compacto foi uma resposta direta ao projeto de caridade Ferry Aid organizado pelo tabloide de direita *The Sun*.

O Ferry Aid tinha como objetivo apoiar os sobreviventes e as famílias dos mortos da balsa MS *Herald of Free Enterprise* (que afundou e matou 193 pessoas em 6 de março de 1987). O jornal tinha vendido passagens baratas para a balsa naquele dia como um esquema para ganhar dinheiro. Na sequência do seu LP de estreia, *Pictures of Starving Children Sell Records*, o Chumbawamba mudou a letra da famosa canção dos Beatles para espetar tanto o tabloide quanto as estrelas pop que fizeram fila para participar desta tentativa flagrante de mercantilizar o desastre. O nome do selo não consta nos rótulos do vinil (nem o nome do grupo), mas o compacto possui o código de catálogo SCAB1.

SCARFACE RECORDS
EUA

A *Scarface* foi uma gravadora independente de hip-hop da Bay Area, Califórnia. O selo era capitaneado pelo rapper Paris, um artista de esquerda ligado ao nacionalismo negro. Paris foi profundamente influenciado pelos Panteras Negras e pelos movimentos de libertação africanos, e usou seu selo para promover outros grupos engajados de rap, como The Conscious Daughters.

SCARAB RECORDS
EUA

Scarab era o selo do The Pharaohs, um grupo de jazz/funk de Chicago que surgiu do Afro-Arts Theater (administrado por Phil Cohran). A banda fazia parte da cena jazzística de Chicago criada pela Association for the Advancement of Creative Musicians e pelo grupo Art Ensemble of Chicago. Embora mais orientada para o pop, a banda manteve uma forte vibração afrocêntrica, em canções como "Tracks of My Tears", "Black Enuff" e "Freedom Road".

SCHNEEBALL
Alemanha Ocidental

A *Schneeball* foi a sucessora da gravadora April, especializada em *kraut/progg*. O nome foi alterado em 1977. Lançou material semelhante, em geral de bandas politizadas de krautrock como Ton Steine Scherben, Checkpoint Charlie e Brühwarm (cerca de 75 discos entre 1977 e 1990). O selo ainda existe, mas desde 1990 apenas relançou seu catálogo em CD.

scum

SCUM RECORDS
Inglaterra

O antigo selo dos Apostles, uma peculiar banda de pós-punk que surgiu na segunda onda do anarcopunk, no começo dos anos 1980. Inicialmente, lançaram a maior parte do seu material em fitas cassete (*Scum Tapes*) e compactos, mas continuariam a trabalhar com muitas das importantes gravadoras anarcopunk britânicas, como Children of the Revolution e Morterhate. Os Apostles são uma banda interessante, pois sonoramente eram muito experimentais – misturando punk, pós-punk, blues rock, noise experimental e até elementos folk – e politicamente eram um dos grupos mais doutrinários na defesa do anarquismo, com títulos de músicas como "Proletarian Autonomy" ("Autonomia Proletária"), "Class War" ("Guerra de Classes"), "Anarchy, Peace, and Freedom" ("Anarquia, Paz e Liberdade") e "A New World In Our Hearts" ("Um Novo Mundo em Nossos Corações").

SDPL:N POHJOISUUDENMAAN AJ RY
SDPL:N POHJOIS-UUDENMAAN ALUEJÄRJESTÖ RY
Finlândia

Também conhecida como União dos Pioneiros da Sociedade Democrática da Finlândia, a SDPL:N era uma organização da juventude comunista criada logo após a Segunda Guerra Mundial, em parte para erradicar o fascismo do sistema educativo. Em 1984, o grupo lançou um LP de marchas infantis intitulado *Ystävyyden Silta* (Ponte da Amizade).

SEA WAVE RECORDS
EUA

Usado por Jeriann Hilderley para lançar o seu disco de new age/folk intitulado *Jeritree's House of Many Colours*, em 1978. Hilderley fazia parte da cena musical feminina de Nova York e participou da coletânea *A Few Loving Women* (1973). O LP lançado pela *Sea Wave* teve distribuição da Wise Women Enterprises.

SECOURS POPULAIRE FRANÇAIS
França

Uma longeva ONG francesa, focada no combate à pobreza, com olhar especial para as crianças. Em certos aspectos, guarda similaridades com a Cruz Vermelha, mas foi fundada por comunistas e antifascistas no final da Segunda Guerra Mundial, que consideravam que a ajuda (da Cruz Vermelha) não era neutra. A organização esteve envolvida em vários projetos musicais, incluindo um LP beneficente da *major* francesa Pathé, e o lançamento independente de uma compilação em apoio às crianças vítimas da repressão no Chile, em 1977. Esse disco conta com nomes expressivos do jazz francês e da cena da *chanson*, como Collete Magny, Yves Montand, Georges Moustaki e Francesca Solleville.

"Free Bobby Now" no lado A e "No More" no lado B. Essa banda era conectada à divisão de Oakland (Califórnia) dos Panteras Negras. Nos rótulos do 7 polegadas, o nome do selo ganha um complemento: "*Black Panther Party Productions*".

SEDIM RECORDS
Reino Unido

Lançou um 10 polegadas do compositor palestino Youssef Khasho, intitulado *Two Ouvertures: Palestine 1917-1947/ El Fatah* (sem data, mas do final dos anos 1960). O disco é composto por duas obras de Khasho, executadas pela Orquestra Sinfônica de Roma. A primeira música é dedicada ao povo palestino e à *Nakba* (catástrofe), o nome árabe para a expulsão dos palestinos de sua terra natal em 1948 pelas forças israelenses; a segunda é dedicada ao Fatah e à OLP, vista por Khasho como a única esperança dos palestinos. Este é talvez o único disco lançado pelo selo.

SERVICE EMPLOYEES INTERNATIONAL UNION
EUA

Na primeira edição deste livro, incluí o 1199SEIU (o sindicato dos trabalhadores da saúde), mas não o mais amplo Sindicato Internacional dos Empregados de Serviços, que também se interessou pela produção de discos. Para ser mais específico: no final dos anos 1970, Joe Glazer e seu selo *Collector Records* prensaram um LP de músicas dedicadas ao sindicato e o lançaram sob o nome *SEIU*.

SERVIRE IL POPOLO
Itália

O selo da União dos Comunistas Italianos (Marxista-Leninista), um pequeno partido italiano de esquerda radical que congregou integrantes do movimento estudantil romano, do PSIUP (Partido Socialista Italiano da Unidade Proletária) e

SEIZE THE TIME
Black Panther Party Productions
SEIZE THE TIME
EUA

Em 1970, este selo disponibilizou um compacto da banda The Lumpen, com

outros militantes trotskistas. Lançaram um LP, *Alla Riscossa!*, que propagava a UCI (M-L) como a solução para todos os problemas da classe trabalhadora italiana – "L'Italia sarà presto rossa!" (A Itália em breve será vermelha!).

SHANACHIE
EUA

A gravadora iniciou atividades em 1976, com foco na música celta de violino (*fiddle*), mas abriu o leque para outros gêneros internacionais. Muitos artistas lançados pela *Shanachie* tinham uma veia de protesto ou de crítica social, como Black Uhuru, Ladysmith Black Mambazo, Linton Kwesi Johnson e Fela. A gravadora também lançou um disco antiapartheid em celebração ao trabalho do Bispo Desmond Tutu.

SHIFTY RECORDS
África do Sul

Este selo recebeu o nome de um estúdio de gravação da África do Sul. Um dos fundadores do selo/estúdio foi Ivan Kadey, da banda punk National Wake, e um dos engenheiros de som era Warric Swinney, dos Kalahari Surfers. A *Shifty* disponibilizou um incrível recorte da música sul-africana dos anos 1980, desde os tradicionais coros de trabalhadores Zulu até o punk político, a poesia dub, o reggae e o afrobeat.

SIGNIFICANT OTHER RECORDS
EUA

Selo pessoal do cantor e compositor Michael Callen. Ativista na luta contra a AIDS, Callen lançou alguns CDs e um vinil, o álbum *Purple Heart*, de 1988. Neste LP, o músico apresentou algumas faixas que abordavam a realidade de uma pessoa vivendo com HIV e também sobre o período da epidemia do vírus ("Living in Wartime", "How to Have Sex").

SILENCE
Suécia

Selo independente de pop/rock/folk/progg. Não creio que tenha uma inclinação política específica, mas lançou discos do Tillsammans (uma prolífica banda de folk-político); um LP conceitual sobre a questão do bem-estar social de Troels Trier, do Røde Mor, algumas coletâneas de canções feministas e várias compilações contra a energia nuclear e as armas.

SILHOUETTES IN COURAGE
EUA

Um ambicioso projeto educativo. Em 1969 e 1970, lançou três boxes set (com discos duplos) e um LP duplo simples narrando a história dos africanos na América. Produziu um álbum de funk/soul infantil gravado com alunos da Public School 186, uma escola de ensino fundamental do Harlem, Nova York.

SIMPLE MACHINES
EUA

Uma das primeiras gravadoras de "indie rock", a *Simple Machines* foi fundada por Jenny Toomey e Brad Sigal. Quando o selo começou, ambos moravam na Positive Force House em Arlington, Virgínia. Não havia muita coisa explicitamente política na produção musical da gravadora, mas um dos primeiros lançamentos foi um manual que ensinava como prensar seus próprios discos e montar um selo, atualizando e rejuvenescendo o espírito do "faça você mesmo" das primeiras bandas punk, como Crass e Desperate Bicycles. Depois, Toomey montaria a popular banda indie Tsunami, enquanto Sigal ajudaria a organizar o coletivo anarquista Beehive, com sede em DC, que se tornaria um central na organização anarquista Love and Rage. Por fim, ele se mudou para o centro-oeste e se juntou à Freedom Road Socialist Organization, de orientação maoísta.

SING OUT!
SING OUT!
EUA

A *Sing Out!* é conhecida como a revista que documentou e apoiou o renascimento do folk nos EUA. Fundada em 1950 (com participação de Pete Seeger), a publicação foi editada por Irwin Silber de 1951 a 1967. Comunista de longa data, Silber levou sua ideologia para a revista, utilizando-a para promover o Movimento dos Direitos Civis e músicos com simpatias claras e diretas pelos movimentos populares. Apesar de não ser uma gravadora, a *Sing Out!* produziu diversos discos para serem distribuídos com a revista, entre o início de 1961 e meados da década de 1970. O primeiro foi um 7 polegadas encartado na edição do décimo aniversário, com faixas de Seeger, Woody Guthrie, Ewan MacColl & Peggy Seeger, um coro gospel do Alabama e o cantor soviético Vladimir Troshin. Nos anos seguintes, a revista incluiria *flexi discs* em edições especiais, com conteúdo sonoro semelhante.

SISTER SUN RECORDS
EUA

O selo da cantora folk Joanna Cazden, com o qual produziu seis álbuns solo, incluindo *Hatching* (1977), que teve distribuição da *Olivia Records*. Feminista e bissexual, ela tinha orgulho de ser a única artista da Olivia que não se identificava como lésbica. Outro destaque é o LP *Rebel Girl* (1986), cuja faixa-título é uma versão da música de Joe Hill. Cazden também coescreveu a música tema da Parada do Orgulho de Los Angeles de 1983.

SISTER LOVE PRODUCTIONS
SISTER LOVE PRODUCTIONS
EUA

Durante os anos 1970 e 1980, a comunidade lésbica norte-americana criou um amplo e poderoso ecossistema musical, que atuava como uma alternativa ao mainstream. No entanto, eram raros os exemplos de iniciativas específicas para as mulheres negras. O selo *Sister Love* foi uma exceção, ao lançar o material do High Risk, um grupo *queer* de soul e funk.

SISTERS UNLIMITED
EUA

Selo da cantora e compositora lésbica Carole Etzler. Ela usou este nome para lançar meia dúzia de discos, entre 1976 e meados dos anos 1990, alguns com a violoncelista Brenda Chambers.

SIZWE
Inglaterra

Selo criado para lançar o *single* de Gwen Brisco, "They Let Mandela Go", em 1990. O disco foi produzido e distribuído pelo selo indie britânico *Big Wave*. A faixa de sonoridade synth-funk/disco alcançou o primeiro lugar nas paradas da África do Sul (onde foi lançada pelo selo CSR) e obteve alguma popularidade no Reino Unido. Apesar de ser norte-americana (de Columbus, Ohio), Brisco fez muito mais sucesso fora dos EUA.

SKIPPER KLEMENT
Dinamarca

Parte de um robusto projeto de educação alternativa na Dinamarca, chamado *Tvind*, que começou como uma iniciativa progressista de escolas itinerantes, com o objetivo de apoiar e formar educadores em várias partes do mundo, incluindo a África Austral. O projeto tornou-se bastante controverso e ganhou ares de seita, levando a um processo judicial na Dinamarca. Independentemente disso, o selo lançou um único LP, em 1979: *Mennesker I Sydafrika – Danske Sange Om Sydafrika* (Povos da África do Sul – Canções dinamarquesas sobre a África do Sul). A sonoridade é bastante sem sal, mas o álbum vem com um enorme e impressionante livreto (no formato do LP) cheio de informações sobre a África do Sul e o apartheid. Uma última curiosidade: o nome do selo faz menção a um líder dinamarquês de uma revolta camponesa do século XVI.

SKY & TREES
Reino Unido

Entre 1983 e 1985, a banda anarco-punk-dance Chumbawamba usou este selo para lançar o seu material, predominantemente em cassetes. Usaram esse nome para lançamentos informais antes – e depois – da criação do seu selo principal, a Agit-Prop. A *Sky & Trees* produziu apenas um vinil, o disco infantil alternativo de Danbert Nobacon, intitulado *The Unfairy Tale*.

SLIP RECORDS
Inglaterra

Um selo new wave dos anos 1980, da cidade de Manchester. A *Slip* lançou apenas três discos, e o motivo de estar aqui é a coletânea *Abuse*, produzida em parceria com o grupo ativista Artists for Animals. O disco apresenta oito faixas com temática pró-animal, de nomes como Durutti Column, Madness, Style Council e Robert Wyatt, além da participação de Ralph Steadman (com uma música e a ilustração da capa). Levando em consideração a presença de artistas famosos, é surpreendente que a contracapa esteja repleta de informações promovendo a Animal Liberation Front (Frente de Libertação Animal) e ações militantes contra empresas que utilizam animais para testes.

SMOKESTAX RECORDS
EUA

A *Smokestax* foi um selo montado para lançar um compacto da La Banda del Pueblo, em 1979. Formado por metalúrgicos de Indiana (EUA), o grupo executava uma fusão entre *nueva canción* e blues. A banda tocou em eventos sindicais em todo o centro-oeste americano nos anos 1970 e início dos anos 1980, mas esse é o seu único lançamento em vinil.

SOCIALDEMOKRATERNA
Suécia

Em 1975, com a ajuda do selo *A Disc*, o Partido Operário Social-Democrata da Suécia lançou o LP *Vårt Vapen Heter Solidaritet* (Nossa arma é a solidariedade), uma coletânea de canções trabalhistas tradicionais.

SOLÈYE
EUA

O selo da banda haitiana Solèy Lévé (Sol Nascente na língua crioula haitiana). Lançaram dois álbuns: *Chansons et poésies patriotiques* (Canções e Poesias Patrióticas), em 1973; e *Péyi-an Mouin* (Meu País), em 1974. O termo *Solèy Lévé* possui conotações políticas no Haiti (e em outras partes do Caribe): o conceito do sol nascente indica que haverá um novo dia. Esse grupo segue esse conceito, numa mistura de *spoken word*, folk, *twoubadou* e *compas* suaves sobre a vida haitiana, feminismo e libertação.

SOLIDARITY WITH SOLIDARITY
Reino Unido

Em 1982, este selo foi criado para lançar um compacto em apoio ao movimento sindical polonês Solidariedade. O 7 polegadas trazia "Solidarity Defiant", um hino contemporâneo dos trabalhadores poloneses, interpretado por Andrzej Smoleń.

SOLOMONIC
Jamaica

Gravadora de Bunny Wailer, conhecido por ter feito parte da banda The Wailers, com Bob Marley. A *Solomonic* lançou os discos políticos de Bunny Wailer, *Struggle* e *Protest*, além de *singles* como "Anti-Apartheid/Solidarity", de Peter Tosh.

SOMODISCOS
Moçambique

A *Somodiscos* foi uma fábrica de vinil criada pelos portugueses em Moçambique, no início dos anos 1960. Após a independência, a estrutura foi utilizada pela FRELIMO (Frente de Libertação de Moçambique) para prensar discos para agências governamentais, como a Rádio Moçambique e o Instituto Nacional do Livro e do Disco. A *Somodiscos* também lançou um LP duplo dedicado ao líder revolucionário Samora Machel.

SONORAMA
Costa Rica

Pequeno selo que lançou material de exilados nicaraguenses em apoio à Revolução Sandinista. Tanto Carlos Mejía Godoy quanto o grupo Pancasán gravaram álbuns pró-sandinistas na década de 1970 pela Sonorama, e ambos acabariam trabalhando com a gravadora estatal ENIGRAC, criada no pós-revolução.

SOÑUA
País Basco

Um pequeno selo independente dos anos 1980, especializado no rock político do País Basco. O *Soñua* lançou os primeiros trabalhos de bandas como Kortatu e Hertzainak. A gravadora Oihuka surgiu a partir de uma cisão ocorrida com o Soñua, em 1987.

SOSIALISTISK OPPLYSNINGSFORBUND
Noruega

Em norueguês, o nome deste selo significa Associação de Informação Socialista. Também conhecido como SO, o selo lançou alguns álbuns no final dos anos 1970/início dos anos 1980. Destaco um *split* LP de 1978, com o Sosialistisk Kor I Oslo (Coro Socialista de Oslo) no lado A e dois artistas folclóricos (Balder e Epos) no lado B. Depois, em 1982, saiu um disco muito mais estranho: um LP de jazz-rock gravado por instrutores da Vestoppland Folkehøgskole (uma espécie de escola secundária alternativa), como parte da iniciativa For Full Musikk da SO.

SOUND HOUSE RECORDS
EUA

Selo usado para lançar duas coletâneas folk em prol da organização Hudson River Sloop Clearwater, criada por Pete Seeger e sua esposa em 1966. A entidade, a embarcação e o festival anual de música estão focados na proteção do Rio Hudson. Em parte por causa do trabalho de Seeger e da Clearwater, muita atenção foi dada ao despejo de PCBs no rio pela General Electric em meados do século XX; assim, certas áreas do Rio Hudson foram designadas para participar do programa de remediação ambiental conhecido como Superfund.

Sozialdemokrat Magazin

SOZIALDEMOKRAT MAGAZIN
Alemanha Ocidental

Uma revista social-democrata alemã que lançou um único LP em 1977: "*…erkämpft das Menschenrecht*": *Lieder von Freiheit, Gerechtigkeit und Solidarität* ("…Lute pelos direitos humanos": canções de liberdade, justiça e solidariedade), uma coleção de clássicos da classe trabalhadora e de solidariedade cantados por Lerryn, um baluarte do folk político.

SOZIALISTISCHE DEUTSCHE ARBEITERJUGEND
Alemanha Ocidental

Também conhecida por SDAJ, a *Sozialistische Deutsche Arbeiterjugend* (*Juventude Socialista dos Trabalhadores Alemães*) funcionava como uma espécie de ala jovem do Partido Comunista Alemão. O grupo lançou pelo menos dois discos em associação com a gravadora *Pläne*: um registro de um concerto beneficente para o Chile, em 1974, e, em 1980, um compacto promocional apresentando a canção "Mach mit bei uns in der SDAJ" (Junte-se a nós na SDAJ).

SOZIALISTISCHE MUSIKER INITIATIVE
Suíça

Uma experiência na criação de um projeto musical comunista, a *Sozialistische Musiker Initiative* (SMI) lançou um único álbum em 1977, uma gravação experimental de texto e som de Max E. Keller e Martin Schwarzenlander. O disco incluía um manifesto da SMI: "A arte (música) é a forma estética de consciência social que não é específica de classe na sociedade capitalista. A música burguesa, mesmo na sua forma vanguardista tardia, reflete o interesse da burguesia. Por outro lado, a SMI apoia e produz trabalhos musicais que tentam, de maneira consciente e manifesta, tomar partido contra a opressão e a favor do socialismo. Tanto quanto o conteúdo permite ou exige, utilizamos as formas e a estrutura da música burguesa, desde que correspondam às nossas formas sociais de conhecimento, às nossas tarefas e aos nossos objetivos".

SPANIEL RECORDS
EUA

O selo de Robin Flower, uma cantora e compositora ligada ao feminismo lésbico. Pela *Spaniel*, ela lançou o álbum *More*

Than Friends, em 1979. Neste LP ela gravou um cover de "Still Ain't Satisfied", de Bonnie Lockhart e os Red Star Singers, lançado pela Paredon Records.

SPIDERLEG
Reino Unido
O selo da banda anarcopunk Flux of Pink Indians (cujo primeiro compacto havia saído pelo *Crass Records*). Além do material do próprio Flux, o selo também lançou – entre 1981 e 1984 – discos de bandas similares, como Amebix, Kronstadt Uprising e Subhumans (Reino Unido).

SPANISCHER KULTURKREIS
Alemanha Ocidental
A organização *Spanischer Kulturkreis* (Círculo Cultural Espanhol) lançou um LP duplo em 1977, *Leben/Kämpfen/Solidarisieren* (Viver/Lutar/Construir Solidariedade). O disco documenta um enorme concerto de solidariedade internacional em Essen, em 1976, com músicos e representantes de uma ampla gama de movimentos, como Andres Carmona (ETA, País Basco), Franco Trincale (Itália), Marcos Velasquez e Quintín Cabrera (Uruguai) e o ZANU-Gruppe (Zimbábue). Outro registro deste mesmo concerto – com o mesmo título, mas músicas diferentes – foi lançado pela *Trikont*, em 1976.

SPIRAL RECORDS
EUA
Pequeno selo punk californiano de meados dos anos 1990. O segundo lançamento foi um compacto beneficente em prol dos voluntários contra assédio sexual do Hospital Geral de Denver. A *Spiral* também lançou material do Resist and Exist, uma banda anarcopunk influenciada pela política anti-imperialista e pelos Panteras Negras. Jang Lee, fundador do *Resist and Exist*, é da Coreia do Sul, e a história política coreana teve grande influência na banda (o primeiro LP chama *Kwangju*, homenagem à cidade onde ocorreu uma poderosa revolta popular contra o regime militar, em 1980).

SPECIAL RECORDS
Canadá
Selo canadense de blues/rock. A *Special Records* lançou o único álbum do grupo *Horn*, o incrível *On the People's Side* (1972), um disco conceitual e politizado de rock progressivo/jazz.

SPRING RECORDS
Irlanda do Norte

O selo *Spring* foi criado por Colum Sands, em 1982. Ele fazia parte da banda The Sands Family, da Irlanda do Norte, conhecida por seu posicionamento progressista. Ele usou o selo para lançar discos relacionados à The Sands Family, a maioria com pelo menos algum conteúdo relacionado à vida da classe trabalhadora irlandesa e aos conflitos no país.

SRP RECORDS
EUA

O selo *Self-Reliance Project* lançou dois álbuns em 1966-67, ambas colaborações entre o baterista Milford Graves e o pianista Don Pullen. Os dois artistas eram adeptos do free jazz (ou da cena da "nova música"), tocando improvisações desafiadoras e recusando-se a tornar seus sons mais acessíveis ou pop. Na década de 1970, a *SRP* mudou de nome e passou a se chamar IPS.

SSK
Alemanha Ocidental

A sigla *SSK* significa Sozialistische Selbsthilfe Köln (Autoajuda Socialista de Colônia, em tradução livre). Criada por estudantes em 1969, a *SSK* começou como uma comunidade de casas auto-organizadas para jovens sem abrigo, que evoluiu para algo mais próximo de um *squat* urbano. Depois, o grupo também se levantaria contra a psiquiatria tradicional, as estruturas familiares e, em última instância, a gentrificação. Um grupo musical surgiu do projeto no início dos anos 1970, o SSK-Harmonie-Kollektiv: lançaram por conta própria um compacto de folk político com toques de krautrock em 1974.

ST. PANCRAS RECORDS
Reino Unido

Este foi o selo que lançou os três primeiros discos do Scritti Politti (o compacto *Skank Bloc Bologna*, de 1978, o também 7 polegadas *Work in Progress*, de 1979, e o 12 polegadas conhecido como *4 "A Sides"*, de 1979, sendo os dois últimos em parceria com a *Rough Trade*). Se tornaram um fenômeno pop e assinaram com grandes gravadoras, mas essas gravações iniciais mostram como começaram: estudantes de arte, marxistas e "do contra". O primeiro compacto, em especial, é uma tentativa de envolver a política através da música. A banda começou como um coletivo autodenominado de esquerda, inspirado tanto por ter visto os Sex Pistols ao vivo em 1976 quanto por ter lido o teórico marxista italiano Antonio Gramsci (que foi de onde eles tiraram o nome).

STERILE RECORDS
Reino Unido

Criada por Nigel Ayers, da banda Nocturnal Emissions, a *Sterile* foi um selo de música industrial. Ao lado da banda Test Dept., o Nocturnal Emissions ocupava a ala esquerda de um movimento musical que muitas vezes flertava (e ainda flerta) com a direita e o fascismo. A *Sterile* lançou cerca de trinta discos entre 1980 e 1986, sendo catorze deles em vinil. A gravadora disponibilizou os LPs *Songs of Love and Revolution* e *Shake Those Chains, Rattle Those Cages*, do *Nocturnal Emissions*, bem como materiais do SPK e do *Lustmørd*. Também lançou compilações, como *Here We Go*, de 1985, para apoiar a greve dos mineiros no Reino Unido em andamento na época ("Todos os lucros vão para os mineiros!").

STICHTING ISARA
Holanda

Não consegui encontrar nenhuma informação sobre esse selo além do que está

em um LP sem data intitulado *Daarom Ben Ik Bereid Te Sterven* (Por isso estou disposto a morrer, em neerlandês). O lado A contém trechos de uma gravação do discurso de Nelson Mandela no Julgamento de Rivonia, de 1964, e, no lado B, seis canções de uma banda de jazz sul-africana não identificada. Uma versão britânica desse mesmo álbum foi lançada pela Ember Records, em 1964. Em geral, a Ember apenas relançava discos de R&B dos EUA.

STOPP APARTHEID-86
Noruega

Este foi um selo (e banda) criado para lançar um compacto antiapartheid em 1986, concebido e gravado por Rolf Aakervik, Abuwa Edeshowo e um time de músicos noruegueses. Todos os lucros foram revertidos para o Congresso Nacional Africano.

STRATA-EAST
EUA

Selo de jazz de vanguarda capitaneado por músicos (fundado por Charles Tolliver e Stanley Cowell). Doses generosas de nacionalismo negro no material lançado pelo selo, com free jazz e soul funk socialmente engajados. Alguns artistas que gravaram pela *Strata-East*: Gil Scott-Heron, Jayne Cortez, Mtume Umoja Ensemble, The Ensemble Al-Salaam e Oneness of JuJu.

STROPPY COW RECORDS
Reino Unido

Lar de Ova, Jam Today, Siren e outros grupos formados apenas por mulheres. Declaradamente feminista, o selo produziu cerca de uma dúzia de LPs na década de 1980, e cada disco continha uma variação da mesma declaração de missão: "Somos anticomerciais – pretendemos ganhar a vida como artistas em vez de lucrar como negócio".

STUDENTERSAMFUNDET I TRONDHJEM
Noruega

A Associação Estudantil de Trondheim é um espaço gerido por estudantes, que abriga um café, um bar e um restaurante, além de um local (bastante longevo) para shows de pop, rock, jazz e outros estilos. De 1969 até a década de 1980, o local também teve o seu próprio selo. Inicialmente, produzia os discos da trupe de teatro ligada ao espaço – Studentersamfundets Interne Teater, ou SIT – e depois mudou para música progressiva e mais experimental. Um dos discos mais influentes que o selo lançou foi o LP homônimo do Isenkram, que trazia na sua formação Sæmund Fiskvik, futuro fundador do selo marxista *Plateselskapet MAI*.

STUDENT NONVIOLENT COORDINATING COMMITTEE
EUA

O Comitê Coordenador Estudantil Não Violento (Student Nonviolent Coordinating Committee, ou apenas SNCC) foi uma das principais organizações de direitos civis nos EUA na década de 1960. O SNCC lançou um dos primeiros vinis em apoio ao movimento, *Freedom In the Air*, de 1962.

STUDIO DISQUES GNOINSOPE
Benim

Selo de Gnonnas Pedro, um popular músico do Benim. Com este selo, disponibilizou uma série de lançamentos pan-africanos e socialmente engajados, incluindo *singles* celebrando as reuniões da OCAM (Organização Comum Africana e Malgaxe) e da ADRAO (Associação para o Desenvolvimento do Cultivo de

Arroz na África Ocidental) realizadas no país. Também lançou um compacto em homenagem ao nascimento da República Popular do Benim, em 1975.

ve geral convocada pela Coalizão de Solidariedade da Colúmbia Britânica em 1983, contra as medidas de austeridade do governo.

SUBVERSKIVBOLAGET
Suécia

O nome deste selo era uma espécie de jogo de palavras, cuja tradução pode ser *A gravadora subversiva*. Lançou cerca de dez discos nos anos 1970, principalmente de folk. Também foi responsável por um LP da banda Sub-gruppen, com seu rock progressivo de esquerda e antimilitarista.

SUDNORD RECORDS
Itália

Selo do final dos anos 1980/início dos anos 1990. O *SudNord* montou um catálogo diversificado de música tradicional italiana e música global, incluindo dois LPs da banda Handala, da Palestina.

SUDDEN DEATH RECORDS
Canadá

Selo punk fundado por Joey Shithead, da banda D.O.A. Entre 1978 e 1986, lançou meia dúzia de vinis do D.O.A. (ou coletâneas das quais a banda participou), incluindo o compacto beneficente *Right to Be Wild!*, em prol da campanha para libertar cinco presos políticos anarquistas, condenados a prisão perpétua por ações de guerrilha urbana ligadas a questões ambientais, feministas e antinucleares. Também lançou o *single* antiapartheid *Expo Hurts Everyone*, e um compacto da faixa "General Strike" do D.O.A., em apoio a uma proposta de gre-

SUNDANCE RECORDS
EUA

Um dos selos que nasceu a partir do White Panther Party, de John Sinclair. Em 1970, a *Sundance* lançou um *single* de garage rock do The Up, banda "substituta" do MC5. Um ano depois, a banda gravou um segundo compacto pela Rainbow Records, selo organizado pelas mesmas pessoas.

SUOMEN TYÖVÄEN MUSIIKKILIITTO RY
Finlândia

A *Suomen Työväen Musiikkiliitto (Associação de Música dos Trabalhadores Finlandeses)* funcionou como uma editora musical até 1980, quando começou a lançar uma série de discos de música folclórica nórdica e de polca sob seu próprio nome. Entre eles, LPs duplos em homenagem aos aniversários da organização (o sexagésimo, em 1980, e o septuagésimo, em 1990), reunindo canções de toda a sua história.

SUPER NOVA
Suíça

Usado para lançar o *single* "Futur Soldat Suisse", da banda punk Ytterbium 70. O vinil traz uma intensa e direta temática antimilitarista, o que causou problemas para a banda: os discos (prensados na França) foram barrados na alfândega; e, dez dias depois de terem a entrada liberada na Finlândia, os compactos desapareceram misteriosamente das prateleiras das lojas. Especula-se que foram censurados. Até hoje são difíceis de encontrar.

SURVIVAL ALLIANCE
EUA

Uma organização antinuclear que lançou um único disco: um álbum de folk/blues de um grupo chamado Meltdown Madness. O disco traz canções como "The Radiation Blues", "The Abandoned Reactor Jig" e "The Ballad of Karen Silkwood".

SURVIVAL RECORDS
EUA

O selo de Rashied Ali, que administrou um espaço de jazz chamado Ali's Alley, no Soho, em Nova York, de 1973 a 1979. A gravadora lançou uma dúzia de discos entre 1973 e 1976, a maioria do Rashied Ali Quintet (Ali retomou o selo em 1999 e o manteve ativo até o seu falecimento, em 2009). Os primeiros discos do selo carregavam uma forte tendência nacionalista negra e muitos deles foram produzidos por Marzette Watts.

SVENSKA CHILEKOMITTÉN
Suécia

Um dos diversos comitês de solidariedade escandinavos, o Chilekomittén teve uma atuação anti-imperialista durante vinte anos, de 1971 a 1991. Ajudou a produzir um único LP, em 1975: *Chile-Kampen Går Vidare*, uma edição sueca do álbum *Canción para los Valientes*, de Ali Primera, um cantor venezuelano de *nueva canción*. O álbum foi produzido em parceria com a organização finlandesa Suomi-Chile-Seura (Clube Finlândia-Chile).

SVERIGES SOCIALDEMOKRATISKA UNGDOMSFÖRBUND
Suécia

Conhecida como SSU, a Sveriges Socialdemokratiska Ungdomsförbund, na tradução, Associação da Juventude Social-Democrata da Suécia, é a ala jovem do Partido Social-Democrata Sueco (Socialdemokraterna). Fundada em 1917, a SSU assumiu uma posição internacionalista nas décadas de 1960 e 1970, focando apenas na oposição à Guerra do Vietnã. Embora alguns discos tenham sido lançados com o nome da SSU, o grupo usou sua divisão editorial, a *Frihets Förlag*, para a produção de vinis. A discografia da SSU, da *Frihets Förlag* e do *Socialdemokraterna* é confusa e sobreposta, com muitos lançamentos listando mais de uma das organizações como o selo responsável.

SWAPO – SOUTH WEST AFRICAN PEOPLE'S ORGANIZATION
Namíbia

A SWAPO foi a principal organização e partido político que liderou o movimento de independência da Namíbia em 1990. Um dos grupos musicais do partido, os SWAPO Singers lançaram um *single* com Robert Wyatt (pela *Rough Trade* em parceria com a SWAPO) e um LP (*One Namibia, One Nation*) em associação com o Angola Comité, uma organização de solidariedade holandesa.

SWORDS INTO PLOWSHARES
EUA

Uma organização pacifista da Filadélfia que fez uma parceria com a Folk *Tradition Records* para lançar o álbum duplo *Swords Into Plowshares: Songs of Freedom and Struggle*, em 1985. O disco trazia nomes como Pete Seeger, Tom Paxton, Roy Brown, Bright Morning Star, Si Kahn, Kim & Reggie Harris Group, dentre outros artistas folk.

SYNC PULSE RECORDS
Inglaterra

O selo pessoal de Lindsay Cooper, da banda Henry Cow. Lançou pela *Sync Pulse* vários de seus projetos musicais feministas na década de 1980, incluindo a trilha sonora do filme *The Gold Diggers* (dirigido por Sally Potter) e sua colaboração com Maggie Nicols e Joëlle Léandre, *Live at the Bastille*.

TAÏ-KI
França

Selo criado apenas para lançar o LP *Magny 68/69*, da cantora francesa Colette Magny. Um documento do Maio de 68, o disco reúne gravações de campo, poesia e música, com Magny construindo suas canções em cima de gravações feitas por William Klein e Chris Marker durante a rebelião. O título da longa faixa que ocupa o lado A é "Nous Sommes le Pouvoir" (Nós somos o poder), retirado de um slogan de um cartaz produzido pelo Ateliers Populaire, um grupo gráfico radical ativo durante a revolta.

TAMMI
Finlândia

Selo finlandês de vida curta, ativo na década de 1960. *Tammi* lançou cerca de meia dúzia de discos, incluindo um LP do poeta de esquerda Arvo Turtiainen; um compacto com canções de Brecht e Eisler interpretadas por Kaisa Korhonen; e um LP do compositor de vanguarda (e comunista) Kaj Chydenius, que também fundou o Teatro KOM.

TANBOU LIBÈTÉ

TANBOU LIBÈTÉ
EUA

Tanbou Libèté (Tambor da Liberdade) foi um selo criado por ativistas haitianos anti-Duvalier, que estavam exilados em Nova York na década de 1970. Entre 1973 e 1975, lançou um álbum e dois *singles* de canções de protesto.

TEACHERS ACTION CAUCUS
EUA

Em 1972, este grupo lançou um LP intitulado *Angela Must Be Free!*, que traz músicas do reverendo Frederick Douglass Kirkpatrick e também discursos de militantes de esquerda do Sindicato dos Professores da Cidade de Nova York, como Celia Zitron.

EL TEATRO DEL TRIANGULO
Venezuela

Um dos discos mais misteriosos que encontrei: um grupo de teatro político chamado El Teatro del Triangulo lançou por conta própria um ótimo LP anti-imperialista de *nueva canción*, gravado pelo Grupo del Triangulo. Intitulado *Otra Vez...*, o disco foi lançado entre os anos 1960 e 1970, e conta com uma incrível ilustração de capa de Alexis Matamoros. Quase não há informações no álbum sobre quando e onde foi prensado, e as pesquisas não revelaram muito mais, mas as faixas incluem uma mistura de canções originais e clássicos do gênero de Héctor Numa Moraes (Uruguai), Judith Reyes (México) e Atahualpa Yupanqui (Argentina). Um dos integrantes do grupo, Luis Suarez, também tocou em discos de cantores de *nueva canción* como Ali-Ko e Alí Primera.

TELE CUMBRE
Porto Rico

Ativa em meados dos anos 1980, a *Tele Cumbre* lançou vários discos de Frank Ferrer, incluindo o LP *Puerto Rico 2013* (uma continuação de *Puerto Rico 2010*). Também organizou coletâneas com alguns dos artistas políticos mais importantes da ilha, como Roy Brown, Andrés Jiminez e El Topo.

LES TEMPS DES CERISES
França

A tradução para o nome deste selo é *O tempo das cerejas*, e foi retirado de uma das canções mais famosas da história francesa, escrita na década de 1860, mas popularizada durante a Comuna de Paris, em 1871. O selo disponibilizou meia dúzia de títulos em meados dos anos 1970, quase todos de free jazz de esquerda radical, das bandas Intercommunal Free Dance Music Orchestra e Fanfare Bolchévique de Prades-Le Lez.

TERRAPIN RECORDS
EUA

Em 1979, este selo de Chicago lançou um disco de Sirani Avedis chamado *Tattoos*. Avedis foi uma cantora/compositora feminista e lésbica, que contava com uma banda de apoio formada só por mulheres, a Kid Sister.

TERZ
Alemanha Ocidental

Um pequeno selo de Hamburgo, de meados dos anos 1980. Colocou no mercado um pacote bem eclético de lançamentos, incluindo um compacto da faixa "Fighting for Nelson Mandela", da banda de rock HH 19, um LP de *nueva canción* do grupo Amauta, formado por exilados chilenos e um disco reunindo os cantores de protesto Frank Baier, da Alemanha, e Mesut Çobancaoglu, da Turquia. Distribuído (e possivelmente operado) pela *Pläne*.

THÉÂTRE DE L'AUBE
França

Não consegui encontrar quase nada sobre esse teatro, mas sei que lançou um LP em 1979, intitulado *Aux Infants de Soweto*. O disco traz a gravação de uma performance musical de Abia Mukoko baseada na poesia do autor camaronense Paul Dakeyo, em memória ao Levante de Soweto, de 1976.

THEATRE NATIONAL D'HAITI
Haiti

Em 1979, o Teatro Nacional do Haiti, em Porto Príncipe, lançou um disco duplo documentando a peça *Pèlin-Tèt*, de Franketienne. Romancista, poeta, dramaturgo, pintor e crítico social, Franketienne é considerado o primeiro autor a escrever um romance em crioulo haitiano. Ao contrário da maioria dos seus contemporâneos – que fugiram da brutal repressão implementada por Duvalier, para destinos como Montreal, Nova York ou Miami –, Franketienne decidiu permanecer no Haiti, lutando na frente cultural contra o regime. *Pèlin-Tèt* faz um retrato realista dos problemas sociais no Haiti, escrito em crioulo vernacular. A peça foi encenada em Porto Príncipe e atraiu um grande público, mas houve pouco envolvimento da imprensa ou do mundo acadêmico, por medo de represálias do governo.

THÉÂTRE DE L'OUEST PARISIEN
França

Aberto em 1968, o Théâtre de l'Ouest Parisien foi administrado por Mohamed Boudia até seu encerramento forçado no início dos anos 1970. Boudia foi um dramaturgo e jornalista argelino, membro ativo da Frente de Libertação Nacional (FLN) e depois militante da Frente Popular para a Libertação da Palestina (FPLP). Usou o teatro como fachada para recrutar militantes nas comunidades de imigrantes e também entre ex-presidiários. O teatro recebeu uma série de produções políticas, inclusive uma montagem da peça *La Bande à Bonnot*, de Henri-François Rey, em 1971 (a peça conta a história dos ladrões de banco anarquistas conhecidos como Gangue Bonnot). Mohamed Boudia foi morto em junho de 1973, embora não esteja claro se ele foi assassinado pelo Mossad ou vitimado acidentalmente pela explosão de uma bomba que fabricou e carregava em seu carro. Apoiadores palestinos lançaram um disco com o selo TOP (sigla para *Théâtre de l'Ouest Parisien*) em homenagem a Boudia. O vinil documenta um evento memorial para Boudia realizado no teatro.

THIRD WORLD RECORDS
EUA

Selo criado para lançar discos de Clifford Thornton – trompetista de jazz, membro da Sun Ra Arkestra e também da Attica Blues, de Archie Shepp. A *Third World* lançou seu LP de free jazz, *Freedom & Unity* (1969), que incluía as faixas "Free Huey" e "Uhuru".

THUNDERBIRD RECORDS
EUA

Nome escolhido para lançar o LP *¡Viva la Causa!* (1966), documentando a greve dos catadores de uva de Delano, na Califórnia, organizada pelo United Farm Workers (UFW). O lado A do vinil apresenta músicas e esquetes do El Teatro Campesino, e o lado B traz gravações de campo dos próprios grevistas. O nome do selo tem relação com o símbolo do sindicato (UFW): uma águia asteca preta dentro de um círculo branco em um fundo vermelho.

THUNDERBIRD RECORDS
EUA

Criado para lançar apenas um LP de folk e country com temática feminista, chamado *Virgo Rising: The Once and Future Woman* (1973). A coletânea apresentava canções centradas nas mulheres e em questões trabalhistas, com nomes como Nancy Raven, Malvina Reynolds, Janet Smith e outras. O disco foi produzido e financiado por Mollie Gregory, que escreveu vários livros e fez diversos filmes sobre o papel das mulheres em Hollywood.

TINGLUTI FORLAG
Dinamarca

Organização formada na década de 1950 para promover a cultura folclórica dinamarquesa, com uma escola de música, um conjunto de dança e um braço editorial, a *Tingluti Forlag*. Um dos professores da escola era o cantor folk Fin Alfred Larsen, integrante da banda *progg* Den Røde Lue, que lançou uma série de discos opondo-se à participação da Dinamarca na OTAN, à entrada na União Europeia e em apoio aos trabalhadores em greve. O selo também disponibilizou alguns álbuns de Larsen cantando canções folk internacionais, bem como discos infantis do Den Røde Lue.

TODAS LAS VOCES
Argentina

Um selo interessante, que carregava a sensibilidade de um projeto de *nueva canción* dos anos 1970, cuja atuação ocorreu em meados da década seguinte. Lançou dois LPs de Luis Mejía Godoy (Nicarágua), um de Roy Brown (Porto Rico), um de Ali Primavera (Venezuela) e um álbum mais do final da carreira do grupo Inti-Illimani (Chile). O disco mais marcante do catálogo é *Desde la Carcel*, de Adrián Goizueta y el Grupo Experimental. Goizueta tem raízes argentinas e costa-riquenhas, mas viveu na Costa Rica e criou uma sonoridade que misturava *nueva canción* e música indígena com toques experimentais. A arte do LP é única: num formato de gaiola recortada em papelão, amarrada por um barbante preto que passa pelas capas e pelo buraco central do vinil.

TOMA LÁ DISCO
Portugal

O primeiro selo português verdadeiramente independente, a *Toma Lá Disco* foi fundada como um coletivo de músicos, em 1975. Lançou material de um vasto leque de apoiadores da Revolução dos Cravos e da esquerda portuguesa em geral, incluindo José Jorge Letria (membro do Partido Comunista Português, o PCP), José Carlos Ary dos Santos (que originalmente era do PCP, mas tornou-se mais militante durante a revolução e juntou-se ao grupo armado maoista União Democrática Popular), Júlia Babo e Paulo de Carvalho (um dos fundadores da *Toma Lá* Disco e compositor do hino do Partido Popular Democrático).

TON COOPERATIVE HANNOVER
Alemanha Ocidental

Um pequeno estúdio de gravação da cidade de Hannover, na Alemanha. Gravou diversos músicos, mas lançou apenas dois discos com seu próprio nome, ambos da Arbeiter-Musik-Assoziation. Com temática política, os discos foram distribuídos pela *Trikont*. O primeiro é de 1973, um compacto chamado MC *Talking* Blues, trazendo músicas sobre George Jackson, Joe Hill, Nicola Sacco e Bartolomeo Vanzetti. O segundo é um LP sem data, intitulado *Lieder des Internationalen Proletariats*, que faz jus ao título, reunindo canções tradicionais da classe trabalhadora, como "Die Internationale", "Bella Ciao" e "Which Side Are You On?".

topic

TOPIC
Reino Unido

Tradicional gravadora folk britânica, cujo catálogo de folk e blues tinha semelhanças com a *Folkways*. A *Topic* foi fundada em 1939 pela Workers' Music Association, um dos primeiros sindicatos de músicos ligados ao Partido Comunista do Reino Unido. O *cast* da gravadora tinha artistas norte-americanos como Woody Guthrie, Peggy Seeger, Pete Seeger e Sonny Terry, ao lado de nomes do Reino Unido e da Irlanda, como Dominic Behan, The Exiles e Ewan MacColl. A *Topic* também lançou várias coletâneas de música tradicional da Grã-Bretanha, Escócia e Irlanda. Uma parte considerável dos títulos contava com músicas da classe trabalhadora, canções de prisioneiros, temas da resistência irlandesa e outros equivalentes. Se é verdade que a *Topic* pode ser considerada a *Folkways* da Inglaterra, também é verdade que essa ligação direta com o comunismo ilustra bem as diferenças entre os dois países. Nos EUA, Moses Asch (fundador da *Folkways*) passou a maior parte da sua vida negando ser comunista.

TRADES UNION CONGRESS
Reino Unido

O Trades Union Congress (TUC) é uma federação dos sindicatos do Reino Unido. Em 1985, a entidade lançou um compacto – produzido e distribuído pela *Rough Trade* – com Robert Wyatt (Soft Machine) e The Grimethorpe Colliery Brass Band. Todos os lucros foram revertidos para um fundo em solidariedade aos mineiros, organizado pelo TUC (na época da greve da categoria no Reino Unido).

TRIBAL WAR
EUA

Selo anarcopunk com vinte anos de existência e mais de cinquenta títulos lançados entre 1991 e 2010. Produziu vinis de nomes como Anti-Product, Aus-Rotten e Resist and Exist. Não era apenas uma gravadora: o fundador Neil Robinson (da banda anarcopunk Nausea) marcava presença em todas as matinês dominicais de punk dos anos 1990 no famoso espaço ABC No Rio, em Nova York, com uma mesa gigante de discos que ele distribuía, de dezenas de selos independentes de todas as partes do mundo.

TRIBE RECORDS
EUA

A *Tribe* foi um selo de jazz de Detroit, administrado de modo coletivo. Criado por Phil Ranelin e Wendell Harrison em 1972, o selo foi coordenado por cerca de uma dúzia de músicos durante seus cinco anos de existência. Disponibilizou discos de várias constelações de músicos que constituíam a família *Tribe* (incluindo Doug Hammond, David Durrah, Jimmy McCloud, Marcus Belgrave, Harold McKinney, bem como dos fundadores Harrison e Ranelin). A gravadora ostentava um viés nacionalista negro e espiritualista, com elementos afrocêntricos tanto nas artes quanto nas músicas, como nas faixas "The Time is Now for Change", "Ode to Africa", "Farewell to the Welfare" e "Wake Up Brothers".

TRIBUNE SOCIALISTE
França

Nos anos 1970, a *Tribuna Socialista* (*Tribune Socialiste*) era o semanário do Partido Socialista Unificado (PSU), na França. O jornal lançou um compacto da cantora Simone Bartel, com canções dedicadas à luta vietnamita. Politicamente, o PSU era semelhante à ala esquerda do Partido Socialista Francês (social-democrata, mas favorável à autogestão dos trabalhadores).

TRICONTINENTAL
Cuba

O selo da Organização de Solidariedade entre os Povos da Ásia, África e América Latina. A OSPAAAL é mais conhecida pelos seus cartazes políticos e pela sua revista *Tricontinental*, mas também lançou um LP: uma coleção de hinos nacionais de países do Sul Global, com os quais a organização trabalhou em solidariedade.

TRIKONT
Alemanha Ocidental

Fundada no começo da década de 1970, a *Trikont* (também conhecida como *Trikont Unsere Stimme*) é o braço musical da editora alemã *Trikont Verlag*. "Unsere stimme" significa "nossa voz", enquanto "trikont" é derivado do conceito de tricontinental: a centralidade política dos três continentes do Sul Global – África, Ásia e América Latina. Embora tenha lançado discos do Terceiro Mundo (alguns exemplos: um álbum do *Karaxú*, o grupo de jovens exilados chilenos que apoiou a luta armada do MIR, e três LPS do Kapingbdi, um grupo de funk rock da Libéria), o foco da gravadora estava na música alemã, em especial no polit-folk e no krautrock. Também direcionava sua atenção para alguns estilos marginais dos EUA, com o lançamento de uma série de discos de música *cajun* e também LPS de folk e country dos nativos americanos. Além da produção de discos, a *Trikont* também atacou como distribuidora, em especial de gravadoras com propostas similares, como *I Dischi del Sole*, *Expression Spontanée*, Folkways e *Paredon*.

TRINCALE
Itália

Franco Trincale foi um músico formado na tradição siciliana de contar histórias. Sua carreira começou no início dos anos 1960, escrevendo músicas populares sobre acontecimentos jornalísticos para a grande gravadora *Fonola*, de Milão. Na década seguinte, Trincale fundiu duas tradições, a contação de histórias com a música folk de protesto, forjando aquilo que ele chamou de *giornalismo cantato*, ou jornalismo através da música. Filho da classe trabalhadora, Trincale se enxergava como a voz do seu povo. Ao contar as histórias dessas pessoas, denunciava as injustiças, defendia suas lutas e criticava políticos e capitalistas por sua ganância e corrupção. A partir de 1969, quando a luta da classe trabalhadora italiana se tornou mais militante, passou a se apresentar (dentro e fora) das fábricas durante as greves, compondo canções sobre as demandas dos trabalhadores e levando operários para o show na fábrica seguinte. De 1969 até meados dos anos 1970, lançou por conta própria uma série de discos documentando todas essas músicas, como *Cantiamo Insieme* (Vamos Cantar Juntos), *Canzoni in Piazza!* (Canções na Praça), *Canzoni di Lotta* (Canções de Luta) e *Canzone Nostra* (Nossa Canção). Trincale usava o seu próprio nome para lançar esses discos, e é por isso que o incluí aqui, como se fosse um selo.

TURC
Reino Unido

Um selo de Coventry, na Inglaterra, ligado ao Banner Theatre, uma trupe de teatro político. O compacto que tenho (código de catálogo "TURC 2") era beneficente para os mineiros em greve – "presos e demitidos" – de Keresley, em Coventry. Não consegui descobrir o que significa a sigla TURC, mas desconfio que o T e o U podem ser de *Trade Union* (Sindicato).

TSL
Finlândia

Um selo folk (e socialista) que lançou meia dúzia de discos no final dos anos 1970 e início dos 1980. O catálogo mistura folk finlandês com canções tradicionais da classe trabalhadora. Destaco uma versão punk do hino "A Internacional", gravada pela banda Rytmimusiikkiyhtye Heippa, e alguns compactos de gravações de campo feitas na África e na Ásia.

TVD
Alemanha Ocidental

Sigla para *Thomas-Verlag Düsseldorf*, uma editora e gravadora fundada por Uwe Seidel, membro de uma seita religiosa que segue os ensinamentos de Tomás de Kempis, autor do livro *Imitação de Cristo*. Nos anos 1970 e início dos anos 1980, a TVD funcionou como um lar para os discos enraizados na Teologia da Libertação, incluindo álbuns em solidariedade a Chile, Nicarágua e África do Sul.

TWO TONE
Reino Unido

Selo da cidade de Coventry, na Inglaterra, criado por Jerry Dammers, da banda The Specials. A *Two Tone* tinha um viés de esquerda e era antirracista. Ao contrário de muitas das gravadoras que faziam parte da cena do Rock Against Racism, a *Two Tone* se destacou por sua tentativa de fundir músicos negros e brancos nas mesmas bandas, em vez de só lançar discos de punk e reggae separadamente, sem uma real conexão entre eles. O selo também lançou "The Boiler", o angustiante relato musical de Rhoda Dakar sobre uma mulher estuprada num encontro. Dammers tornou-se um importante organizador do Movimento Antiapartheid do Reino Unido e um defensor do boicote cultural à África do Sul. "Free Nelson Mandela", música dos Specials, consolidou-se como a canção antiapartheid mais popular dos anos 1980 e tema não oficial do movimento.

UAW RECORDS
EUA

O selo do United Auto Workers, um dos maiores e mais poderosos sindicatos dos EUA. O nome foi usado entre os anos 1960 e 1990, para lançar música folk com temática trabalhista, incluindo compilações como *Rise Again: Union Songs for the '80s* e *Songs for a Better Tomorrow*.

UGAT – TUNOG NG LAHI
Filipinas

Em português, o nome deste selo significa *Raiz – Som Racial*. O primeiro lançamento foi uma coletânea de música *pinoy*, que saiu pela *Vicar Music* (uma das principais gravadoras filipinas), mas rapidamente a *Ugat* se transformou num selo próprio. Em 1978, lançou o début da banda Asin, um dos primeiros discos do país a misturar estilos folclóricos tradicionais com elementos de rock e política emancipatória. O selo também disponibilizou vários vinis do renomado (e politizado) Freddie Aguilar, entre 1978 e 1980.

UITGEVERIJ POLYPOEPKA
Holanda

Criado em 1981, o coletivo produziu discos por cinco anos. Atuava em duas frentes: lançando discos de bandas radicais da Holanda, como RK Veulpoepers BV (folk-rock anarquista), e organizando álbuns de solidariedade com grupos musicais militantes de esquerda de El Salvador (Banda Tepeuani, Yolocamba I-Ta).

UJIMA RECORD COMPANY
EUA

A *Ujima* foi uma ideia de Rick Coates e Michael Branch, produtores da Filadélfia. No final dos anos 1970/começo dos 1980, produziu dois discos que combinam narrativa educacional e música pop. Primeiro veio um compacto da The Berry & Coates Friendship Ensemble, apresentando duas faixas sobre a celebração *Kwanzaa*. Na sequência, saiu um LP intitulado *I.D.K.T. (I Didn't Know That): Captivating Facts About the Heritage of Black Americans*, que é um amplo passeio afrocêntrico pela história negra. O disco traz *spoken word* de Sonia Sanchez e narração de Bob Perkins (radialista, jornalista e DJ de jazz, com longa trajetória ligada ao movimento negro da Filadélfia).

ULO
Groenlândia

Fundada em 1977 pelo produtor dinamarquês Karsten Sommer, a *Ulo* foi a primeira gravadora com mais estrutura da Groenlândia. Sommer conheceu a música da Groenlândia enquanto produzia o disco *Sumut*, da banda Sume, que saiu pelo selo *Demos*. O Sume foi a primeira banda de folk-rock político da Groenlândia, e Sommer trabalhou com eles em dois LPs para a Demos, antes de se mudar para a Groenlândia e criar a *Ulo*. O début aconteceu com o terceiro álbum do Sume, seguido por mais de uma centena de discos ao longo dos vinte anos seguintes, a maioria deles com foco na preservação da cultura musical da Groenlândia.

ULTIMATUM
Holanda

Nome de um centro de informação e ação holandês, com foco na América Latina. Um dos principais proponentes da campanha "Armas para El Salvador", em 1980, que arrecadou dinheiro para armamento para a guerrilha de esquerda. Em 1989, o *Ultimatum* se uniu à banda punk The Plot para lançar um compacto beneficente, prensado pelo selo punk/alternativo ADM, com toda a renda revertida para El Salvador. "Weapons for El Salvador" também é o nome de uma música da banda punk The Ex.

UNDERCURRENT RECORDS
EUA

Selo da *Black United Front* de Kansas City, nos EUA. No decorrer dos anos 1980, lançou uma série de coletâneas intituladas *Frontliners*. Essas compilações anuais apresentavam soul afrocêntrico, *spoken word* e jazz, com participações de nomes como Haki R. Madhubuti, Sonia Sanchez e Serious Bizness.

UNGKOMMUNISTENS FÖRLAG
Suécia

Em português, *Editora da Juventude Comunista*. Com o seu selo, lançou alguns poucos discos, entre eles: o cobiçado compacto duplo *Vi Slåss För Vår Framtid* (Nós lutamos pelo nosso futuro), do Knutna Nävar, uma banda progg e comunista, e o álbum protopunk/garage do Röda Ropet, intitulado *Spänn Bågen* (Aperte o laço), em 1975.

UNGA ÖRNAR
Suécia

A Unga Örnar é uma organização da juventude socialista sueca, que faz parte do IFM-SEI (International Falcon Movement – Socialist Educational International), e isso inclui os grupos Rote Falken da Alemanha e da Suíça. Diferentes núcleos regionais na Suécia lançaram discos desde o início dos anos 1970, principalmente de canções infantis pop e folclóricas. (Além disso, é uma organização irmã da União Internacional da Juventude Socialista, a IUSY, que também está nas páginas deste livro.)

UNIÃO GERAL DE TRABALHADORES
Portugal

Uma Central Sindical que lançou um compacto, "Hino da UGT", em 1979. A UGT está geralmente alinhada com o Partido Socialista (PS) português.

UNI/CI/TÉ
França

Abreviação de *Unité Cinéma Télévision*. O selo era administrado por comunistas que trabalhavam na indústria do entretenimento e foi usado para apoiar o Partido Comunista Francês (PCF). Em geral, lançou discos com discursos ou educativos, com pouca ou nenhuma música.

UNION DES ÉTUDIANTS VIETNAMIENS EN FRANCE
França

Uma organização estudantil que lançou um *single* nos anos 1960: *Vietnam Chant*, uma coleção de músicas vietnamitas contra o colonialismo francês e em apoio à libertação nacional.

UNION DES INTELLECTUELS VIETNAMIENS EN FRANCE
França

Uma das muitas organizações de expatriados vietnamitas na França nas décadas de 1960 e 1970. Lançou um LP (sem data) de músicas de Tiéng Hát Que Húóng, intitulado *Chants du Vietnam*.

UNION DES POPULATIONS DU CAMEROUN
Camarões

A União das Populações dos Camarões é um partido político comunista camaronês, fundado por sindicalistas em 1947, como parte do movimento anticolonial. Em 1953, encorajou e participou de uma revolta generalizada contra os franceses; em 1955, a revolta foi reprimida e o partido banido. A UPC passou à clandestinidade e optou pela guerrilha até o início dos anos 1970. Durante esse período escondido e exilado (no final dos anos 1970 e início dos 1980), o partido lançou pelo menos dois LPs de música folclórica pan-africana. O disco que tenho é *Chansons du Manidem* (Canções do Manidem). "Manidem" é a abreviação de "*Mouvement Africain pour la Nouvelle Indépendance et la Démocratie*" (Movimento Africano pela Nova Independência e Democracia), uma ala da UPC que acabaria por se separar nos anos 1990.

UNION OF GOD'S MUSICIANS AND ARTISTS ASCENSION
EUA

UGMAA é a sigla para Union of God's Musicians and Artists Ascension (União pela Ascensão dos Músicos e Artistas de Deus, em tradução livre). Tratava-se de um coletivo de músicos criado por Horace Tapscott, um pianista de jazz, nacionalista negro e líder da banda Pan-Afrikan Peoples Arkestra. Com sede em Los Angeles, a UGMAA tinha tripla atuação: como um conceito político, como um sindicato de artistas (ajudou músicos negros a conseguir shows) e como um projeto educacional, oferecendo aulas de música para crianças pobres e da classe trabalhadora da cidade.

UNITARIAN UNIVERSALIST RECORDS
EUA

Em 1970, o Departamento de Educação e Atenção Social da Igreja Unitária Universalista de Boston criou este selo (e uma distribuidora, a *Worship Arts Clearing House*) para lançar discos do músico folk Ric Masten, um artista cristão de esquerda. Ao longo da década, sete discos de Masten foram produzidos pela gravadora, a maioria pela igreja de Boston, mas ao menos um foi lançado pela Primeira Igreja Unitária de Pittsburgh.

UNITED STEELWORKERS OF AMERICA
EUA

O maior sindicato industrial da América do Norte. No início dos anos 1980, o USWA lançou um LP que foi distribuído aos seus afiliados. *Songs of Steel and Struggle* (Músicas de Aço e Luta) é um álbum conceitual de Joe Glazer, formado por quinze faixas nas quais conduz o ouvinte por um passeio pela história dos *Steelworkers*. A maior parte do disco consiste em canções escritas para este projeto, mas inclui clássicos como "Solidarity Forever".

UNITELEDIS
França

Criado pelo Partido Socialista francês em 1973, também funcionou como uma espécie de centro de formação em produção de mídia para os militantes. No decorrer da década, montou um catálogo limitado, mas interessante e eclético: álbuns e *singles* de Archie Shepp, Mikis Theodorakis, Quilapayún, Carlos Puebla e discursos do líder do partido, François Mitterand.

UNIVERSAL JUSTICE RECORDS
EUA

Um selo de jazz de St. Louis, ativo nos anos 1970. Surgiu a partir dos grupos colaborativos Human Arts Ensemble e Children of the Sun, cujas trajetórias anteriores tinham ligações com o Black Artist Group (BAG), em St. Louis, e a Association for the Advancement of Creative Musicians (AACM), em Chicago. O grupo/selo amorfo lançou quatro LPs entre 1971 e 1978.

UNIVERSAL SATIRICAL ASSOCIATION
EUA

É bem provável que este selo tenha sido criado apenas para lançar um compacto de hardcore punk do Group of Individual's (ou GI's), em 1986, "para comemorar os mártires da [Revolta de] *Haymarket* e o 100º aniversário do 1º de Maio como feriado dos trabalhadores". O disco também contém um encarte promovendo o encontro anarquista *"Haymarket '86"* em Chicago, organizado pelo grupo Chicago Anarchists United. Alguns anos antes, a banda lançou por conta própria outro disco 7 polegadas; e, em 1989, gravaria um terceiro pela *Underdog*, um conhecido selo punk de Chicago.

UNIVERSIDAD AUTÓNOMA DE SINALOA
México

Um pequeno selo coordenado pela Universidade Autônoma de Sinaloa, no México. Não teve muita atividade, lançando apenas dois LPs de música folclórica/*nueva canción* politizada de León Chávez Teixeiro. Esse artista teve envolvimento nos movimentos trabalhistas e estudantis de 1968 no México, e se apresentou ao vivo diversas vezes em protestos e marchas. Os dois álbuns lançados pela UAS (um em 1979 e outro em 1981) foram relançados pela Pentagrama, no final dos anos 1980.

UP
Chile

Selo da Unidade Popular, a coalizão de esquerda que levou Salvador Allende ao poder no Chile, em 1970. A *DICAP* distribuiu (e provavelmente produziu) um *single* para promover a UP nas eleições presidenciais. Esse compacto apresenta algumas faixas da *nueva canción* chilena, incluindo a interpretação de Victor Jara para "Venceremos", o tema da campanha da UP.

UPRIGHT
Reino Unido

Um selo indie londrino dos anos 1980, com um catálogo pequeno e eclético. Alguns destaques: discos do poeta dub Benjamin Zephaniah, da banda punk anarcofeminista Poison Girls, e o compacto *The Pope is a Dope*, do Living Legends (banda na qual tocava Ian Bone, que viria a formar a organização anarquista e o jornal *Class War*).

UPRISING
Trindade e Tobago
Ver *Riddum Distribution Network*.

UR
Canadá

Não consegui descobrir o que a sigla significa, mas creio que a UR foi um selo organizado por exilados haitianos em Montreal, na década de 1980. Lançou pelo menos dois vinis: *Fini les Colonies!*, de Manno Charlemagne, talvez o principal disco de protesto haitiano; e o 12 polegadas *La Sensation de l'Heure – Victoire*, da Orchestre Méridional de Montreal, de jazz/compas.

URC
Japão

A *Underground Record Club* foi uma das primeiras gravadoras independentes do Japão. Inicialmente, funcionava como um clube de vinil para assinantes. Criada em 1969 por Yoshio Hayakawa, compositor da antiga banda Jacks, de folk psicodélico. Os discos iniciais produzidos pela gravadora são compilações de músicos de rua conhecidos como "guerrilheiros folk" ("folk *guerrillas*") de Tóquio. As capas apresentam fotos dos protestos e das manifestações. A URC abrigou o cantor de protesto mais conhecido do Japão, Nobuyasu Okabayashi, bem como grande parte do renascimento do folk japonês do início dos anos 1970. Também lançou um compacto do poeta e cantor vietnamita Trinh Công Son, e uma versão de "The Ballad of Ho Chi Minh" do cantor folk japonês Tomoya Takaishi.

URGENT RECORDS
EUA

Selo do cantor e compositor Dave Lippman. Em 1980, lançou pela *Urgent* uma série de discos de rock/new wave com alta carga satírica. O primeiro compacto é o mais político: a capa traz Jimmy Carter, Ronald Reagan, Henry Kissinger e o Tio Sam fardados e com rifles, marchando em frente à Ku Klux Klan enquanto queimam uma cruz no gramado da Casa Branca.

UTILITY
Reino Unido

Selo londrino capitaneado por Billy Bragg e seu empresário, Peter Jenner (ex-executivo da *Charisma Records* e produtor de nomes como Pink Floyd, The Clash e Disposable Heroes of Hiphoprisy). Em geral, o selo lançou discos de Billy Bragg, incluindo seu álbum *The Internationale*.

VALENTIM DE CARVALHO
Portugal

Uma gravadora portuguesa que tinha uma fábrica em Angola, onde produzia e distribuía grande parte da produção musical das colônias portuguesas na África. Isso inclui os selos angolanos N'Gola e MPLA/DIP, bem como a música revolucionária pró-portuguesa lançada após o golpe de esquerda de 1974. Em 1983, a gravadora se fundiu com a filial portuguesa da EMI.

VANCOUVER FOLK MUSIC FESTIVAL RECORDINGS
Canadá

O Vancouver Folk Music Festival (Festival de Música Folclórica de Vancouver, em tradução livre) é um evento anual de música ao ar livre de três dias, cuja primeira edição ocorreu em 1978. O festival costuma apresentar artistas folk e internacionais politizados. Como uma extensão do festival, o selo canadense *Aural*

Tradition Records trabalhou com os organizadores para lançar mais de uma dúzia de vinis nos anos 1980 e início dos anos 1990. Entre eles: *We Have Fed You All a Thousand Years*, de *Utah Phillips*, apresentando músicas do sindicato IWW (nos EUA, esse disco saiu pela gravadora Philo), dois LPs da banda militante salvadorenha Yolocamba I-Ta, a compilação *Bullets and Guitars*, com canções folclóricas em solidariedade à América Central e alguns álbuns de música folclórica japonesa de Takeo Yamashiro.

VANGUARDIA
Porto Rico

Lançou o primeiro e fundamental LP de Roy Brown, chamado *Yo Protesto* (1969). Esse disco se tornou um marco para a *nueva canción/nueva trova* porto-riquenha. Depois, o álbum foi reprensado pela Disco Libre e também pela Discos Lara-Yari.

VARAGRAM
Holanda

A gravadora da estação de rádio VARA, que começou em 1925 com fortes laços com o Partido Operário Social-Democrata na Holanda. Disponibilizou um vasto catálogo, e também mostrou as suas origens de esquerda ao lançar um grande número de artistas latino-americanos que apoiaram as lutas populares nos seus países (particularmente na Nicarágua), alguns discos antiapartheid e uma pequena lista de música folclórica politizada da Holanda, incluindo canções operárias e antifascistas.

VEGAN PROTEST
República Tcheca

Este selo lançou apenas um compacto da banda Ropney Produkt, em 1993. Decidi incluí-lo neste livro porque demonstra a rapidez com que as ideias políticas populares no punk ocidental (no caso, o veganismo) se espalharam pelo Leste Europeu após o colapso da União Soviética. A antiga Tchecoslováquia só se dissolveu na República Tcheca e na Eslováquia em 1993, mas já existiam bandas de punk rock que defendiam um vocabulário internacional de protesto cultural.

VENCEREMOS
Holanda

Uma pequena gravadora dedicada a lançar discos da *nova trova* cubana para o público holandês. Eu só tenho um LP, a compilação *La Nueva Trova*, então é difícil confirmar, baseado no disco e no número do catálogo, se outros álbuns também foram lançados.

VENDÉMIAIRE
França

Selo criado em 1977 pelo músico experimental Jean-Pierre Graziani, da Córsega. Ainda que o foco estivesse em discos experimentais e de free jazz (de grupos como L'Intercommunal Free Dance Music Orchestra), o selo tinha uma forte veia anti-imperialista e antifascista, com uma lista diversificada de álbuns como: *Chants et Danses d'Erythree* (Canções e Danças da Eritreia), *Argentine Solidarité* (Solidariedade Argentina), *Chants Révolutionnaires d'Oman* (Canções Revolucionárias de Omã) e um disco conceitual dedicado à Fração do Exército Vermelho.

VENTADORN
França

Gravadora do *Institut d'Estudis Occitans* (Instituto de Estudos Occitanos, em tradução livre). A *Ventadorn* funcionou por uma década (1971-81) e lançou aproximadamente cem discos, a grande maioria de música folclórica na língua occitana. É verdade que nem todo material lançado tinha conteúdo político, mas muitos artistas proeminentes do selo (como Marti e Patric) desenvolveram-se a partir da tradição de esquerda da *nueva canción* de reviver a canção popular regional.

VENTO DE LESTE
Portugal

O selo *Vento de Leste* disponibilizou dois discos em 1977: o LP *Hinos e Canções da Revolução do Povo Maubere*, que girava em torno da independência do Timor-Leste [em relação a Portugal] e foi lançado em conjunto pelas organizações políticas FRETILIN e Grupo Cultural Indonésio Angin Timur; e um compacto com uma versão do hino "A Internacional", cantado pelo Coro Popular O Horizonte é Vermelho, um grupo musical comunista que surgiu na Revolução dos Cravos, em Portugal, e que também lançou discos pela gravadora Alvorada e por seu próprio selo, chamado Viva o Povo!.

VERLAG JÜRGEN SENDLER
Alemanha Ocidental

Um selo de vida curta dos anos 1970, que lançou discos em apoio às organizações de libertação do "Terceiro Mundo", incluindo a ZANU (União Nacional Africana do Zimbabué), o PAIGC (Partido Africano para a Independência de Guiné e Cabo Verde) e o Vietminh no Vietnã. A VJS também foi uma editora de livros antifascistas e comunistas.

VERLAG NEUER WEG
Alemanha Ocidental

A *Neuer Weg* (*Novo Caminho*, em português) era a editora e a gravadora do Kommunistische Arbeiterbund Deutschlands (KABD, a Associação dos Trabalhadores Comunistas da Alemanha), uma dissidência de esquerda do KPD, o tradicional Partido Comunista da Alemanha e fantoche político da RDA. Em meados dos anos 1970, lançou pelo menos três compactos com "canções vermelhas" (da China, Palestina, Angola, Chile e outros países) gravadas pelo Stuttgarter Chor, pela Orchester des KABD e pelo Roter Zünder, o braço de propaganda da KABD.

VERMIFORM
EUA

Selo criado em 1990 por Sam McPheeters, vocalista do Born Against. Ofertou um novo som e ideário político para a juventude do hardcore: por um lado, com a raiva e o cinismo por viver sob as políticas de direita de Ronald Reagan e George Bush, e, por outro, com a esperança em construir uma alternativa através do espírito do faça você mesmo. Bandas como Born Against, Citizens Arrest, Rorschach, Man is the Bastard e Econochrist deram voz a uma geração de jovens punks que rejeitavam a postura machista do *straight edge* e da chamada *youth crew*, e queriam um retorno ao lado mais sombrio do punk político.

VICTORIA RECORDS
Porto Rico

Eu só encontrei dois álbuns do selo *Victoria*, ambas reimpressões de LPs de *nova trova* lançados em Cuba pela gravadora Areito. É possível que a *Victoria Records* tenha sido um canal porto-riquenho para a música cubana, ou que tenha lançado outros discos também, mas não consegui encontrá-los.

VERSE TO VINYL
Canadá

Eis o selo da poeta dub Lillian Allen. Ela lançou cinco discos pela *Verse to Vinyl* entre 1983 e 1990. O primeiro foi uma compilação chamada *De Dub Poets*, que trazia Clifton Joseph, Devon Houghton e a própria Allen (esse vinil foi produzido com a ajuda do selo independente *Voicespondence*, de Toronto). Também lançou seu próprio LP, o aclamado *Revolutionary Tea Party*, em 1986. Nos EUA, esse disco saiu pela *Redwood Records*; e, na Alemanha Ocidental, pelo selo de blues *Entente*.

VIVA O POVO!
Portugal

Em 1976, na esteira da Revolução dos Cravos, este selo (*ad hoc*) lançou o disco *Viva a Bandeira Vermelha*, do Coro Popular O Horizonte é Vermelho.

THE VOICE OF FRIENDSHIP AND SOLIDARITY
Líbia

Um selo de propaganda da Líbia que lançou meia dúzia de LPs de synth-pop e disco *music* malteses, com temática voltada ao *Livro Verde* de Muammar Gaddafi, à classe trabalhadora do país e à libertação da Palestina. *The Voice of Friendship and Solidarity* (VOFS, na sigla em inglês; *A Voz da Amizade e da Solidariedade*, em português) também era o nome de uma estação de rádio de Malta, que operava sob comando da Líbia. O selo tem alguma ligação com a New Dawn Production Company (N.D.P.C.), outro órgão de propaganda da Líbia, com um catálogo muito semelhante; porém, os discos da VOFS eram gravados e produzidos na Itália, e não em Malta.

VOICESPONDENCE

VOICESPONDENCE
Canadá

Criada por Clive Robertson em meados dos anos 1970, a *Voicespondence* começou como uma revista com fitas k7 encartadas. Lançava poesia e *spoken word*, ou seja, um material que funcionava mais como arte do que como música. Em 1979, Robertson voltou-se para uma produção musical mais tradicional, lançando o álbum *Electric Eye*, do The Government, banda de art-punk de Toronto (o álbum apresentava uma gravação ao vivo da banda fazendo a trilha sonora para uma performance de vídeo). O selo funcionou até meados da década de 1980, lançando mais uma dúzia de discos da poesia sonora e política de Robertson, outros nomes de art-rock (incluindo um compacto da Fifth Column, banda pós-punk feminista), além de poetas dub canadenses e *steel bands*.

LA VOIX DU PARTI COMMUNISTE FRANÇAIS
França

Um antigo selo do Partido Comunista Francês, que lançou gravações em vinil de discursos do político e líder do partido, Maurice Thorez, no final dos anos 1950.

HET VOORLICHTINGSCENTRUM VAN DE PARTIJ VAN DE ARBEID
Holanda

Em língua portuguesa, o nome desta organização significa *Centro de Informações do Partido Trabalhista*. Em 1968, lançou um compacto do *De Stem des Volks* (A Voz do Povo), um coro socialista de Amsterdã, que existiu como parte do movimento trabalhista holandês por mais de cem anos, de 1898 a 2002.

VOX POP
Suíça

Um selo com viés progressista, cujas atividades aconteceram do final dos anos 1970 ao início dos 1980. Com um catálogo eclético, a *Vox Pop* disponibilizou folk politizado e rock da Europa (pró-trabalhista, feminista, *klezmer*) e música latino-americana (incluindo Numa Moraes, do Uruguai, e o grupo Amerindios, do Chile), bem como os primeiros vinis de punk rock da Suíça. Além disso, distribuiu e/ou coproduziu uma seleção de discos com o selo *Eigelstein Musikproduktion*.

A VOZ DE CABO-VERDE
Cabo Verde

Uma longeva gravadora com foco na música das antigas colônias portuguesas na África, em especial no arquipélago de Cabo Verde. Os portugueses nunca construíram fábricas de discos em Guiné-Bissau ou Cabo Verde (elas foram instaladas em Angola e Moçambique), por isso os vinis da gravadora foram prensados em diferentes países: os primeiros títulos, do final dos anos 1960 e início da década seguinte, parecem ter sido fabricados em Portugal ou em Angola. Artistas angolanos como David Zé e o Conjunto Evolução África lançaram discos pela gravadora, mas o núcleo do catálogo era formado por nomes cabo-verdianos como Bana, Black Power, Luis Morais e a banda Voz de Cabo Verde, sendo que esta última circulava por vários estilos musicais, como *cumbia*, merengue e *morna*. A banda até lançou um LP de funk pela gravadora, intitulado *Independência*: o álbum traz músicas dedicadas a Amílcar Cabral e ao PAIGC, o Partido Africano para a Independência de Guiné e Cabo Verde.

VOZES NA LUTA
Portugal

Selo do Grupo de Acção Cultural (GAC), coletivo de músicos que se formou na esteira da Revolução dos Cravos, em Portugal. O GAC se concentrou em retomar o canto e a música tradicional como ferramentas revolucionárias, gravando músicas e lançando discos que apoiavam as lutas das classes populares, inclusive nas colônias portuguesas na África. Após várias divisões, o grupo (e o selo) terminou em 1978.

VRIJE MUZIEK
Holanda

Embora fosse independente da DICAP, a *Vrije Muziek* funcionou como uma distribuidora holandesa da *nueva canción* chilena, lançando álbuns de nomes como Inti-Illimani, Quilapayún, Tiempo Nuevo e por aí vai. Muitos desses discos mantiveram seus números de catálogo da DICAP, ainda que tivessem capas exclusivas da *Vrije Muziek*. A gravadora também produziu uma série de discos em solidariedade à luta chilena e um único compacto sobre Porto Rico, o que pode indicar um plano (que nunca veio a se concretizar) de divulgar mais música política cantada em espanhol.

VVR
Holanda

Sigla para Vrienden van de Vrije Radio, uma organização e um selo em defesa das rádios piratas. No entanto, não estamos falando do mesmo tipo de rádio pirata que é popular nos EUA hoje. A *VVR* documentava e apoiava estações de música que operavam em barcos *offshore* – uma tática para burlar o controle corporativo sobre os direitos de transmissão em diferentes países europeus. O selo lançou uma série de compactos chamada *Pirate-Memories* com os *jingles* e as chamadas de algumas estações *offshore* famosas, como a Radio Caroline (Reino Unido) e a Radio Atlantis (Bélgica).

WAGENBACHS QUARTPLATTE
Alemanha Ocidental

Um pequeno selo de Berlim, administrado por Klaus Wagenback. Começou como uma extensão da sua editora, lançando *spoken word* e poesia. No final dos anos 1960, disponibilizou discos de Wolf Biermann, um cantor e compositor dissidente da RDA, e do austríaco Ernst Jandl, um autor e poeta experimental. Na década de 1970, o selo dedicou-se – quase exclusivamente – ao trabalho de lançar materiais do Grips, um grupo de teatro político para crianças e adolescentes.

WAKE UP!
Reino Unido

Lançou apenas um disco, em 1987: um EP beneficente para os mineiros em greve no Reino Unido. Entre os artistas, nomes como Billy Bragg, Redskins e Attila the Stockbroker.

WATERFRONT RECORDS
EUA

Selo de Larry Long, engajado cantor folk de Minneapolis. Também lançou por gravadoras como *Flying Fish* e *Folkways*. Pela *Waterfront*, Long lançou seu primeiro LP, *Living in a Rich Man's World*, em 1981, e, tempos depois, uma compilação em cassete para dar apoio a uma greve na empresa alimentícia Hormel Foods, em Austin, Minnesota, em 1986.

WAY OUT
Itália

Um dos subselos da Vedette Records (como, por exemplo, *Albatros* e *I Dischi dello Zodiaco*), a *Way Out* mirava em temas políticos, com álbuns de músicas anarquistas e socialistas italianas, além de um LP documentando dois eventos políticos e musicais (um anti-imperialista, outro antifascista). O subselo também lançou o LP *Canzoni Degli Schiavi Americani* (Canções de Escravizados Americanos), que não se encaixava no padrão do restante do material, por isso não sei qual era o conceito completo do selo. É difícil saber com precisão quantos títulos a *Way Out* lançou, porque compartilhava os mesmos números de catálogo dos outros subselos da Vedette.

WEB WOMEN'S MUSIC CO-OPERATIVE
Nova Zelândia

O selo e organização do Web Women's Collective, uma *crew* feminista de folk/country/rock, que incluía a dupla de irmãs lésbicas Topp Twins.

WHICH SIDE RECORDS
Reino Unido

Em 1985, este selo foi criado para lançar uma compilação beneficente em apoio à greve dos mineiros no Reino Unido. A coletânea trazia temas folk, incluindo novas interpretações de clássicos da classe trabalhadora de Ewan MacColl, Woody Guthrie e Aunt Molly Jackson. A capa do disco tinha muitas informações sobre como apoiar a greve, bem como um grande cartaz de solidariedade.

WHID ISLE
EUA

Selo pessoal do cantor e compositor político Jim Page. Pelo *Whid Isle*, lançou três LPs salpicados de críticas sociais e faixas abertamente de esquerda, entre 1975 e 1979. Page também lançou um *single* de sua "Song for Leonard Peltier" pelo selo sueco *Nacksving*.

WIENER ORGANISATION GEGEN ATOMKRAFTWERKE
Áustria

Esta organização antinuclear austríaca lançou um compacto em algum momento da década de 1970 (sem data), do Gruppe Dreschflegel (que também lançou um LP pela Extraplatte, em 1979). O nome do disco é *Da Habt Ihr Euch Verrechnet: Lieder Gegen Atomkraftwerke* (Você calculou mal: canções contra usinas nucleares). No total, quatro faixas: duas canções folclóricas tradicionais reinterpretadas e duas originais dessa banda de polit-folk, com forte sonoridade *schlager*.

WIESBADENER SOLIDARITÄTSKOMITEE FÜR CHILE
Alemanha Ocidental

Em 1981, esta organização de solidariedade lançou um disco duplo de *nueva canción* com o enorme título *Chile Singt Für Chile – 1. Treffen Chilenischer Folkloregruppen Und Volkskünstler In Der Bundesrepublik Deutschland* (O Chile canta para o Chile – 1º Encontro de Grupos e Artistas Folclóricos Chilenos na República Federal da Alemanha). As músicas foram gravadas em um show de novembro de 1980, no qual cerca de uma dúzia de grupos chilenos se apresentaram em Wiesbaden. Todos os lucros do show e da venda do LP foram para o trabalho de solidariedade com El Salvador. Este disco é uma bela ponte entre o trabalho solidário chileno dos anos 1970 e o ativismo solidário centro-americano dos anos 1980.

WIIIJA
Reino Unido

Uma gravadora indie que começou em 1988 na loja de discos Rough Trade, no oeste de Londres. Embora grande parte do seu catálogo não caiba no recorte deste livro, o fato é que, no início dos anos 1990, a *Wiiija* funcionou como a principal articuladora para a cena *riot grrrl* do Reino Unido, lançando discos das bandas londrinas Huggy Bear e Skinned Teen, bem como viabilizando edições inglesas dos trabalhos do Bikini Kill. Além disso, a *Wiiija* também lançou os primeiros quatro LPs do Cornershop. (O Cornershop era uma banda de indie rock antirracista e politizada, que fundia a música do sul da Ásia com reggae, disco e outros ritmos dançantes.)

WINDBAG RECORDS
EUA

O selo do Berkeley Women's Music Collective (Coletivo de Música Feminina de Berkeley). Era distribuído por uma gravadora mais estruturada, a *Olivia Records*, conhecida por apoiar o feminismo lésbico.

WISE WOMEN ENTERPRISES
EUA

Um selo lésbico com um pequeno *cast* de artistas, semelhante em alguns aspectos a Olivia Records, mas com sede em Nova York. Funcionou na segunda metade da década de 1970 e lançou meia dúzia de álbuns, incluindo alguns sob o nome de *Urana Records*.

ANY WOMAN'S BLUES

WOMEN'S PRISON CONCERT COLLECTIVE
EUA

Em 1976, este grupo político lançou um LP intitulado *Any Woman's* Blues. O disco (que não apresenta nenhum nome de selo) documenta um show de folk e blues feminino, gravado ao vivo na Women's Jail, em San Bruno, Califórnia, em 1975. Participaram do show nomes como Holly Near, a conhecida cantora folk (e lésbica) Cris Williamson, Pat Parker, entre outras. Acredito que o título do disco foi tirado de uma música de Bessie Smith com o mesmo nome.

WOMEN STRIKE FOR PEACE
EUA

A maior organização norte-americana de mulheres com foco no pacifismo. A *Women Strike for Peace* (Mulheres Mobilizadas pela Paz, em tradução livre) atingiu o seu auge na década de 1960, liderando marchas de até 50 mil mulheres contra as armas nucleares. Em 1967, lançou uma compilação intitulada *Save the Children: Songs from the Hearts of Women*, que incluía canções de Joan Baez, Barbara Dane, Odetta, Malvina Reynolds, Buffy Sainte-Marie e outras. A capa conta com uma pintura de Käthe Kollwitz.

WOMEN'S WAX WORKS
EUA

O selo da cantora e compositora nova-iorquina Alix Dobkin, uma das pioneiras da música folk lésbica. Dobkin inaugurou o selo em 1973, com o seu LP *Lavender Jane Loves Women*, que foi reeditado meia dúzia de vezes na década de 1970. O grupo Lavender Jane contou com a participação das colegas lésbicas Kay Gardner (que gravou alguns LPs com a *Urana Records/Wise Women Enterprises* e *Ladyslipper*) e Patches Attom, mas às vezes o disco é atribuído apenas a Dobkin, por conta de sua presença descomunal na história da música feminina e lésbica. Com o seu selo, Dobkin lançou mais três LPs, um *single* de 12 polegadas e várias fitas e CDs.

WORDS OF WARNING
Reino Unido

Uma gravadora de punk político de Bristol, na Inglaterra. Começou em 1989, lançando discos de bandas anarquistas como Oi Polloi, Hex e Resist. Em 1992, um dos discos da gravadora estourou: o popular *United Colors of Blaggers ITA*, da banda antifascista de Oi!/rap/dance Blaggers ITA (que assinaria com a EMI um ano depois). A *Words of Warning* continuaria lançando trabalhos de bandas semelhantes, adeptas do *crossover* punk/dance, como Dub War e Scum of Toytown.

WORKER RECORDS
EUA

Criada pelo cantor folk Joe Uehlein, a *Worker Records* foi um selo de Washington, DC (EUA). Produziu pelo menos dois LPs: *Groundwork: Songs of Working People*, de 1979, com as interpretações de Uehlein para canções folk e country clássicas de Joe Glazer, Woody Guthrie, Joe Hill, Ewan MacColl e Merle Haggard; e *Solidarity Day*, de 1982, registrando um show folk em apoio aos trabalhadores.

WORKERS' MUSIC ASSOCIATION
Reino Unido

A WMA foi um dos primeiros sindicatos de músicos ligados ao Partido Comunista do Reino Unido e, por sua vez, criou a Topic Records em 1939. A WMA também funcionou como uma editora musical para os primeiros compositores de esquerda: nos anos 1950 e 1960, atuou dessa forma nos discos mais engajados da Topic Records; depois, já entrando nos anos 1970, ajudou os Dubliners nos seus lançamentos no Reino Unido. Em 1982, a WMA ressurgiu no LP *Nothing Can Stop Us*, de Robert Wyatt, como a editora da música "Red Flag".

WORKMEN'S CIRCLE EDUCATIONAL DEPARTMENT
EUA

O Workmen's Circle (Círculo dos Trabalhadores) foi criado em 1900 por imigrantes judeus como uma sociedade de ajuda mútua; depois, fundiu-se com o Bund (um corpo político socialista, laico e antissionista fundado na Europa) para se tornar um dos maiores grupos comprometidos a manter a identidade iídiche enraizada na justiça social nos Estados Unidos. O seu departamento nacional de educação começou a lançar discos na década de 1950 e disponibilizou cerca de uma dúzia de LPs. Alguns desses discos possuem conexões políticas (*Songs of Freedom and Resistance*), mas o material lançado passou a acompanhar o caminho da organização em direção a uma política mais liberal.

WORKERS PLAYTIME
Inglaterra

Um selo punk/alternativo de esquerda, que disponibilizou cerca de vinte títulos entre o final dos anos 1980 e o final da década seguinte. A *Workers Playtime* ajudou a promover o pop punk do Snuff; lançou um LP da banda anarcopunk Sofa Head; soltou um *single* do Disposable Heroes of Hiphoprisy, um grupo americano de hip-hop; produziu os dois primeiros vinis da banda punk galesa Anhrefn; e, em algum momento, foi lar do anarquista rasta Benjamin Zephaniah.

WORLD PEACE COUNCIL
Finlândia

O *World Peace Council* (*Conselho Mundial da Paz*) nasceu no final da década de 1940 a partir de uma série de "Congressos da Paz" organizados pelos partidos comunistas ocidentais (e pelo *Cominform* soviético), mas com a participação de uma ampla gama de intelectuais, cientistas e ativistas culturais ligados ao pacifismo. De âmbito internacional, a sede do WPC funcionou na Finlândia até 1999, antes de se mudar para a Grécia. Nos primeiros anos, o WPC atraiu muitas figuras conhecidas, como W.E.B. Du Bois, Pablo Neruda, Pablo Picasso, Diego Rivera, Paul Robeson e Jean-Paul Sartre, mas, com o passar do tempo, seguiu cada vez mais uma linha pró-soviética e perdeu o apoio geral. Em meados dos anos 1970 lançou um compacto, *Las Ultimas Palabras del Presidente Salvador Allende*, que traz a gravação do último discurso de Allende enquanto o Palácio de la Moneda era bombardeado durante o golpe de 11 de setembro. No lado B, uma versão do hino de Sergio Ortega, "El Pueblo Unido Jamas Sera Vencido", gravado pela banda finlandesa de folk político Agit-Prop.

XNTRIX
Reino Unido

Selo capitaneado por Vi Subversa, da banda anarcopunk Poison Girls. Depois de deixarem a Crass Records, as Poison Girls lançaram vários títulos pela *Xntrix*. Além disso, o selo também produziu discos das bandas dos filhos de Vi, Gem Stone e Pete Fender.

XTRA

XTRA
Reino Unido

Um selo britânico de folk e blues, na tradição de gravadoras como Rounder ou Topic. O Xtra construiu um catálogo pesado de grandes nomes do folk, como Woody Guthrie, Pete Seeger e Ewan MacColl; lendas do blues como Sonny Terry e Memphis Slim; além de meia dúzia de álbuns da *nueva canción* chilena.

YANGKI

YANGKI
Reino Unido

Este interessante selo foi um projeto inicial de David Tibet, do Current 93. Foi criado em 1985 para lançar a coletânea *Devastate to Liberate*, cujos lucros foram revertidos para o Animal Liberation Front. O disco reúne tanto bandas da ala experimental do anarcopunk (Crass, Annie Anxiety) quanto da ala social do industrial (Legendary Pink Dots, Nurse With Wound). O nome do selo seria mais tarde usado para alguns pré-lançamentos e discos promocionais do Current 93.

YELLOW PEARL

YELLOW PEARL
EUA

Em 1972, produziu um compacto de Chris Iijima e Joanne Miyamoto, que foi o antecessor do primeiro LP de folk asiático-americano, *A Grain of Sand* (lançado pela Paredon em 1973). *Yellow Pearl* também é o nome de uma caixa (com poesia, textos, letras de músicas e artes) publicada pela Basement Workshop, um centro de artes em Chinatown, Nova York, do qual Iijima e Miyamoto faziam parte.

YE.T
Turquia

Um pequeno selo que lançou álbuns de Ömer Zülfü Livaneli, um dos músicos mais populares – e politizados – da Turquia. Desde os anos 1960, a música de Livaneli tem sido cantada nas ruas em protestos de estudantes e outros segmentos da sociedade, e ele já se apresentou com Mikis Theodorakis, Inti-Illimani e Joan Baez.

YOUTH AGAINST RACISM IN EUROPE
Europa

A Youth Against Racism in Europe (YRE) é uma organização europeia fundada pelo Comitê por uma Internacional dos Trabalhadores (CIT) em 1992, com o objetivo de combater a ascensão da direita em toda a Europa. No Reino Unido, o grupo assumiu o papel do Rock Against Racism e, em 1993, lançou uma coletânea dupla com diversas bandas alternativas de pop, rock e hip-hop, incluindo Chumbawamba, Björk, Cornershop, Saint Etienne, Jamiroquai e Credit to the Nation.

YTF
Suécia

O selo da Yrkestrubadurernas Förening, a união sueca de cantores e compositores. Fundada em 1971, em Estocolmo, a YTF trabalha para defender os artistas, construir relações com outros sindicatos e apoiar o desenvolvimento da música popular sueca. O selo lançou cerca de cem álbuns. Muitos não são abertamente políticos, mas destaco um LP em apoio aos presos políticos espanhóis, bem como vários discos de folk político (incluindo um de canções antifascistas do exilado chileno Francisco Roca).

ZANU
Zimbábue

Sigla para Zimbabwe African National Union (União Nacional Africana do Zimbábue, em português), um dos principais grupos guerrilheiros na luta pela independência nacional do Zimbábue (então Rodésia). No final dos anos 1970, a ZANU lançou o LP *Chimurenga Songs: Music of the Revolutionary People's War in Zimbabwe*. "Chimurenga" significa "luta" na língua xona e é o termo popular para a fusão baseada na guitarra da música folclórica do Zimbábue com o rock e blues do Ocidente. (A chimurenga foi um elemento central na luta pela independência, e o gênero ganhou popularidade global pelas mãos de Thomas Mapfumo.) O mesmo LP foi lançado na Alemanha pela Verlag Jörgen Sendler.

ZIDA
Líbano

Um selo de vida curta, que tinha sede em Beirute. O *Zida* lançou vários discos de Khaled al-Haber, um músico libanês com fortes simpatias comunistas que viveu entre os palestinos no sul do Líbano e musicou os poemas de Mahmoud Darwish.

ZHONGGUO CHANGPIAN (CHINA RECORDS)
China

Criada em 1954, a *Zhongguo Changpian* é a gravadora estatal do regime comunista chinês. Os lançamentos abarcam gravações de óperas (*The East is Red*/O Oriente é Vermelho; *Red Detachment of Women*/Destacamento Vermelho de Mulheres), canções políticas ("Beloved Chairman Mao, You Are the Red Sun that Shines in our Hearts"/Amado Presidente Mao, Você é o Sol Vermelho que Brilha em nossos Corações), música folclórica regional, clássica (*Lu Chunling and His Magic Flute*) e bandas marciais (o clássico "We Are Marching on the Great Road", da Banda do Exército de Libertação Popular).

ZIP-ZIP
Portugal

Esta gravadora surgiu do programa televisivo português com o mesmo nome, que foi ao ar durante seis meses, em 1969. Foi o primeiro programa de variedades/*talk show* do país, e inovou ao endereçar temas políticos sob um regime fascista. O selo começou como uma extensão do programa, disponibilizando gravações de entrevistas com convidados, esquetes e temas musicais, mas passou a lançar fado e música popular crítica ao regime. Em 1974-75, a *Zip-Zip* produziu uma série de compactos relacionados à revolução, cujas capas traziam punhos, cravos, foices e martelos.

ZITTY
Alemanha Ocidental

A *Zitty* era uma revista alternativa enraizada na contracultura e no cenário político de Berlim Ocidental. Tudo começou em 1977, a partir de uma publicação anterior chamada *Hobo*. A *Zitty* era o veículo obrigatório para descobrir o que estava acontecendo social e politicamente na cidade, em especial na cena dos *squats*. Em 1981, a publicação juntou forças com o artista Walter Mossmann e a Mood Records para lançar um LP dedicado à cena dos *squats* de Berlim. Intitulado *Lieder für Instandbesetzer* (Músicas para Ocupantes), o disco trazia encartada uma "edição" de doze páginas da revista, no formato do LP, com a história recente das ocupações na cidade. A *Zitty* ainda existe, mas guarda pouca semelhança com a sua forma ou missão originais (algo bastante comum para a maior parte da imprensa *underground* que sobreviveu aos anos 1980 e 1990).

ZULU RECORDS
EUA

A *Zulu* foi um selo de meados dos anos 1960 capitaneado por Phil Cohran, que tocou com Sun Ra e foi fundador da Association for the Advancement of Creative Musicians (AACM) em Chicago. O selo lançou meia dúzia de discos, incluindo *The Malcolm X Memorial (A Tribute in Music)*, do próprio Phil Cohran.

*The nature of your oppression
is the aesthetic of our anger*

– Crass, 1983

Glossário de estilos musicais

Afrobeat é usado de duas formas: como um termo abrangente para se referir à música que funde vários estilos tradicionais africanos com *rhythm and* blues, rock e, às vezes, algo de reggae; e, em específico, para a sonoridade que ganhou fama pelo trabalho de Fela Anikulapo Kuti, que mesclou o *highlife* nigeriano com jazz e funk.

Neste livro, **Big Band** é usado para definir uma forma de jazz – às vezes conhecida como *swing* – tocada por um conjunto numeroso. Em geral, estão envolvidos pelo menos dez instrumentos, incluindo saxofones, trompetes, trombones, bem como guitarra (ou banjo) e baixo.

Bluegrass é uma música norte-americana de raiz, que se desenvolveu nos Apalaches na década de 1940, misturando blues afro-americano e tradições de jazz com baladas e *jigs* britânicos e celtas. Originalmente acústico, era popular entre os trabalhadores e mineiros dos Apalaches e muitas vezes combinava narrativas peculiares com comentários políticos.

Bossa Nova é um estilo musical brasileiro criado na década de 1950 e popularizado no início dos anos 1960, quando atingiu enorme sucesso entre os jovens. O ritmo varreu o Brasil com sua mistura de violão clássico e percussão jazzística. Embora tivesse um conteúdo lírico geralmente romântico, a bossa nova foi usada como base musical para a Música Popular Brasileira (MPB) de meados dos anos 1960, que apresentava letras muito

mais politizadas (ainda que muitas vezes codificadas para escapar da censura da ditadura militar).

O **calipso** foi criado em Trindade e Tobago no século XIX e se espalhou pelo Caribe e partes da América Latina no século XX. Misturou críticas sociais (originalmente cantadas em patoá e, por fim, em inglês) com ritmos da África Ocidental, e tornou-se extremamente popular entre a classe trabalhadora caribenha. É considerado a raiz de grande parte da música caribenha, incluindo ska, soca e kaiso.

Chaabi, ou sha'bi, significa "popular" em árabe. É um termo usado para descrever uma ampla variedade de músicas tradicionais do norte da África. No Marrocos, na Argélia e no Egito, o *chaabi* começou como uma música popular de rua, cujas letras muitas vezes narravam as lutas dos povos rurais que migravam para as áreas urbanas. O *chaabi* está enraizado nos estilos jovens que surgiram nas décadas de 1960 e 1970, como o *raï* e a fusão *chaabi/gnawa* do grupo Nass El Ghiwane.

A **chanson** tem origens medievais, mas foi a forma mais popular de música francesa durante a maior parte dos séculos XIX e XX. Por ser guiada pela letra, trata-se de uma maneira direta de engajamento político e crítica. É polifônica e, embora possa ser "pop", segue os sons da língua francesa e não do inglês, como a maioria da música pop ocidental. O termo *chansonnier* (aquele que canta chanson) às vezes é usado de modo mais amplo para descrever qualquer cantor e compositor europeu que adota uma forma folclórica estruturada.

Chimurenga é a fusão (tendo a guitarra como peça central) entre a música tradicional do Zimbábue e as tradições ocidentais do rock e do blues. O estilo desempenhou um papel crucial na luta pela independência no Zimbábue na década de 1970, ultrapassando o rock em popularidade, tanto por suas raízes mais nativas quanto por ser cantado na língua xona (e, portanto, difícil de ser compreendida pelos rodesianos brancos). A palavra "chimurenga" significa "luta" em xona, e a música foi popularizada globalmente por Thomas Mapfumo ao longo dos anos 1980 e 1990.

Corridos são baladas narrativas mexicanas que retratam questões sociais. O auge do gênero ocorreu durante o período entre a Independência e a Revolução (1810-1910), mas ainda é um estilo muito popular no México e no sudoeste dos Estados Unidos.

A **cumbia** começou como uma forma colombiana de música e estilo de dança da classe trabalhadora no início do século XX. É conhecida pela fusão do estilo lírico espanhol, ritmos e instrumentação indígenas e percussão africana. Em meados do século XIX, espalhou-se pelo resto da América Latina, muitas vezes se misturando com ritmos mais locais para criar novas formas.

Em linhas gerais, é possível definir o **dub** como uma ampla gama de formas musicais eletrônicas que evoluíram a partir da produção de reggae, na década de 1960. Tudo começou quando os DJs jamaicanos retiraram os vocais das faixas de reggae e as remixaram para criar *b-sides* com instrumentais estendidos, muitas vezes com um forte foco na bateria e no baixo. Isso evoluiu para uma forma de arte própria, com os precursores King Tubby e Lee "Scratch" Perry construindo carreiras de sucesso a partir de sua produção de dub. Nos anos 1970, a estética do dub rompeu as fronteiras do reggae e se espalhou para outros gêneros, como disco, rock e hip-hop.

Éntekhno é uma música orquestral grega que incorpora melodias folclóricas do país, elementos do folk ocidental e tradições clássicas. É um estilo muitas vezes estruturado em ciclos com letras baseadas na poesia clássica grega. Num primeiro olhar, parece um gênero que não encontraria popularidade entre a classe trabalhadora urbana grega na década de 1950, mas foi exatamente isso que aconteceu. Compositores como Mikis Theodorakis fizeram concertos ao ar livre para grandes multidões, introduzindo mensagens críticas à junta militar na música. O *éntekhno* desenvolveu-se paralelamente ao renascimento do rebético nos anos 1960 e 1970.

O **fado** é um estilo musical português que segue uma estrutura tradicional e, historicamente, desfila letras tristes relacionadas à pobreza. Nos séculos XVIII e XIX solidificou-se como a música da classe trabalhadora portuguesa e, em meados do século XX, uma nova geração de artistas começou a usar o fado como ferramenta de crítica à ditadura. Após a Revolução dos Cravos de 1974, o fado se mesclou com outras tradições folclóricas europeias para gerar um tipo de canção de protesto que correspondia, de certo modo, à *nueva canción* desenvolvida na América Latina, nos anos 1950 e 1960.

Free jazz é uma vertente do jazz desenvolvida no final da década de 1950 por músicos que consideravam o gênero muito estruturado e limitante. É verdade que os músicos de jazz já tinham criado sons novos e não convencionais e haviam começado a rejeitar partituras anteriormente, mas alguns argumentam que foi o surgimento e a evolução do Movimento dos Direitos Civis e as suas demandas de "liberdade" que deram aos músicos negros o impulso para levar sua arte para caminhos cada vez mais desprendidos das estruturas existentes. Embora os artistas europeus tenham preferido o termo "improvisação", a ideia política de liberdade foi central para a criação do gênero nos Estados Unidos, e a associação da palavra "*free*" (livre) ao estilo musical continua sendo importante.

A música **gnawa** nasceu no Marrocos, a partir de canções muçulmanas espirituais. Nesse estilo, as linhas instrumentais e líricas são repetidas para criar canções épicas, numa espécie de efeito drone. Na década de 1960, os músicos de rock ocidentais se interessaram pela música *gnawa* e, a partir dos anos 1970, jovens músicos marroquinos começaram a experimentar a fusão da *gnawa* com outros estilos tradicionais. Eles não apenas começaram a tocá-la com instrumentos ocidentais, mas também mudaram o conteúdo das letras: do espiritual para o político e social. Essas fusões criadas por nomes como Nass el Ghiwane e Jil Jilala tornaram-se um enorme sucesso, criando uma nova música popular.

O **highlife** teve origem em Gana no início do século XX, graças à fusão dos ritmos tradicionais do povo fante com influências ocidentais e caribenhas. No começo, era tocado por grandes bandas, principalmente para as elites ricas de Gana sob o colonialismo britânico, mas na década de 1940 o gênero se dividiu, com o desenvolvimento de um *highlife* conduzido pela guitarra, que poderia ser executado por bandas mais enxutas. Muito mais fácil de tocar (e com bandas que podiam viajar de modo mais econômico), este *highlife* despojado tornou-se popular entre as populações urbanas e rurais, e se espalhou pela África Ocidental anglófona, criando novas vertentes na Nigéria, na Libéria e em outros lugares.

House music é um gênero de música eletrônica que surgiu na cena dos clubes underground de Chicago, na década de 1980. Com raízes na disco, os DJs de *house* misturavam jazz, vários gêneros latinos, synth-pop e hip-hop *old school* em festas underground. Um som semelhante e mais pesado se desenvolveria em Detroit: o *techno*.

Jive, no contexto deste livro, é o *jive* sul--africano. É também conhecido como *township jive*, devido à sua origem nas áreas chamadas de *townships*[4] que ficavam fora de Joanesburgo durante a era do apartheid. O estilo musical também é chamado de *mbaqanga*. Desenvolvido nas décadas de 1960 e 1970, baseia-se tanto no gospel quanto na música tradicional sul-africana, mas mistura guitarras rápidas e linhas de baixo fortes. Embora tenha sido desencorajado e até banido em certos momentos pelo governo devido à sua popularidade entre os sul-africanos negros, o fato é que o *jive* foi inserido na cena musical internacional rapidamente, com diversos artistas assinando com grandes gravadoras e alimentando o fenômeno "worldbeat" dos anos 1980.

Cabila é uma língua berbere usada pela etnia cabila na Argélia. É também o termo utilizado para designar a música folclórica do povo *cabila*, que ganhou força na década de 1970 graças ao músico Idir (Hamid Cheriet). O estilo *cabila* é popular entre os artistas politizados que fazem parte do movimento nacionalista berbere.

Klezmer é um gênero musical desenvolvido por judeus na Europa Oriental entre os séculos XVI e XVIII. Até a década de 1970, era chamado de música iídiche. Apesar de suas origens religiosas, o *klezmer* é laico e trata das experiências dos judeus da classe trabalhadora em guetos na Europa.

Krautrock é um termo cunhado nos anos 1970 para descrever uma forma de rock que surgiu na Alemanha na década anterior. Usado para se referir a bandas como Can ou Kraftwerk (que evitaram os traços do blues presentes no rock e os substituíram por elementos eletrônicos e uma percussão propulsiva e repetitiva), mas também tem sido utilizado para descrever certas bandas politizadas que surgiram no movimento estudantil da Alemanha Ocidental e na cena dos *squats*, no final dos anos 1960 e início dos 1970. Nomes como Ton Steine Scherben e Floh de Cologne na verdade abraçaram o protopunk *blueseiro* de bandas norte-americanas como o MC5, mas optaram por cantar em alemão (algo raro naquela época) e incorporaram a política de esquerda radical em suas letras.

O **merengue** nasceu na República Dominicana, em meados do século XIX. Desde o início, o estilo continha um elemento de crítica social. Inicialmente era tocado com instrumentos de corda, mas agora é em geral conduzido pelo acordeão. Também se mesclou com outros ritmos latino-americanos, e traços dele podem ser encontrados nos estilos musicais cubanos e porto-riquenhos.

A **new wave** foi criada por músicos influenciados pelas qualidades libertadoras do punk, mas que queriam se afastar da matriz blues e rock. No começo, as

---

4 Na África do Sul, o termo *township* refere-se a áreas urbanas habitadas e subdesenvolvidas que, durante o apartheid, estavam reservadas aos negros, miscigenados e indianos. Os *townships* eram habitualmente construídos nas periferias de vilas e cidades. [N. T.]

bandas new wave incorporaram sintetizadores e, por fim, absorveram aspectos da disco e de outros gêneros populares, execrados pelos punks. Apesar de serem considerados muitas vezes apolíticos, alguns dos primeiros artistas da new wave (como a banda Scritti Politti) tiveram integrantes que estudaram marxismo na escola de arte e incorporaram a teoria política em suas letras.

A **nueva canción** surgiu na América Latina (e na Espanha) no final dos anos 1950 e início dos anos 1960. Foi uma renovação das tradições folclóricas latino-americanas. Em geral, a sonoridade era baseada no violão e atualizava as canções dos pobres, das mulheres, dos prisioneiros e da classe trabalhadora para um público jovem contemporâneo. Em razão de sua temática política e da popularidade alcançada, o gênero foi perseguido em vários países, como Argentina, Uruguai e, com mais ênfase, Chile. Em território chileno a *nueva canción* tornou-se militante, convertendo-se no som da juventude comunista e do governo da UP de Salvador Allende.

A **nova trova** nasceu em Cuba após a Revolução, com a característica de ser um estilo musical declaradamente político. *Trova* é uma música folclórica cubana baseada no violão, e os artistas da *nova trova* (os mais conhecidos são Pablo Milanés e Silvio Rodríguez) abraçaram essa raiz nos anos 1960 e 1970. Contando também com influências da *nueva canción*, esses músicos criaram um estilo atualizado e destinado a ser a trilha sonora popular do desenrolar da Revolução Cubana.

Oi! é um subgênero do punk que se desenvolveu no Reino Unido, no final dos anos 1970. Foi uma rejeição direta à experimentação do pós-punk: as bandas *Oi!* centraram sua música nas raízes blues rock do punk e sua cultura em torno do ideário de orgulho da classe trabalhadora e da estética skinhead. Na sua origem, o movimento *Oi!* não era nem de esquerda nem de direita, mas tem sido utilizado por elementos da extrema direita como uma ferramenta para recrutar jovens da classe trabalhadora para organizações de supremacia branca. Por outro lado, bandas como Angelic Upstarts eram declaradamente de esquerda.

Polit-folk é um termo abrangente para aglutinar os artistas mais engajados do renascimento do folk na Europa, nas décadas de 1960 e 1970. Muitos grupos de jovens comunistas, sindicatos e outras organizações comunitárias (socialmente engajadas) criaram grupos musicais que se apresentavam sob a bandeira do polit-folk.

Diferentemente do que o nome sugere, o **pós-punk** surgiu quase ao mesmo tempo em que o punk, em meados da década de 1970. Porém, o pós-punk evitou as características mais agressivas e diretas, optando por uma sonoridade mais torta, em camadas e, em geral, mais experimental. Ao contrário da new wave, os adeptos do pós-punk abraçaram o espírito do "faça você mesmo" do punk, bem como as tendências antiautoritárias, embora estas tenham sido com frequência canalizadas para políticas mais cerebrais, temperadas pela teoria marxista.

Progg é um gênero específico da Escandinávia, que foi popular na década de 1970. Compartilhava pontos em comum com o rock progressivo, mas o termo abreviado (*progg*) muitas vezes tinha mais a ver com o conteúdo político do que com as qualidades formais da música.

A música **raï** desenvolveu-se na primeira metade do século XX, no oeste da Argélia. A região era heterogênea, com áreas árabes, francesas, judaicas e espanholas, e dessa mistura surgiu uma classe de cantoras conhecidas como *cheikas*. Pobres e marginalizadas, essas mulheres muçulmanas injetaram gírias de rua e elementos de dança na música tradicional, criando a base do *raï*. Na década de 1950, foram as primeiras artistas a usar as suas canções para apoiar a FLN e a luta armada argelina contra a França. Após a independência, o governo tentou suprimir os traços mais explícitos da música, no intuito de promover uma cultura nacional mais respeitável. Nos anos 1970, a Argélia tinha uma enorme população de jovens insatisfeitos, que foram atraídos pelos aspectos do *raï* tidos como tabu, pela sua história rebelde e pela sua vocalização das dificuldades da vida dos pobres.

O **rebético** é um tipo de música que compreende uma série de tradições folclóricas da classe trabalhadora (e pobre) da Grécia, que teve início no século XIX e na primeira metade do século XX. Na década de 1960, o estilo foi usado como base para uma nova geração de músicos reviver a música popular e engajada na Grécia, movimento muitas vezes chamado de renascimento rebético.

Riot Grrrl foi um movimento cultural e um gênero musical. No início da década de 1990, as mulheres estavam fartas de uma cena punk misógina e dominada pelos homens. Por isso, muitas mulheres começaram a tocar em bandas punk e a formar grupos exclusivamente femininos. A banda Bikini Kill é em geral considerada a progenitora do movimento, e estava envolvida em todos os seus aspectos: na música, editando fanzines e até criando grupos de discussão para as jovens mulheres de Olympia, WA, e Washington, DC (de certo modo, sucessores dos grupos de conscientização da segunda onda do feminismo). Como estilo musical, não existiam tantos traços em comum para unificar todas as bandas, além de uma tendência ao punk alto e fácil de tocar, com sensibilidade pop aguçada.

Sahrawi é um termo utilizado para descrever a cultura do povo do Saara Ocidental e, em específico, a música criada pelos apoiadores da Frente Polisário e da independência do território. Em geral, a sonoridade é uma mistura das tradições musicais do Norte da África, incluindo a *gnawa* e o blues do deserto do povo tuaregue.

A **salsa** é um gênero musical latino-americano muito popular, que se desenvolveu na década de 1960 na cidade de Nova York, nas comunidades cubana e porto-riquenha. Em sua essência, o ritmo é uma mistura de música cubana e jazz, com pinceladas de guaracha, bomba, bolero e até rock e funk. Primeiro, seu conteúdo lírico foi estabelecido por uma classe trabalhadora urbana e com consciência de imigrante, mas também havia um desejo de criar um som latino-americano unificador. Nas décadas de 1980 e 1990, a salsa tornou-se um fenômeno pop global, perdendo quase todo o seu conteúdo político.

Soca é uma evolução do calipso, criada por Lord Shorty em Trindade, na década de 1970. Ele misturou com sucesso o calipso com elementos de outros gêneros mais populares – como reggae, funk e soul – para revigorar o estilo. Lord Shorty também reinventou a política na música.

Synth-pop é um termo usado para descrever a música pop ocidental na qual o instrumento dominante é o sintetizador. Inicialmente, o termo serviu para definir um subgênero da new wave, mas acabou encontrando um uso mais amplo, passando a descrever a música conduzida por sintetizadores, baterias eletrônicas e outras formas de sequenciamento eletrônico.

**Dados Internacionais de Catalogação na Publicação (CIP)
de acordo com ISBD**

M172r
Macphee, Josh
Radical Records: Uma enciclopédia da música
independente e lutas por libertação / Josh Macphee
São Paulo: sobinfluencia edições, 2024

302 p. 16 cm × 23 cm
Inclui bibliografia
ISBN 978 65 84744 49 3

1. Música. 2. Arte. 3. Política. 4. História. 5. Enciclopédia.
6. Revolução. 7. Gravadoras independentes.
I. Título.

2024-3752
CDD 780
CDU 78

Índice para catálogo sistemático:
1. Música 780   2. Música 78

Elaborado por Odilio Hilario Moreira Junior   CRB-8/9949

© sobinfluencia edições, 2024.
© Common Notions, 2019.
An Encyclopedia of Political Record Labels © Josh MacPhee, 2019.

COORDENAÇÃO EDITORIAL
Fabiana Vieira Gibim, Rodrigo Corrêa e Alex Peguinelli

TRADUÇÃO
Marcelo Viegas

PREPARAÇÃO
Alex Peguinelli

PROJETO GRÁFICO
Rodrigo Corrêa

PRIMEIRA REVISÃO
Gercyane Barbosa

SEGUNDA REVISÃO
Lígia Marinho

DIAGRAMAÇÃO
Pedro Botton [Estúdio Arquivo]

sobinfluencia.com

Galeria Metrópole
Av. São Luís, 187, Sala 12, Piso 1 – República, São Paulo/SP